Matteo Speraddio

ABC
Cittadinanza e Costituzione

ISBN 978-88-6432-181-3

ISBN 978-88-6432-181-3

Matteo Speraddio

ABC

Cittadinanza e Costituzione

Illustrazioni originali
Federica Micali

Laboratorio
a cura di Mariarosaria Izzo

2019 2020 2021 2022 2023

Medusa Editrice
Via Picenna, 17 Parco Teledip
80046 San Giorgio a Cremano (NA)
Telefono e fax 081 474230
www.medusaeditrice.com
medusaeditrice@libero.it

Stampa
ALFA grafica
Viale delle Industrie, 40
San Sebastiano al Vesuvio (NA)
Tel. 081.596.44.70
Fax 081.596.90.52

Matteo Speraddio

Presentazione

Come suggerisce il titolo, il testo intende proporsi come uno strumento di prima alfabetizzazione per il raggiungimento di quelle competenze civiche e sociali, che costituiscono il traguardo educativo della scuola dell'obbligo.

Per questo, in tutto il testo, si è dedicata particolare attenzione alle conoscenze di base – all'a, b, c, si potrebbe dire – indispensabili per capire quanto accade quotidianamente sotto i nostri occhi nelle nostre società complesse.

Nell'articolazione del testo si è tenuto conto delle *Raccomandazioni del Parlamento europeo e del Consiglio* del 2006, recepite nelle *Indicazioni Nazionali per il Curricolo* del 2012.

Lo si è fatto assumendo un punto di vista particolare, quello della Costituzione italiana, con la sua caratteristica apertura all'Europa e al mondo, chiarissima già nell'art. 11: «L'Italia consente, in condizioni di parità con gli altri Stati, alle limitazioni di sovranità necessarie ad un ordinamento che assicuri la pace e la giustizia fra le Nazioni».

Per questo, si è dedicato l'ampia sezione iniziale alla Costituzione, per cercare di capire insieme ai ragazzi come è nata, come è fatta, che tipo di cittadino disegna, qual è il rapporto che stabilisce con l'Europa e col mondo.

Il percorso del testo è disegnato sulle tappe tipiche della crescita umana e sociale di un cittadino italiano: la famiglia, la scuola, la società, la società civile, lo Stato, l'Europa, il mondo. È un percorso di cui i nostri adolescenti hanno sperimentato già alcune tappe – la famiglia, la scuola, forse un'associazione – e si accingono ad affrontarne altre man mano che si avvicinano all'età adulta.

La particolarità del testo è che queste tappe sono percorse a partire dalla Costituzione, tenendo continuamente presente quanto dice la Costituzione e invitando i ragazzi a leggerne direttamente gli articoli, che accompagnano pagina per pagina la trattazione degli argomenti.

Società civile

I diritti di riunirsi e associarsi

1.

COSTITUZIONE ITALIANA art. 17

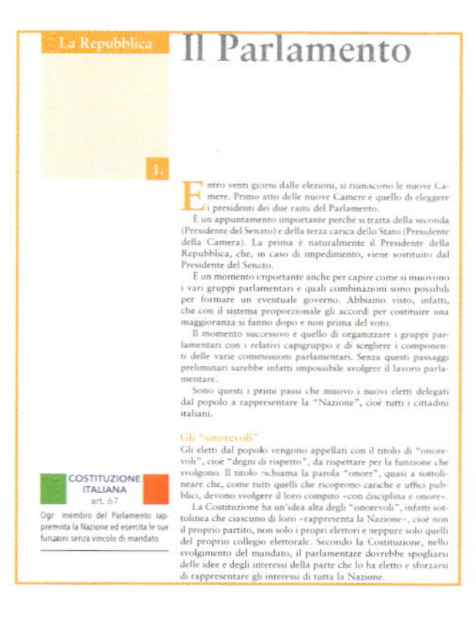
La Repubblica

Il Parlamento

1.

COSTITUZIONE ITALIANA art. 67

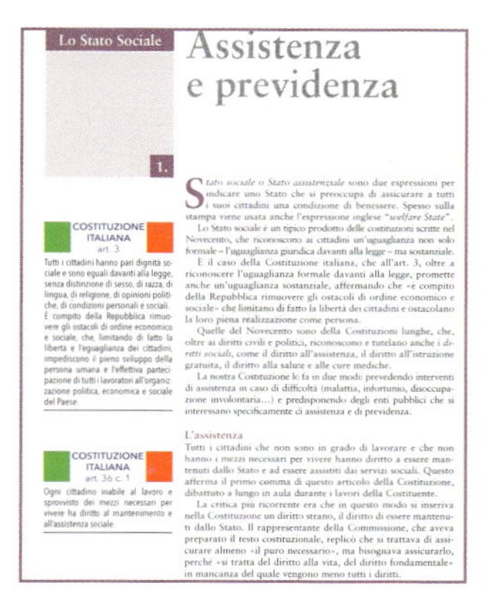
Lo Stato Sociale

Assistenza e previdenza

1.

COSTITUZIONE ITALIANA art. 3

COSTITUZIONE ITALIANA art. 38 c. 1

Il mondo

L'Unione Europea

1.

Accanto alla Costituzione italiana, i ragazzi troveranno spesso anche gli articoli della *Carta dei diritti dell'Unione Europea*, perché acquistino sempre più consapevolezza che ormai sono cittadini europei oltre che cittadini italiani.

L'obiettivo esplicito del testo è di cooperare alla formazione di cittadini intrisi di cultura costituzionale, il cui profilo si è cercato di definire già in una delle prime unità, quella su *Il cittadino della Costituzione*.

Per agevolare la comprensione, si è cercato di usare un linguaggio e una sintassi molto semplici, privilegiando la chiarezza, sull'esempio di quanto fa la Costituzione.

Si è scelto un tono colloquiale, senza nulla togliere alla precisione concettuale. Spesso, più che spiegare, si è preferito raccontare, soprattutto nella prima unità e in quelle dedicate alle istituzioni repubblicane.

Per favorire l'apprendimento e la memorizzazione, si è fatto frequente ricorso a schematizzazioni e a mini mappe concettuali, che spesso si limitano a ripercorrere il percorso espositivo, per rendere più agevole la comprensione globale.

Le parole chiave sono in genere scritte in corsivo, nel punto del testo dove vengono spiegate. Un utile esercizio sarebbe quello di invitare i ragazzi a ritrovarle e a sottolinearle insieme alla spiegazione, come esercizio di autoapprendimento.

I laboratori sono inseriti alla fine di ogni sezione, ma sono articolati con riferimenti precisi alle varie unità. Sono orientati alla comprensione del testo e all'arricchimento lessicale, ma non mancano stimoli alla discussione, suggerimenti di ricerca, inviti al lavoro di gruppo.

Alunni e insegnanti possono accedere al sito della Medusa Editrice, per svolgere gli esercizi interattivi collegati al testo.

www.medusaeditrice.it

- Dal sito puoi scaricare:
  - Costituzione della Repubblica italiana.pdf
  - Dichiarazione Universale dei diritti dell'uomo.pdf
  - I principi della Carta dei diritti dell'infanzia.pdf
  - Convenzione sui diritti dell'infanzia.pdf
  - Carta dei diritti fondamentali dell'Unione Europea.pdf
- Collegandoti al sito puoi svolgere gli esercizi interattivi.

Indice

COSTITUZIONE

SOCIETÀ

CITTADINO

Educazione stradale

Le regole per circolare

Le strade sono luoghi aperti al pubblico e servono per collegare località diverse o luoghi diversi di uno stesso centro abitato.

Possono essere utilizzate da pedoni, da ciclisti e motociclisti, da automobilisti (auto, autocarri, camion ecc.).

Le regole per utilizzare correttamente la strada sono contenute nel *Codice della strada*, che prevede anche sanzioni per chi non rispetta le regole, mettendo in pericolo la propria e l'altrui incolumità.

Bisogna infatti tener sempre presente che, a causa della circolazione degli autoveicoli, la strada presenta pericoli, anche mortali.

È molto importante, quindi, che tutti facciano attenzione e che tutti rispettino le regole, anche i pedoni.

STRADE E AUTOSTRADE

Le strade non sono tutte uguali. Ci sono strade statali, strade provinciali, strade comunali, a seconda di chi ne cura la manutenzione.

Ci sono poi le autostrade, riservate solo agli autoveicoli, su cui non possono circolare pedoni, animali, motoveicoli con cilindrata inferiore ai 149,5 cc e macchine agricole.

Le autostrade sono di proprietà dello Stato, ma sono state date in concessione ai privati, che ne curano la manutenzione in cambio della riscossione dei pedaggi.

Le regole per chi va a piedi

- I pedoni devono circolare sui marciapiedi, sulle banchine, sui viali e sugli altri spazi predisposti per loro.
- Nel caso manchino i marciapiedi, devono circolare sul margine della *carreggiata* (parte della strada riservata ai veicoli) opposto al senso di marcia dei veicoli, in modo da causare il minimo intralcio possibile alla circolazione.
- Fuori dei centri abitati i pedoni hanno l'obbligo di circolare

in senso opposto a quello di marcia dei veicoli sulle carreggiate a due sensi di marcia e sul margine destro rispetto alla direzione di marcia dei veicoli, quando si tratti di carreggiata a senso unico di circolazione.

- Per attraversare la carreggiata, devono servirsi degli attraversamenti pedonali, dei sottopassaggi e dei sovrapassaggi.
- Se in corrispondenza delle strisce pedonali c'è un semaforo, bisogna aspettare che indichi il verde per i pedoni. In alcuni casi, c'è un bottone che permette di prenotare il passaggio.
- Quando non ci sono strisce pedonali, i pedoni possono attraversare la carreggiata solo *in senso perpendicolare*, evitando situazioni di pericolo per sé o per altri.
- È vietato attraversare *diagonalmente* le intersezioni e attraversare le piazze e i larghi al di fuori degli attraversamenti pedonali.
- È vietato ai pedoni sostare o indugiare sulla carreggiata, salvo in caso di necessità.
- È vietato sostare in gruppo sui marciapiedi, sulle banchine o presso gli attraversamenti pedonali, causando intralcio agli altri pedoni.
- I pedoni che vogliono attraversare la carreggiata in una zona sprovvista di attraversamenti pedonali devono dare la precedenza agli autoveicoli.
- È vietato attraversare la strada passando davanti agli autobus, filoveicoli e tram in sosta alle fermate.
- Le macchine per uso di bambini o di persone invalide devono seguire le stesse regole dei pedoni.
- È proibito circolare sulla carreggiata (la parte della strada riservata agli autoveicoli) con tavole (skateboard) e pattini.
- È vietato effettuare sulle carreggiate giochi, allenamenti e manifestazioni sportive non autorizzate.
- Per la trasgressione delle regole ricordate, per i pedoni sono previste multe da 25 a 90 euro.

Andare in bici è bello, ma...

Muoversi in bici è bello e veloce, ma può essere pericoloso. Bisogna quindi essere prudenti e rispettare le regole della strada. È necessario, quindi, conoscere – e rispettare! – almeno i principali segnali stradali: stop, direzione obbligatoria, divieto di accesso, ecc.
Ecco alcune regole che riguardano specificamente i ciclisti.

- Fuori dei centri abitati i ciclisti devono circolare in fila indiana, tenendo la destra. È proibito, quindi, procedere appaiati o addirittura in gruppo.
- È consentito procedere appaiati solo se uno dei due ciclisti è un minore di dieci anni. In questo caso, l'adulto gli pedala a fianco per proteggerlo.
- Se il ciclista è di intralcio al traffico degli autoveicoli o dei

È proibito trasportare un'altra persona sulla propria bicicletta.

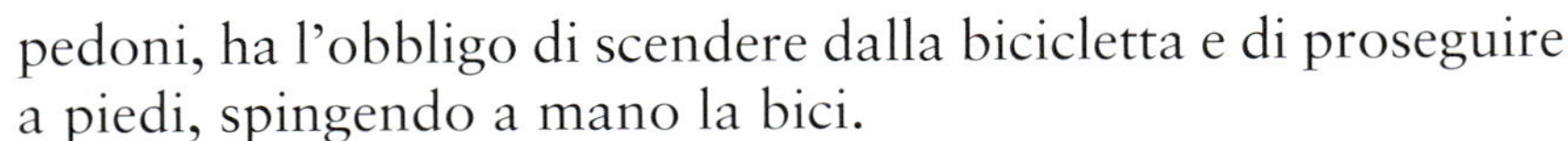

Non è obbligatorio, ma è opportuno per la propria sicurezza indossare il casco. Sono aerodinamici e sempre più sicuri.

pedoni, ha l'obbligo di scendere dalla bicicletta e di proseguire a piedi, spingendo a mano la bici.

- È proibito trasportare un'altra persona sulla propria bicicletta. È consentito solo trasportare bambini al di sotto degli otto anni, se la bici è attrezzata con l'apposito seggiolino.
- Importante per il ciclista è segnalare la sua presenza agli automobilisti. La bici deve avere dispositivi luminosi avanti e indietro, che devono essere accesi di sera e di notte (trenta minuti prima del tramonto e fino a trenta minuti prima dell'alba, prescrive il *Codice della strada*). È opportuno indossare bande o gilet che riflettono la luce.
- Anche per i ciclisti che non rispettano le regole sono previste multe tra 25 e 90 euro.

Per il motorino ci vuole la patente

Il Codice della strada prevede che, per guidare i ciclomotori, non basta più il patentino, ma bisogna conseguire una vera e proprio patente (Am), riconosciuta anche all'estero per chi ha sedici anni.

La *patente Am* in Italia si può conseguire a quattordici anni e prevede un esame teorico e una prova pratica, proprio come le patenti A e B. Solo a diciotto anni si può trasportare un passeggero.

Con la patente Am si possono guidare i ciclomotori entro i 50 cc di cilindrata a due, a tre e quattro ruote (microcar). Tutti questi mezzi, contrariamente al passato, hanno una targa. Se la targa non è chiaramente leggibile è prevista una multa tra i 78 e i 311 euro.

Questi mezzi non possono superare i 45 Km orari. Se li superano, sono previste multe molto alte per chi li produce, per le officine che li "truccano" e per chi li guida (tra 389 e 1.559 euro).

Per una serie di infrazioni è prevista la *confisca* del ciclomotore:

- viaggiare in numero di persone superiore a quello previsto;
- guidare senza casco o con un casco non allacciato o non omologato;
- trasportare animali non in gabbia o oggetti non solidamente assicurati;
- sedere in posizione non corretta e con entrambe le mani sul manubrio;
- trainare o si fa trainare da un altro veicolo;
- sollevare la ruota anteriore;
- circolare con un veicolo già sottoposto a fermo amministrativo;
- guidare in stato di ebbrezza da alcol o da sostanze stupefacenti;
- fuggire dal luogo di un incidente dopo aver cagionato danni a persone;
- circola con un veicolo che è servito a commettere un qualsiasi altro reato.

Per chi guida i ciclomotori, l'uso del casco è obbligatorio. Deve essere omologato e deve essere allacciato correttamente. Se non è allacciato, ai fini della sicurezza, è inutile.

Le patenti per guidare

Per guidare le moto è necessario conseguire la *patente A*.
Patente A1: permette di guidare motocicli fino a 125 cc di cilindrata e 11 kw di potenza; si può conseguire a sedici anni.
Patente A2: permette di guidare moto fino a 35 kw di potenza e si può prendere a diciotto anni.
Patente A3: permette di guidare tutti i tipi di moto e può essere conseguita a ventiquattro anni di età.
La patente A: permette di guidare anche tricicli e macchine agricole con le stesse caratteristiche di potenza delle moto.
Patente B: permette di guidare le autovetture e si può conseguire a diciott'anni.
Patente D: permette di guidare gli autobus adibiti al trasporto delle persone.
Patente E: permette di guidare autotreni, autosnodati, autoarticolati, autocarri e trattori destinati al trasporto merci.

Rinnovo della patente

Fino a cinquant'anni di età la patente deve essere rinnovata ogni dieci anni. Per il rinnovo è necessario sottoporsi a una visita oculistica.

Tra i cinquanta e i settant'anni, la patente deve essere rinnovata ogni cinque anni.

Tra i settanta e gli ottant'anni la patente va rinnovata ogni tre anni.

Dopo gli ottant'anni la patente va rinnovata ogni due anni.

Quando si guida, bisogna avere sempre con sé la patente, per esibirla a eventuali controlli.

Gli autotreni sono utilizzati per il trasporto merci.

Patente a punti: le principali detrazioni
(per i neopatentati nei primi 3 anni i punti vengono raddoppiati)

LA SICUREZZA NON È UN LIMITE

- Circolare a velocità non commisurata alle particolari condizioni in cui si svolge la circolazione 5
- Superare i limiti di velocità di oltre 40 km/h 10
- Superare i limiti di velocità di oltre 10 km/h e non superiore a 40 km/h 2
- Circolare contromano in curve, dossi, in condizioni di limitata visibilità o su strada divisa in carreggiate 10
- Circolare contromano (non in curva) 4
- Mancata osservanza allo stop 6
- Violare gli obblighi relativi alla precedenza 5
- Passaggio nonostante divieto imposto da semaforo o agente del traffico 6
- Violare gli obblighi di comportamento ai passaggi a livello 6
- Sorpasso in situazioni pericolose, di veicoli fermi a semafori, passaggi a livello o incolonnati, di tram o filobus fermi; di veicolo che sta già sorpassando 10
- Mancato rispetto delle regole di sorpasso 5
- Non osservare le distanze di sicurezza con conseguente collisione e gravi danni ai veicoli 5
- Non osservare le distanze di sicurezza con conseguente collisione e lesioni a persone 8
  con soli danni a cose 3
- Non far uso dei dispositivi di illuminazione o segnalazione visiva quando è prescritto 1
- Far uso dei fari abbaglianti in condizioni vietate 3
- Fare inversione di marcia in prossimità o in corrispondenza di incroci, curve o dossi 8
- Sosta nelle corsie riservate al transito di autobus, negli spazi riservati a veicoli per persone invalide, alla fermata degli autobus o dei taxi 2
- Omettere di segnalare il veicolo fermo sulla carreggiata, fuori dei centri abitati con l'apposito segnale di triangolo; non utilizzare i dispositivi di protezione rifrangenti individuali 2
- Trasportare persone in soprannumero sulle autovetture 2
- Trasportare persone in soprannumero sui veicoli a due ruote 1
- Condurre un ciclomotore o un motoveicolo senza casco, con casco irregolare o non allacciato, o trasportare un passeggero senza casco 5
- Mancato allacciamento delle cinture o mancato uso dei seggiolini per bambini 5
- Usare cuffie o apparecchi radiotelefonici durante la guida e mancato utilizzo delle lenti se prescritte 5
- Inversione di marcia in autostrada o sulle strade extraurbane principali o procedere contromano 10
- Circolare in autostrada o sulle strade extraurbane principali sulle corsie di emergenza 10
- Effettuare retromarcia in autostrada 10
- Ostacolo alla circolazione o accodamento ai mezzi di polizia, antincendio e autoambulanze 2
- Guidare in stato di ebbrezza 10
- Guida in condizioni di alterazione fisica e psichica correlata a sostanze stupefacenti 10
- Darsi alla fuga in incidente con lesioni a persone o con gravi danni ai veicoli causato dal proprio comportamento 10
- Non fermarsi in incidente con soli danni a cose causato dal proprio comportamento 4
- Violazione dell'obbligo di precedenza ai pedoni 5

Infrazioni e perdita di punti sulla patente. Dall'opuscolo *La sicurezza non è un limite*, a cura del *Ministero dei trasporti.*

La strada è pericolosa

Nonostante i controlli e la regolamentazione del traffico, la strada resta un luogo pericoloso. Lo è soprattutto per i pedoni e per chi guida su due ruote (*utenti vulnerabili* li definisce l'I-STAT, l'istituto italiano per le statistiche). Sommate, le vittime "vulnerabili" superano di gran lunga quelle degli automobilisti e degli autisti di camion.

Il numero dei morti, in costante discesa fino al 2017, sembra in aumento nel 2018, di cui non sono ancora disponibili i dati definitivi. L'aumento sembra da attribuire all'uso dei telefonini durante la guida. Una proposta di modifica al codice della strada prevede la sospensione immediata della patente per chi guida con il telefonino in mano.

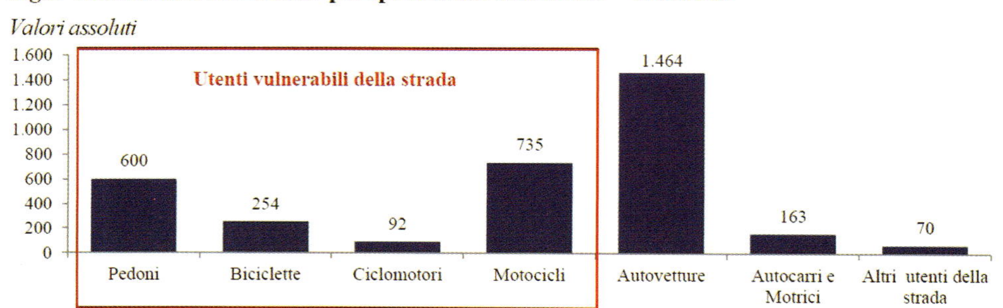

Dati del *Ministero delle Infrastrutture e dei Trasporti* elaborati dall'ISTAT.

I segnali di pericolo

I segnali di pericolo hanno la forma di un triangolo, con il fondo bianco e un bordo rosso. Il pericolo è rappresentato in nero. L'unico triangolo completamente bianco è quello di "dare precedenza" (bisogna rallentare o fermarsi per far passare gli altri veicoli); si differenzia dagli altri anche perché è disposto con il vertice verso il basso.

I pannelli distanziometrici indicano la distanza da una attraversamento ferroviario a livello stradale (300 m, 200 m, 100 m).
La croce di Sant'Andrea segnala il pericolo del passaggio a livello.

DARE PRECEDENZA

SALITA RIPIDA

STRETTOIA SIMMETRICA

STRETTOIA ASIMMETRICA A SINISTRA

STRETTOIA ASIMMETRICA A DESTRA

PONTE MOBILE

FERMARSI E DARE PRECEDENZA

BANCHINA PERICOLOSA

STRADA SDRUCCIOLEVOLE

BAMBINI

ANIMALI DOMESTICI VAGANTI

ANIMALI SELVATICI VAGANTI

PREAVVISO DI DARE PRECEDENZA

STRADA DEFORMATA

DOSSO

CUNETTA

CURVA A DESTRA

CURVA A SINISTRA

PREAVVISO DI FERMARSI E DARE PRECEDENZA

DOPPIA CURVA LA PRIMA A DESTRA

DOPPIA CURVA LA PRIMA A SINISTRA

PASSAGGIO A LIVELLO CON BARRIERE

PASSAGGIO A LIVELLO SENZA BARRIERE

CROCE DI S. ANDREA

DIRITTO DI PRECEDENZA

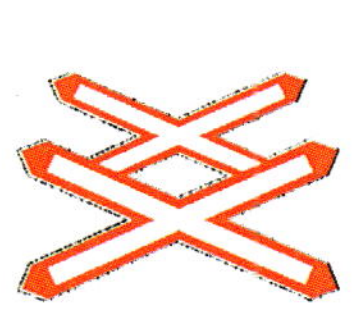
DOPPIA CROCE DI S. ANDREA

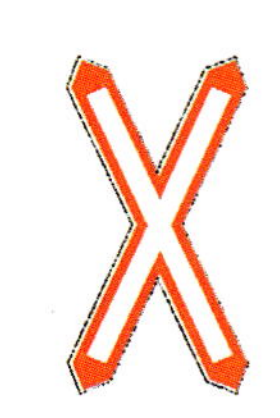
CROCE DI S. ANDREA INSTALLATA VERTICALMENTE

DOPPIA CROCE DI S. ANDREA INSTALLATA VERTICALMENTE

1° PANNELLO DISTANZIOMETRICO

2° PANNELLO DISTANZIOMETRICO

DIRITTO DI PRECEDENZA NEI SENSI UNICI ALTERNATI

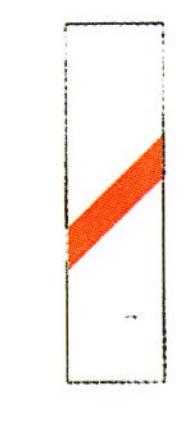
3° PANNELLO DISTANZIOMETRICO

ATTRAVERSAMENTO TRAMVIARIO

ATTRAVERSAMENTO PEDONALE

ATTRAVERSAMENTO CICLABILE

DISCESA PERICOLOSA

DOPPIO SENSO DI CIRCOLAZIONE

CIRCOLAZIONE ROTATORIA

SBOCCO SU MOLO O SU ARGINE

MATERIALE INSTABILE SULLA STRADA

CADUTA MASSI

CADUTA MASSI

SEMAFORO

SEMAFORO

AEROMOBILI

FORTE VENTO LATERALE

PERICOLO DI INCENDIO

ALTRI PERICOLI

INTERSEZIONE A "T" CON DIRITTO DI PRECEDENZA

CONFLUENZA A DESTRA

CONFLUENZA A SINISTRA

INTERSEZIONE CON PRECEDENZA A DESTRA

DARE PRECEDENZA NEI SENSI UNICI ALTERNATI

FINE DEL DIRITTO DI PRECEDENZA

INTERSEZIONE CON DIRITTO DI PRECEDENZA

INTERSEZIONE A "T" CON DIRITTO DI PRECEDENZA

I segnali di indicazione

Questi segnali servono per fornire delle indicazioni agli utenti. In genere, hanno una forma rettangolare, fondo di colori diversi con il simbolo dell'indicazione che vogliono fornire.

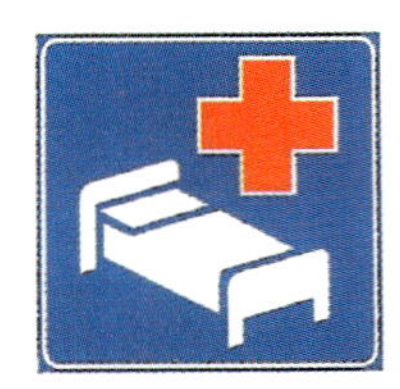

OSPEDALE

ATTRAVERSAMENTO PEDONALE

SCUOLABUS

SOS

STRADA SENZA USCITA

USO CORSIE

USO CORSIE

USO CORSIE

I segnali di divieto

Questi segnali limitano l'uso della strada, secondo l'indicazione del segnale, a pedoni, ciclisti, motociclisti o automobilisti. Vietano anche determinate azioni; per esempio, non posso accedere a una strada o non posso sorpassare.
Hanno forma circolare, bordo rosso, fondo generalmente bianco, con il divieto espresso in nero.

DIVIETO DI TRANSITO

SENSO VIETATO

DIVIETO DI SORPASSO

DISTANZIAMENTO MINIMO OBBLIGATORIO DI .... METRI

LIMITE MASSIMO DI VELOCITÀ .... Km/h

TRANSITO VIETATO ALLE BICICLETTE

TRANSITO VIETATO AI MOTOCICLI

TRANSITO VIETATO AI VEICOLI A BRACCIA

TRANSITO VIETATO A TUTTI GLI AUTOVEICOLI

TRANSITO VIETATO AGLI AUTOBUS

TRANSITO VIETATO AI VEICOLI CHE TRASPORTANO MERCI PERICOLOSE

TRANSITO VIETATO AI VEICOLI CHE TRASPORTANO ESPLOSIVI O PRODOTTI FACILMENTE INFIAMMABILI

TRANSITO VIETATO AI VEICOLI CHE TRASPORTANO PRODOTTI SUSCETTIBILI DI CONTAMINARE L'ACQUA

TRANSITO VIETATO AI VEICOLI AVENTI LARGHEZZA SUPERIORE A .... METRI

TRANSITO VIETATO AI VEICOLI AVENTI ALTEZZA SUPERIORE A .... METRI

SOSTA CONSENTITA A PARTICOLARI CATEGORIE

DIVIETO DI SEGNALAZIONI ACUSTICHE

DIVIETO DI SORPASSO PER I VEICOLI DI MASSA A PIENO CARICO SUPERIORE A 3.5 t

TRANSITO VIETATO AI VEICOLI A TRAZIONE ANIMALE

TRANSITO VIETATO AI PEDONI

TRANSITO VIETATO AI VEICOLI DI MASSA A PIENO CARICO SUPERIORE A 3,5 t

SOSTA CONSENTITA A PARTICOLARI CATEGORIE

TRANSITO VIETATO AI VEICOLI DI MASSA A PIENO CARICO SUPERIORE A ... t

TRANSITO VIETATO AI VEICOLI A MOTORE TRAINANTI UN RIMORCHIO

TRANSITO VIETATO ALLE MACCHINE AGRICOLE

TRANSITO VIETATO AI VEICOLI, O COMPLESSI DI VEICOLI, AVENTI LUNGHEZZA SUPERIORE A .... METRI

TRANSITO VIETATO AI VEICOLI AVENTI UNA MASSA SUPERIORE A .... t

SOSTA CONSENTITA A PARTICOLARI CATEGORIE

TRANSITO VIETATO AI VEICOLI AVENTI MASSA PER ASSE SUPERIORE A ... t

VIA LIBERA

FINE LIMITAZIONE DI VELOCITÀ

FINE DEL DIVIETO DI SORPASSO

FINE DEL DIVIETO DI SORPASSO PER I VEICOLI DI MASSA A PIENO CARICO SUPERIORE A 3,5 t

REGOLAZIONE FLESSIBILE DELLA SOSTA IN CENTRO ABITATO

DIVIETO DI SOSTA

DIVIETO DI FERMATA

PARCHEGGIO

PREAVVISO DI PARCHEGGIO

PASSO CARRABILE

Segnali di obbligo

I segnali di obbligo impongono determinati comportamenti; per esempio, svoltare obbligatoriamente a destra, passare obbligatoriamente a sinistra, montare le catene da neve... Hanno forma circolare, fondo blu, con l'indicazione dell'obbligo in bianco.

DIREZIONE OBBLIGATORIA DIRITTO

DIREZIONE OBBLIGATORIA A SINISTRA

DIREZIONE OBBLIGATORIA A DESTRA

PREAVVISO DI DIREZIONE OBBLIGATORIA A DESTRA

PREAVVISO DI DIREZIONE OBBLIGATORIA A SINISTRA

DIREZIONI CONSENTITE DESTRA E SINISTRA

DIREZIONI CONSENTITE DIRITTO E DESTRA

DIREZIONI CONSENTITE DIRITTO E SINISTRA

PASSAGGIO OBBLIGATORIO A SINISTRA

PASSAGGIO OBBLIGATORIO A DESTRA

ROTATORIA

LIMITE MINIMO DI VELOCITÀ

FINE DEL LIMITE MINIMO DI VELOCITÀ

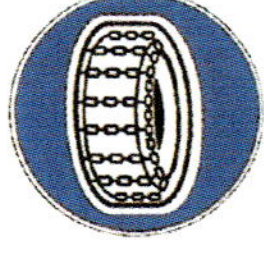

CATENE PER NEVE OBBLIGATORIE

PERCORSO PEDONALE

FINE DEL PERCORSO PEDONALE

PISTA CICLABILE

FINE PISTA CICLABILE

PISTA CICLABILE CONTIGUA AL MARCIAPIEDE

PERCORSO PEDONALE E CICLABILE

FINE DELLA PISTA CICLABILE CONTIGUA AL MARCIAPIEDE

FINE DEL PERCORSO PEDONALE E CICLABILE

PERCORSO RISERVATO AI QUADRUPEDI DA SOMA O DA SELLA

FINE DEL PERCORSO RISERVATO AI QUADRUPEDI DA SOMA O DA SELLA

ALT - DOGANA

CONFINE DI STATO TRA PAESI DELLA COMUNITÀ EUROPEA

PREAVVISO DI CONFINE DI STATO TRA PAESI DELLA COMUNITÀ EUROPEA

ALT - POLIZIA

ALT - STAZIONE

La segnaletica orizzontale

La segnaletica orizzontale è non meno importante di quella verticale, perché aiuta a mantenere la posizione corretta sulla carreggiata.

Alcuni segnali orizzontali ripetono e rinforzano quelli verticali, come, per esempio, lo STOP (obbligo di fermarsi) o quello di dare precedenza.

La carreggiata (parte della strada riservata ai veicoli) è in genere divisa in due dalla *linea di mezzeria*. Se la linea è discontinua, può essere superata – per esempio, per sorpassare – in condizioni di sicurezza.

Se la linea di mezzeria è continua, non può essere superata.

Se la linea di mezzeria è doppia, il divieto di superarla è ancora più rigido.

Il parcheggio

Si può parcheggiare dovunque non ci sia un segnale di divieto di sosta. Attenzione però: non si può parcheggiare in curva anche in assenza di divieto e non si può parcheggiare a ridosso degli incroci. Bisogna allontanarsi almeno otto metri dall'incrocio.

La linea gialla sulla carreggiata vuol dire che l'area è riservata al parcheggio di determinate categorie (i taxi, gli handicappati, i residenti...)

La linea blu sulla carreggiata vuol dire che la sosta è consentita a pagamento.

Le aree di parcheggio delimitate con la linea bianca possono, invece, essere utilizzate liberamente. Attenzione, perché a volte la sosta è consentita solo per un periodo di tempo limitato (un'ora, mezz'ora...). In questo caso, bisogna esporre il disco orario.

Limitazioni al traffico

Nelle grandi città sono frequenti blocchi o limitazioni al traffico veicolare privato per alleviare l'inquinamento dell'aria.

Naturalmente il blocco temporaneo del traffico veicolare privato è una misura tampone, che non può essere prolungata a lungo e non risolve il problema.

Per migliorare la qualità dell'aria nella città, sono state istituite isole pedonali *e zone a traffico limitato* (ZTL), è stato aumentato il costo del parcheggio per scoraggiare la sosta nei centri urbani, sono stati costruiti parcheggi economici agli ingressi della città per incoraggiare l'uso dei mezzi pubblici, sono state individuate fasce orarie per il carico e lo scarico delle merci.

Nessuno di questi provvedimenti è risolutivo, ma tutti insieme possono concorrere ad alleviare il problema dell'inquinamento ambientale.

Nelle grandi città la qualità dell'aria è monitorata continuamente.

Se c'è un incidente

La prima regola è mantenere la calma, la seconda non andare via. Soccorrere i feriti non è solo un obbligo morale, ma un preciso obbligo di legge. *L'omissione di soccorso* è un reato, che può comportare anche l'arresto, soprattutto se a scappare via è il responsabile stesso dell'incidente (pirata della strada).

Se non si hanno competenze mediche specifiche, è meglio non toccare i feriti, per evitare di provocare danni ulteriori. La cosa

Parcheggi economici all'ingresso delle grandi città evitano che le auto affollino il centro.

più urgente è chiamare i soccorsi telefonando al 118, per sollecitare l'arrivo di un'ambulanza con personale medico e infermieristico, e al 113 o 112 per avvisare la polizia o i carabinieri.

Nelle telefonate bisogna indicare con la maggiore esattezza possibile il posto dove è avvenuto l'incidente, il numero di persone convolte e il loro stato di salute. In autostrada sul guardrail

Inoltre, bisogna avvertire gli automobilisti in arrivo della presenza dell'incidente, mettendo il triangolo rosso a non meno di 100 metri dall'incidente. Soprattutto se è notte, è opportuno accendere le luci di emergenza per segnalare il pericolo.

LE SOSTANZE INQUINANTI

Biossido di azoto: provoca irritazioni alle vie respiratorie e causa le "piogge acide" con effetti negativi sulle piante.

Biossido di zolfo: prodotto dalla combustione del gasolio; irrita gli occhi e le vie respiratorie.

Monossido di carbonio: prodotto dagli scarichi delle auto, agisce sull'emoglobina, riducendo la capacità di trasferire ossigeno dai polmoni alle cellule.

Benzene: ha effetti cancerogeni. Provoca pesantezza alla testa, tosse, lacrimazione, bruciore agli occhi e difficoltà di respirazione.

Blocco del traffico a Milano per inquinamento dell'aria.

Proteggere

In caso di incidente non puoi lasciarti prendere dal panico o agire di impulso.
Aiutare una persona che ha avuto un incidente è un imperativo morale.
L'omissione di soccorso è punita dalla legge.

Fermati e ricorda:

..Osserva,
Rifletti
e poi agisci!

Proteggere

E' essenziale rendere il luogo sicuro per prevenire altri incidenti: avvicinati alle macchine coinvolte con prudenza e senza correre rischi:

- Parcheggia la tua macchina fuori della carreggiata e rendi la strada libera e accessibile per i mezzi di emergenza
- Indossa vestiti riflettenti prima di muoverti lungo la strada per evitare di essere investito
- Segnala che c'è un incidente accendendo le luci di emergenza della tua auto e metti il triangolo prima e dopo l'incidente ad almeno 100 metri
- Immobilizza il veicolo accidentato, tira il freno a mano e spengi il motore
- Non fumare e impedisci a tutti di farlo per non correre il rischio di esplosione o di incendio

Allertare

Avvisa il soccorso di emergenza: in Italia se hai necessità di una ambulanza chiama il 118, in tutta Europa puoi comporre il 112 per qualunque emergenza:

- Dai indicazioni precise sul luogo dove è avvenuto l'incidente, la direzione del traffico, l'uscita autostradale più vicina e ogni riferimento che renda possibile la localizzazione del luogo.
- Descrivi l'incidente, il numero dei feriti, illustrando la scena e facendo riferimento in particolare a situazioni potenzialmente pericolose; cerca anche di descrivere le condizioni e le ferite delle vittime.
- Identificati dando il tuo nome e cognome il numero di telefono da cui stai telefonando e **NON** riattaccare se non ti viene espressamente detto dalla centrale operativa.

Ricorda che la tempestività e l'efficacia dei soccorsi dipendono dalla tua chiamata

Soccorrere

Non tentare mai di estrarre o muovere un ferito dall'auto se non per un pericolo immediato (se il veicolo è in fiamme o il ferito è in arresto cardiaco).

Aspettate l'arrivo dei professionisti !

Se proprio **dovete** spostare la vittima procedete in questo modo:

- Se la vittima è cosciente spiegategli cosa state per fare.
- Tagliate le cinture di sicurezza e controllate che i piedi non siano bloccati dalla pedaliera
- Passate con cautela il vostro braccio dietro le sue spalle e sotto le ascelle e con la mano bloccate le sue braccia; con l'altra vostra mano afferrate la sua mandibola e bloccate il collo e la testa, reggendolo per il mento con delicatezza: lentamente fate scivolare la vittima fuori della macchina e adagiatela in un luogo sicuro.

Ricordate che **la testa, il collo e il torace devono essere mossi come un pezzo unico**

Immagini tratte da un opuscolo della campagna promossa dalla *Croce rossa europea* con il contributo della Commissione europea.

Fascicolo allegato a
ISBN 978-88-6432-181-3

Medusa Editrice
www.medusaeditrice.com

Un pezzo di carta al posto del re

«La rivoluzione americana ha sostituito il potere di un sovrano con quello di un pezzo di carta», scrisse il giurista statunitense Edward Samuel Corwin. Prima degli americani lo avevano fatto gli inglesi e poco dopo lo avrebbero fatto i francesi.

Era un progresso? È preferibile sottostare al potere di un sovrano o a quello di un pezzo di carta? Per cercare di capire, raccontiamo una storia avvenuta in Inghilterra tanti anni fa.

Un sovrano assoluto

Nella *Magna Charta* si presenta come «Giovanni, per grazia di Dio, re d'Inghilterra, signore d'Irlanda, duca di Normandia ed Aquitania, conte d'Angiò». Un grande sovrano, quindi, che estendeva i suoi territori in Inghilterra, in Irlanda e in Francia (Normandia, Aquitania e Angiò si trovano in Francia).

Giovanni I d'Inghilterra, conosciuto come Giovanni Senzaterra.

Allora, siamo nel 1215, Giovanni I d'Inghilterra regnava da sedici anni. Era infatti diventato re nel 1199, dopo la morte del fratello, il famosissimo Riccardo Cuor di Leone, quello di cui si parla nella leggendaria storia di Robin Hood, il ladro che toglieva ai ricchi per dare ai poveri.

Come tutti i re dell'epoca, Giovanni era un *sovrano assoluto*, convinto che il suo potere derivasse direttamente da Dio e che, per questo, non potesse essere messo in discussione e limitato da nessuno.

Come per tutti i sovrani assoluti, il suo volere era legge. Tutti gli abitanti dei suoi territori erano a lui sottomessi, erano dei "sudditi". Poteva imporre loro nuove tasse, poteva pretendere delle prestazioni personali (lavoro obbligatiorio e gratuito), poteva decidere per loro la pace e la guerra. Se voleva, poteva far arrestare e imprigionare un suddito senza dover fornire alcuna spiegazione. Poteva farlo torturare e perfino farlo mettere a morte, perché i sovrani assoluti avevano potere di vita e di morte sui propri sudditi.

MONARCHIA ASSOLUTA

Per legittimità dinastica e per volere divino

↓

RE

Fa le leggi
Governa
Giudica

↓

Sudditi

Il potere del re deriva da Dio e, quindi, non può essere messo in discussione da nessuno. In questo sistema il re detiene nelle sue mani tutti i poteri: fa le leggi (potere legislativo), obbliga a rispettarle (potere esecutivo), giudica se un suddito ha rispettato o no la legge (potere giudiziario). Nessuno può contraddire, controllare o limitare il potere del re (assolutismo regio). Tutti gli sono sottomessi: sono *sudditi*.

La legittimità del potere

Da che cosa derivava la legittimità del potere di Giovanni I, cioè il suo diritto a esercitare un potere così esteso e così terribile sui propri sudditi? Dalla *legittimità dinastica* e dal volere di Dio. Era cioè succeduto legalmente al fratello e, come tutti i re, era stato incoronato solennemente durante una cerimonia religiosa, che ratificava che lui, proprio lui, era "l'unto del Signore", scelto da dio per guidare il suo popolo. «Per grazia di Dio, re d'Inghilterra...» è scritto nell'incipit della *Magna Charta*, cioè re per volere di Dio.

Come tutti i sovrani medievali, re Giovanni, per esercitare il suo potere, affidava porzioni di territorio – i feudi – a duchi, conti, abati, arcivescovi, chiamati genericamente con il nome di "baroni". Nei loro feudi, per il potere conferito loro dal re e in nome del re, i baroni potevano imporre tasse e imposte, potevano pretendere dai sudditi prestazioni di lavoro gratuite, amministravano la giustizia. Insomma, nei loro feudi, i baroni esercitavano un potere assoluto proprio come quello esercitato dal sovrano. Un grande potere in cambio di fedeltà assoluta al re. Il più grande reato e anche la più grande infamia per un barone era la "fellonia", cioè tradire il giuramento di fedeltà fatto al re. La punizione per la fellonia era l'occupazione del feudo da parte del re, con la scontata condanna a morte del fellone.

Un re senza terra

Quando comincia questa storia, nel 1215, Giovanni I era conosciuto in Inghilterra come *John Lackland* e in Francia come *Johan sanz Terre*, cioè come Giovanni Senzaterra. Brutto soprannome in un periodo in cui il potere e la ricchezza di un sovrano si fondavano soprattutto sul possesso della terra.
Purtroppo per lui, il soprannome descriveva bene la sua situazione.

Era successo che, per consolidare e allargare i suoi possedimenti in Francia, Giovanni I aveva combattuto a lungo contro il re di Francia, Filippo II.

L'incoronazione dei sovrani avveniva in cattedrale per mano del vescovo, che gli metteva la corona sulla testa; quella dell'imperatore per mano del papa. Anche sovrani che si opposero all'autorità ecclesiastica, come Federico Barbarossa e Filippo IV il Bello, si sottoposero all'incoronazione ecclesiastica. Era infatti il momento in cui, davanti ai sudditi, si ratificava solennemente che il re era il prescelto da Dio, l'unto del Signore. Nell'immagine l'incoronazione di Filippo IV il Bello.

Nella *Grande Carta delle libertà* il sovrano si impegna a non esercitare alcuni poteri nei riguardi della Chiesa, dei mercanti di Londra e dei baroni. Non riconosce dei diritti a tutti, ma solo dei *privilegi* ad alcune categorie di persone (ecclesiastici, mercanti e baroni). *Privilegio* letteralmente vuol dire permesso di non rispettare la legge. Questo si intendeva per libertà nel Medioevo.

Fare le guerre però costa molto e costava molto anche allora. Giovanni era stato costretto ad aumentare le tasse da versare alla corona. Più tasse per il re voleva dire meno denaro nelle casse dei baroni, che riscuotevano le tasse nei feudi e ne versavano una parte nelle casse del sovrano. Più la guerra durava più aumentava il malumore dei feudatari, che erano anche costretti a combattere per il re e a fornire soldati per l'esercito del re.

Se Giovanni avesse vinto, i malumori sarebbero rientrati, perché il re avrebbe avuto nuove terre da distribuire e i baroni nuove terre da sfruttare e nuovi sudditi a cui imporre tasse e imposte. Purtroppo per lui, Giovanni subì numerose sconfitte. Già nel 1204 aveva perduto i suoi possedimenti francesi e nel 1214, con la battaglia decisiva di Bouvines, aveva perduto definitivamente la guerra.

Con la sconfitta Giovanni era diventato "senza terra", una situazione che lo metteva in una condizione di estrema debolezza nei confronti dei baroni, sempre più arroganti di fronte a un re indebolito dalla sconfitta e dalla perdita di una parte notevole dei suoi possedimenti.

Una parte dei baroni minacciava ormai apertamente la ribellione. L'arcivescovo di Canterbury, per favorire una riconciliazione, preparò un documento, la *Magna Charta libertatum* (la *Grande Carta delle libertà*), in cui il re accettava di fare delle concessioni alla Chiesa, ai mercanti di Londra e ai baroni in cambio della sottomissione dei ribelli. Un gesto di grande debolezza del re, che si impegnava addirittura a non occupare le terre dei "felloni", rinunciava cioè a punire i ribelli...

La Grande Carta delle libertà

"Carta" all'epoca veniva definito ogni documento che contenesse delle *norme giuridiche*, cioè regole che hanno valore di legge e che prevedono una punizione per chi non le osserva.

La Magna Charta venne definita così perché affrontava molti problemi (sono più di sessanta articoli) di carattere generale, che riguardavano l'esercizio del potere da parte del re. Nella Carta re Giovanni faceva molte concessioni ai baroni e accettava molti limiti al suo potere, ma questo metteva in discussione il carattere assoluto del suo potere. "Assoluto" vuol dire infatti "sciolto", libero da ogni controllo o *limitazione*. I punti principali erano tre.

1) Il re si impegnava a non mettere alcuna nuova tassa senza il preventivo "consenso" «di coloro che possiedono terre direttamente per nostra concessione», cioè senza il consenso dei baroni.
2) Il sovrano si impegnava a non far arrestare, imprigionare e punire «gli uomini liberi», cioè i nobili, senza prima sentire il parere di un tribunale formato da nobili, che avrebbe giudicato in base alla legge.
3) Per garantire che avrebbe tenuto fede alle sue concessioni, il

re dava facoltà ai baroni di eleggere venticinque rappresentanti, che avrebbero potuto pretendere dal re la riparazione di eventuali misfatti commessi dai suoi funzionari (balivi e sceriffi).

Erano tre novità clamorose: il re rinunciava al potere di imporre autonomamente le tasse, si impegnava a rispettare la libertà personale dei baroni rinunciando al suo potere di vita e di morte sui sudditi, accettava che nascesse un contropotere – il *Consiglio della corona* – in grado di contrastare tutte le sue decisioni.

Se il re accettava la Magna Charta, il potere assoluto del re era finito. Se ne rese immediatamente conto il papa Innocenzo III, che minacciò di scomunicare i baroni e il re, perché sovvertivano l'ordine voluto da Dio. Giovanni Senzaterra approfittò dell'intervento del papa per tirarsi indietro e ricominciare la sua lotta contro i baroni ribelli. Lo scontro tra il re e i baroni non durò però a lungo, perché re Giovanni morì un anno dopo, nel 1216, per una banale dissenteria.

Una delle prime immagini del Parlamento inglese. Re Edoardo I siede di fronte ai nobili, ai vescovi e ai cavalieri. A fianco del re di Inghilterra ci sono il re di Scozia e il principe di Galles.

Il Parlamento: un contropotere

Molti storici considerano la Magna Charta la prima costituzione moderna, perché era una legge che cambiava i fondamenti stessi del potere politico dell'epoca: non più il potere assoluto di una sola persona fondato sul volere divino, ma il potere fondato sul rispetto di una legge condivisa, accettata sia dal sovrano che dai sudditi. Non più il re superiore alla legge, ma il re sottomesso alla legge. Non più il potere derivato da Dio, ma il potere fondato su un patto sottoscritto dal sovrano e dai sudditi.

I successori di Giovanni Senzaterra cambiarono più volta la Magna Charta, spesso la ignorarono e tornarono al governo assoluto, cercando di farla dimenticare anche ai sudditi. Alcuni di loro riuscirono a governare in modo assoluto, ma la monarchia inglese non fu più la stessa. I principi affermati nella Magna Charta riaffioravano continuamente, come l'acqua di un fiume sotterraneo, che torna a scorrere in superficie o sgorga da una sorgente.

Alcuni decenni dopo, il Consiglio della corona si trasformò in un vero e proprio *parlamento*, diviso in due camere: la *Camera dei lord*, in cui sedevano i nobili nominati dal re, e la *Camera dei Comuni*, eletta dalla gente comune, cioè dai ricchi borghesi.

Il parlamento è la negazione del potere assoluto del monarca, perché è il luogo dell'uguaglianza dove ogni testa vale un voto. È il luogo in cui si parla, in cui si discute e ci si confronta per trovare una soluzione condivisa dalla maggioranza. Notate: non la soluzione migliore e neppure la più autorevole, ma quella più condivisa, quella che riesce a ottenere il maggior numero di voti.

La Camera dei Comuni, cioè della gente comune.

I re cercavano di convocarlo il meno possibile, ma erano costretti a farlo ogni volta che avevano bisogno di soldi, perché la Magna Charta imponeva che, per imporre nuove tasse, era necessario il "consenso" del Parlamento, era cioè necessario un voto favorevole del parlamento.

Il re ci rimette la testa

Quando, molti anni dopo, nel 1628, il re Carlo I cercò di forzare la situazione obbligando il parlamento a votare nuove tasse, il parlamento si rifiutò e organizzò addirittura un esercito per combattere contro l'esercito del re prepotente. Scoppiò una *guerra civile*, una guerra combattuta tra inglesi, una guerra combattuta per cancellare o per difendere un principio. Il re fu sconfitto e fu condannato a morte per alto tradimento, perché aveva violato una legge dello Stato. Quale? La Magna Charta, naturalmente! Era una cosa inaudita: non dimenticate che all'epoca si riteneva che i sovrani regnavano per volere divino...

Alla fine della guerra, nel 1649, fu addirittura proclamata la *Repubblica d'Inghilterra*. Così non solo era stato ucciso il re, ma era stata cancellata anche la monarchia!

Sull'onda dell'entusiasmo, cominciarono a circolare idee che chiedevano non solo la libertà, ma anche l'uguaglianza. I *livellatori*, per esempio, volevano mettere tutti, ma proprio tutti, allo stesso livello, chiedendo il suffragio universale (il voto per tutti), la libertà religiosa e la sovranità popolare (il potere esercitato dal popolo).

Frattanto la repubblica si era trasformata in una dittatura personale di Oliwer Cromwell, sostenuto dall'esercito del parlamento. Alla morte di Cromwell, si ritornò alla monarchia solo perché il figlio di Cromwell si rifiutò di succedere al padre.

Esecuzione di Carlo I d'Inghilterra. Uccidere il re, sopprimere cioè il rappresentante del potere divino, era una cosa inaudita e la notizia fece il giro d'Europa.

L'Habeas corpus

Re diventò Carlo II – era il 1660 – figlio di Carlo I Stuart giustiziato nel 1649. Voi penserete che Carlo II, memore di quanto era successo al padre, abbia governato rispettando il parlamento. Niente affatto. Carlo II convocò il parlamento una sola volta, quasi vent'anni dopo essere diventato re, nel 1679.

Il parlamento ne approfittò per approvare una legge importantissima conosciuta con il nome di *Habeas corpus*: una persona arrestata poteva chiedere a un giudice di emettere un ordine (in inglese: writ) perché la persona fisica (*corpus*, il corpo) venisse portata in tribunale per verificare le sue condizioni fisiche (se aveva o no subito torture), per sentire dalla voce dell'arrestato i motivi dell'arresto e decidere se confermarlo o no.

Per la prima volta, la persona veniva sottratta all'arbitrio e alla prepotenza del potere esecutivo e veniva affidata al giudizio di un giudice che si pronunciava in base alla legge.

Quello che Giovanni Senzaterra aveva promesso solo ai baroni ora veniva riconosciuto come diritto di tutti.

Per far cessare le torture, spesso il prigioniero confessava anche reati che non aveva commesso. La nostra costituzione proibisce non solo la tortura fisica, ma anche quella psicologica.

La Carta dei diritti

Carlo II si convinse ancora di più che del parlamento non c'era proprio da fidarsi e non lo convocò più. Alla sua morte, divenne re il figlio, Giacomo II, che cercò anche lui di governare in modo assoluto.

A questo punto, gli inglesi non ne potevano più di questi re che volevano governare senza alcun limite e scoppiò una seconda rivoluzione.

Questa volta non ci fu una guerra civile, anzi non fu sparsa neppure una goccia di sangue. Per questo, gli inglesi la ricordano ancora come la "gloriosa rivoluzione".

Era il 1689. Giacomo II fu deposto dal parlamento e la corona fu offerta alla sorella Maria II, che aveva sposato Guglielmo d'Orange, un protestante olandese che in patria aveva ricoperto la carica di presidente delle Province Unite. Questa volta, però, il popolo e il parlamento inglesi si cautelarono e, prima che Maria e Guglielmo salissero al trono, pretesero che firmassero il *Bill of rights*, una *Carta dei diritti*, che il re e la regina si impegnavano a rispettare.

La Carta dei diritti ribadiva che il re non poteva imporre tasse senza il consenso dei sudditi, ribadiva l'*habeas corpus*, prevedeva il diritto di voto e la libertà di parola e di opinione, riconosceva l'autonomia del parlamento nei confronti del re... Soprattutto, però, veniva affermato un principio rivoluzionario: Guglielmo non era re «per diritto divino» ma diventava re perché «scelto dalla nazione». Il potere del re non derivava più dall'alto, ma dal basso, cioè dal popolo. Il re d'Inghilterra era re perché così voleva il popolo e lo era finché era leale con il popolo rispettando la Carta dei diritti.

In Inghilterra, era così nata la prima *Monarchia costituzionale*, che dura ancora oggi.

Con la monarchia costituzionale, non ci sono più sudditi, ma cittadini con diritti che il sovrano non può violare, il potere è diviso tra parlamento che fa le leggi, il governo che le esegue e la fa eseguire, i giudici sottomessi solo alla legge. Il re regna – è il capo dello Stato – ma non governa, non legifera, non giudica.

Dio

Potere dall'alto

assoluta

MONARCHIA

costituzionale

Potere dal basso

Popolo

MONARCHIA COSTITUZIONALE		
Costituzione Il re è capo dello Stato		
Il potere è diviso tra		
Parlamento	**Governo**	**Giudici**
esercita potere legislativo	esercita potere esecutivo	esercitano potere giudiziario
Tutti sono sottoposti alla legge, anche il re		
Non ci sono più sudditi ma cittadini titolari di diritti		

Costituzione vuol dire libertà

L'esperienza inglese aveva dimostrato che era preferibile sottostare al potere di un pezzo di carta piuttosto che al potere di una persona, perché il potere personale tende sempre a straripare e a rifiutare limiti. Era successo anche con il passaggio alla repubblica, quando il potere personale di Cromwell era sconfinato nella dittatura.

Insomma, monarchia o repubblica non faceva differenza, purché tutti, anche il re, fossero sottomessi alla legge e i tre poteri fondamentali – legislativo, esecutivo e giudiziario – fossero indipendenti uno dall'altro e fossero esercitati da persone diverse.

Quanto era successo in Inghilterra aveva suscitato molto clamore in tutta l'Europa, ma l'esempio inglese non fu immediatamente seguito da nessuno degli Stati europei.

Se ne continuò a discutere però moltissimo in tutta l'Europa e anche in America, dove si erano trasferiti molti europei per sfuggire alle lotte di religione o per migliorare le loro condizioni economiche. La discussione toccava soprattutto due punti: 1) qual era l'origine del potere, se il potere non derivava da Dio? 2) quali ragioni giustificavano la rivendicazione dei diritti?

L'esperienza degli inglesi suggeriva che la legittimità del potere si fondava su un accordo sottoscritto da governati e governanti. Come scrisse Thomas Paine, uno dei padri fondatori degli Stati Uniti d'America, «la costituzione di un paese non è fatta dal governo, ma dal popolo che costituisce il governo». Era la lezione della rivoluzione inglese: il potere viene dal basso, cioè dal popolo.

Per quanto riguarda i diritti, gli intellettuali dell'epoca – gli illuministi – elaborarono l'idea dei "*diritti naturali*": i diritti non derivano dalla legge, ma dalla natura. Gli uomini nascono liberi e uguali e la legge non deve fare altro che riconoscere e garantire questi diritti, cioè fare in modo che nessuno possa negare o limitare i diritti di una persona, neppure lo Stato.

Da allora lottare per i diritti e per la libertà significò lottare per ottenere una costituzione.

1776, gli insorti delle colonie nordamericane abbattono la statua equestre del re George III d'Inghilterra. Dipinto di William Wolcott, 1857

L'epoca delle costituzioni

Un secolo dopo la nascita della monarchia costituzionale inglese, il diffondersi di queste idee portò prima alla rivoluzione americana (1776) e subito dopo alla rivoluzione francese (1789).

La *Dichiarazione dei diritti dell'uomo e del cittadino* riprendeva molti punti della *Carta dei diritti* inglese; una Carta dei diritti è allegata anche alla Costituzione statunitense.

Tutto il XIX secolo fu caratterizzato da continue sollevazioni popolari organizzate dai *liberali* – letteralmente, quelli che si battono per la libertà – per ottenere una costituzione, che garantisse i diritti fondamentali e arginasse il potere assoluto dei re.

La resistenza dei monarchi assoluti fu tenace: non esitarono a utilizzare la polizia segreta per controllare la popolazione e a usare la forza militare per reprimere i "moti" (le rivolte) liberali.

Dalla Rivoluzione francese e per tutto l'Ottocento, le battaglie per la libertà e per i diritti ebbero sempre l'odore acre della polvere da sparo. I sudditi che aspiravano a diventare cittadini si dovettero battere armi in pugno contro gli eserciti dei re assoluti. Battersi per la libertà voleva dire mettere nel conto che si poteva essere arrestati e che si poteva anche morire.

Quella contro i sovrani assoluti fu anche una lotta infida, perché i re spesso concedevano una costituzione quando erano in difficoltà, ma la ritiravano non appena riprendevano il controllo della situazione con la forza dei loro eserciti.

I lenti ma continui progressi nella lotta per i diritti contribuirono a diffondere l'idea che il trionfo della democrazia era scontato: era solo una questione di tempo.

Purtroppo non fu così. Negli anni Venti e Trenta del Novecento, in quasi tutti gli Stati europei la democrazia fu soppiantata da dittature che tolsero ai cittadini i diritti e le libertà, che avevano faticosamente conquistato.

Non fu un caso se in Europa la più tenace a resistere fu la democrazia inglese, la più antica e la più radicata.

Una rivolta liberale. Qui siamo a Parigi, nel 1830.

Laboratorio pag. 40
ESERCIZI INTERATTIVI
www.medusaeditrice.it

I popoli marciano verso la libertà.

Una nuova Costituzione, repubblicana

È entrata in vigore il primo gennaio 1948: la Costituzione ha settantanni! Sono troppi? No, tutt'altro.

Per una costituzione gli anni – contrariamente a quanto succede a una persona – non denotano vecchiezza, con il relativo decadimento fisico e spesso mentale.

Per una costituzione avere molti anni è un valore. Vuol dire che ha conservato la sua vitalità e la capacità di garantire i diritti dei cittadini con il passar degli anni o addirittura dei secoli.

Se messa confronto con la *Carta dei diritti* inglese o con la costituzione statunitense, la nostra Costituzione è una ragazzina!

Una legge particolarmente importante

Perché settant'anni fa fu scritta una nuova costituzione? Le costituzioni, infatti, si scrivono raramente, praticamente, solo quando nasce un nuovo Stato o quando per uno Stato già esi-

Nella foto, il Presidente della Repubblica, Enrico De Nicola, presiede la cerimonia della firma della nuova costituzione repubblicana. Era il 27 dicembre 1947. La Costituzione entrò in vigore il primo gennaio 1948.

stente comincia una nuova fase, radicalmente diversa da quella precedente.

La costituzione, infatti, non è una legge come le altre. È una legge particolare. Fondamentale, la definiscono i giuristi, nel senso che costituisce il fondamento su cui poggia uno Stato, proprio come le fondamenta di una casa.

Una nuova costituzione viene scritta in momenti particolari, eccezionali, difficili, spesso tragici: dopo una guerra, dopo una rivoluzione, dopo una dittatura, dopo una grave crisi politica... Un momento di rottura con il passato, in cui è necessario riprogettare il futuro.

Un momento drammatico per l'Italia

Settant'anni fa, a metà degli anni Quaranta del Novecento, l'Italia stava vivendo un momento così, drammatico e incerto. Un momento che obbligava gli italiani a riflettere sul passato e a decidere per il futuro.

L'Italia era stata governata per un ventennio da un dittatore, Mussolini, che nel 1940 l'aveva trascinata nella *Seconda guerra mondiale*, a fianco della Germania nazista e del Giappone, contro la Francia e l'Inghilterra, pur sapendo che l'esercito italiano era impreparato a combatterla.

Nei due anni successivi, per l'Italia l'andamento della guerra era stato così disastroso che il 10 luglio 1943 gli angloamericani (nel 1942, gli USA erano entrati in guerra a fianco dell'Inghilterra) erano sbarcati in Sicilia e si preparavano a occupare militarmente la penisola.

L'Italia peninsulare era stata frattanto occupata dagli alleati tedeschi, che volevano contrastare sul suolo italiano l'avanzata degli angloamericani verso la Germania. L'Italia stava per diventare un campo di battaglia: era una disfatta!

Due settimane dopo, il 25 luglio 1943, il dittatore fu costretto a dimettersi dal *Gran Consiglio del fascismo*, che durante la dittatura prendeva le decisioni più importanti. Il suo stesso partito riteneva Mussolini responsabile della disfatta! Il re lo fece arrestare e affidò il governo a un militare, il generale Pietro Badoglio.

Il nuovo governo, nei primi giorni di settembre del 1943, fu costretto a firmare una resa senza condizioni con gli angloamericani. Quando, l'8 settembre, la notizia dell'armistizio fu resa pubblica, il re e il governo abbandonarono Roma e, per sfuggire alle ritorsioni dei tedeschi, si rifugiarono a Brindisi sotto la protezione degli angloamericani.

Pochi giorni dopo, Mussolini fu liberato dai tedeschi e portato in Germania. Alla radio accusò il re e i componenti del *Gran consiglio del fascismo* di essere dei traditori dell'Italia e annunciò la nascita della *Repubblica sociale italiana*.

L'Italia non era più unita politicamente, perché aveva due governi diversi, uno fascista al nord e uno monarchico al sud.

Benito Mussolini, amava farsi chiamare "duce", cioè il condottiero.

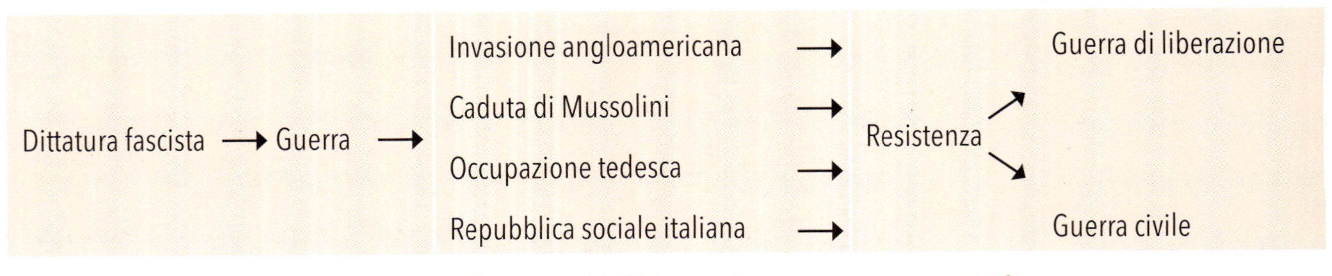

Guerra di liberazione e guerra civile

Una parte degli italiani decise allora di prendere le armi e di combattere contro i tedeschi e contro i fascisti della *Repubblica sociale italiana*. Era nata la Resistenza, che si batteva a fianco degli angloamericani.

I tedeschi da alleati erano diventati nemici, gli angloamericani da nemici erano diventati alleati.

I dissidenti politici della dittatura erano frattanto tornati dall'esilio e avevano dato vita al *Comitato di liberazione nazionale*, per guidare politicamente la Resistenza e preparare il ritorno alla democrazia.

Questa situazione tumultuosa e confusa durò quasi due anni con grandi sofferenze da parte della popolazione, esposta ai bombardamenti degli angloamericani, alla mercé delle rappresaglie dei tedeschi, afflitta da lutti, privazioni e difficoltà economiche.

Oltre che guerra di liberazione del territorio italiano dagli occupanti tedeschi, la Resistenza fu una sanguinosa e dolorosa *guerra civile*, che contrapponeva italiani agli italiani: partigiani contro "repubblichini", come venivano chiamati i fascisti della *Repubblica Sociale Italiana*.

La guerra finì il 25 aprile 1945.

Il Comitato di liberazione nazionale aveva già deciso che sulla forma istituzionale dello Stato (monarchia o repubblica) avrebbe deciso il popolo italiano, che avrebbe eletto anche un'*Assemblea costituente*, per scrivere una nuova costituzione.

Molti giovani entrarono nelle brigate partigiane per combattere contro i tedeschi e contro i fascisti della *Repubblica sociale italiana*. La Resistenza fu contemporaneamente una *guerra di liberazione* contro l'esercito tedesco, che aveva occupato la penisola, e uno scontro fratricida tra fascisti e antifascisti: una *guerra civile*.

Perché mettere in discussione la monarchia?

All'inizio degli anni Venti – era da poco finita la Prima guerra mondiale – il Partito Nazionale Fascista aveva cercato di raggiungere il potere usando sistematicamente la violenza contro i suoi avversari politici, soprattutto contro i socialisti, ma anche contro i liberali e i cattolici.

Il re, invece di contrastare i violenti o obbligarli a rispettare l'ordine democratico, nel 1922 aveva favorito la loro ascesa al potere, conferendo l'incarico di formare il governo al loro capo, Benito Mussolini.

Non era intervenuto neppure quando i fascisti, nel 1924, assassinarono Giacomo Matteotti, segretario del Partito socialista e leader dell'opposizione.

Negli anni seguenti, tra il 1925 e il 1928, aveva controfirmato le cosiddette "*leggi fascistissime*", che avevano trasformato lo Stato italiano in una dittatura.

Per questo, dopo venti anni di dittatura fascista, molti italiani nutrivano seri dubbi che la monarchia potesse essere considerata ancora una garanzia per la libertà e la vita democratica del nostro Paese.

Giacomo Balla, *La marcia su Roma*.
Al centro del dipinto c'è Mussolini circondato dai *gerarchi* fascisti, cioè dai capi del *Partito Nazionale Fascista*. Sono in divisa, perché il partito fascista aveva un'organizzazione militare e usava la violenza per battere gli avversari politici.

Perché una nuova Costituzione?

Lo Stato italiano aveva già una costituzione, lo *Statuto albertino*, in vigore dalla nascita del Regno d'Italia, nel 1861. Perché cambiarla? Perché, come tutte le costituzioni scritte nell'Ottocento, lo Statuto albertino era una costituzione breve e flessibile.

Siccome era *breve*, non fissava con precisione tutte le regole della vita democratica. Siccome era *flessibile*, poteva essere cambiata con leggi ordinarie. Di questo aveva approfittato Mussolini per trasformare lo Stato liberale in uno Stato autoritario e illiberale.

Da *Presidente del Consiglio* si era trasformato in *Capo del governo*, i cui decreti diventavano legge senza l'approvazione del parlamento.

Tra il 1925 e il 1928, Mussolini soppresse la libertà di stampa, sciolse tutti i partiti, sciolse i sindacati, soppresse il diritto di sciopero, obbligò i dipendenti pubblici a iscriversi al Partito Nazionale Fascista, sostituì i sindaci con podestà nominati dal

STATUTO del REGNO
CARLO ALBERTO

Lo *Statuto albertino* era stato concesso nel 1848 da Carlo Alberto, sovrano del Regno di Sardegna. Dopo l'unità d'Italia, nel 1861, divenne la costituzione del Regno d'Italia.

Sfiducia nel re ↘ Referendum istituzionale ↗ Repubblica

Sfiducia nello Statuto albertino ↗ Assemblea costituente ↘ Costituzione repubblicana

governo, usò il Tribunale speciale per far fuori gli avversari politici, reintrodusse la pena di morte... L'Italia era diventata una dittatura.

Lo Statuto albertino non aveva tutelato i diritti e garantito la libertà. Solo una nuova costituzione poteva restituire i diritti cancellati dal fascismo e garantirne di nuovi.

Nasce la Repubblica italiana

Il 2 giugno 1946, gli italiani furono chiamati a votare per scegliere la forma dello Stato (monarchia o repubblica) e per eleggere l'Assemblea Costituente, che doveva scrivere la nuova costituzione. Per la prima volta votarono anche le donne.

Gli italiani scelsero la repubblica, che ottenne 12.700.000 voti contro i 10.700.000 della monarchia.

L'*Assemblea Costituente* era composta da 556 deputati e lavorò per un anno e mezzo in piena autonomia dal governo, che si limitò a fornire ai costituenti tutti i materiali di cui avevano bisogno, senza interferire nel lavoro parlamentare.

Nell'Assemblea costituente c'erano 189 avvocati, 53 professori universitari, 50 insegnanti, 47 giornalisti, 22 sindacalisti, 22 ingegneri, 21 medici, 18 operai, 11 contadini, 11 industriali, 9 magistrati, 9 impiegati, 8 commercianti, 6 ufficiali.

Il testo completo della Costituzione fu approvato il 22 dicembre 1947. La Costituzione repubblicana entrò in vigore il 1° gennaio 1948.

Era nata la Repubblica italiana!

Una ragazza mostra la prima pagina del *Corriere della sera* del giorno successivo al referendum istituzionale.

Una costituzione nata dalla Resistenza

Avrete spesso sentito ripetere che la costituzione repubblicana «è nata dalla Resistenza» e che la Costituzione «è antifascista».

La prima frase indica le circostanze che hanno portato al referendum istituzionale e alla scrittura di una nuova costituzione. La partecipazione dei partigiani alla lotta contro i nazifascisti a fianco degli angloamericani ha contribuito a stemperare le diffidenze dei nuovi alleati angloamericani e a far guadagnare agli italiani il diritto di scegliere il proprio destino con libere elezioni.

Spesso si parla della Resistenza come se fosse un'eredità di una sola parte politica o della sola sinistra. Non fu così. Alla Resistenza parteciparono comunisti e socialisti, ma anche democristiani, liberali, repubblicani, anarchici, azionisti, monarchici. Per semplificare, potremmo dire che tra i partigiani erano rappresentate tutte le tendenze politiche: di destra, di centro e di sinistra.

Una costituzione antifascista

La Costituzione è "antifascista", perché ha restituito agli italiani le libertà e i diritti cancellati dalla dittatura e ha instaurato un sistema democratico. Inoltre, la Costituzione proibisce la riorganizzazione del *Partito fascista*, cioè di un partito armato, che non rispetti le regole democratiche (Costituzione italiana, Disposizioni transitorie e finali, XII).

Per capirlo, basterà mettere a confronto la dittatura fascista con la nuova repubblica democratica nata con la Costituzione.

DITTATURA FASCISTA	REPUBBLICA DEMOCRATICA
Il capo dello Stato è il re.	Il capo dello Stato è il Presidente della Repubblica eletto dal Parlamento.
Al comando c'è un uomo solo: Mussolini.	Il governo è collegiale sotto la guida del Presidente del Consiglio.
Le decisioni più importanti sono prese dal *Gran consiglio del fascismo*.	Le decisioni sono prese dal Parlamento eletto dal popolo.
Alle elezioni si può presentare una sola lista, quella del *Partito Nazionale Fascista*.	Alle elezioni possono presentarsi molte liste elettorali.
Non è garantita la segretezza del voto.	Il voto è personale, libero e segreto.
La stampa è controllata dal governo.	La stampa è libera.
Gli spostamenti sul territorio nazionale devono essere approvati dal governo. L'emigrazione è proibita.	I cittadini possono circolare liberamente sul territorio nazionale e possono stabilirsi dove vogliono. Sono liberi di emigrare e di rientrare in Italia.
Sono proibiti gli assembramenti, le riunioni, le associazioni.	I cittadini sono liberi di riunirsi e di associarsi.
Sono sciolti i partiti, ad eccezione del *Partito Nazionale Fascista*.	I cittadini sono liberi di associarsi in partiti, per decidere insieme la politica nazionale.
I sindacati vengono sciolti e sostituiti con *Corporazioni* di imprenditori e lavoratori.	I lavoratori possono liberamente organizzarsi in sindacati.
Scioperare è proibito.	Scioperare è un diritto dei lavoratori
Viene istituito un *Tribunale speciale* per i reati politici.	La magistratura è indipendente: Non sono ammessi tribunali speciali.
Viene reintrodotta la pena di morte	Non è ammessa la pena di morte
Il cattolicesimo è dichiarata religione di Stato.	Lo Stato è laico ed è garantita libertà di religione.
I Comuni sono amministrati da podestà nominati dal governo.	I Comuni sono amministrati da sindaci eletti democraticamente
Il fascismo è nazionalista e militarista.	La Repubblica collabora con gli altri Stati e regola pacificamente le contese.

Per orientarsi: di cosa parla la Costituzione

3.

Di che cosa parla la Costituzione? Praticamente di tutto, perché cerca di affrontare tutti gli aspetti della vita politica, sociale ed economica.

La nostra è infatti una costituzione *lunga*, che detta regole precise per lo svolgimento della vita democratica, individua diritti e doveri dei cittadini, stabilisce limiti al potere politico ed economico, definisce regole e competenze per regolare la vita istituzionale, descrive con precisione poteri e limiti delle varie istituzioni dello Stato.

La Costituzione italiana è divisa in *parti*; ogni parte è articolata in vari capitoli detti *titoli*; tutta la materia è organizzata in articoli; gli articoli più lunghi sono divisi in vari capoversi detti *commi* (praticamente, ogni volta che si va accapo è un nuovo *comma*).

Per indicare un punto preciso della Costituzione basterà indicare in modo abbreviato articolo (art.) e comma (c.). Art. 21, c.5, vuol dire che devo consultare il quinto capoverso dell'art. 21.

Ecco una presentazione schematica delle varie parti della Costituzione. Ci servirà come una bussola (dove trovo questo argomento?), per cominciare a orientarci tra i valori e le norme che stanno alla base della convivenza dei cittadini italiani e dei loro rapporti con il resto del mondo.

L'ultima pagina del testo originale della Costituzione. Si riconoscono le firme del Presidente della Costituente, Umberto Terracini; del Presidente del Consiglio, Alcide De Gasperi; del capo provvisorio dello Stato, Enrico De Nicola, del Ministro della Giustizia, Giuseppe Grassi.

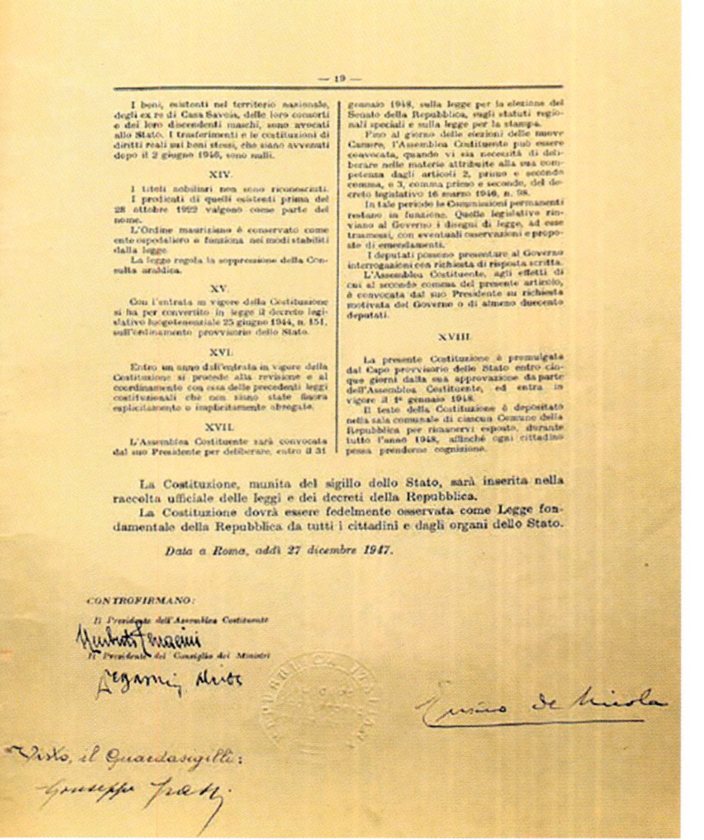

— 19 —

I beni, esistenti nel territorio nazionale, degli ex re di Casa Savoia, delle loro consorti e dei loro discendenti maschi, sono avocati allo Stato. I trasferimenti e le costituzioni di diritti reali sui beni stessi, che siano avvenuti dopo il 2 giugno 1946, sono nulli.

XIV.

I titoli nobiliari non sono riconosciuti.

I predicati di quelli esistenti prima del 28 ottobre 1922 valgono come parte del nome.

L'Ordine mauriziano è conservato come ente ospedaliero e funziona nei modi stabiliti dalla legge.

La legge regola la soppressione della Consulta araldica.

XV.

Con l'entrata in vigore della Costituzione si ha per convertito in legge il decreto legislativo luogotenenziale 25 giugno 1944, n. 151, sull'ordinamento provvisorio dello Stato.

XVI.

Entro un anno dall'entrata in vigore della Costituzione si procede alla revisione e al coordinamento con essa delle precedenti leggi costituzionali che non siano state finora esplicitamente o implicitamente abrogate.

XVII.

L'Assemblea Costituente sarà convocata dal suo Presidente per deliberare, entro il 31 gennaio 1948, sulla legge per la elezione del Senato della Repubblica, sugli statuti regionali speciali e sulla legge per la stampa.

Fino al giorno delle elezioni delle nuove Camere, l'Assemblea Costituente può essere convocata, quando vi sia necessità di deliberare nelle materie attribuite alla sua competenza dagli articoli 2, primo e secondo comma, e 3, comma primo e secondo, del decreto legislativo 16 marzo 1946, n. 98.

In tale periodo le Commissioni permanenti restano in funzione. Quelle legislative rinviano al Governo i disegni di legge, ad esse trasmessi, con eventuali osservazioni e proposte di emendamenti.

I deputati possono presentare al Governo interrogazioni con richiesta di risposta scritta.

L'Assemblea Costituente, agli effetti di cui al secondo comma del presente articolo, è convocata dal suo Presidente su richiesta motivata del Governo o di almeno duecento deputati.

XVIII.

La presente Costituzione è promulgata dal Capo provvisorio dello Stato entro cinque giorni dalla sua approvazione da parte dell'Assemblea Costituente, ed entra in vigore il 1° gennaio 1948.

Il testo della Costituzione è depositato nella sala comunale di ciascun Comune della Repubblica per rimanervi esposto, durante tutto l'anno 1948, affinché ogni cittadino possa prenderne cognizione.

La Costituzione, munita del sigillo dello Stato, sarà inserita nella raccolta ufficiale delle leggi e dei decreti della Repubblica.

La Costituzione dovrà essere fedelmente osservata come Legge fondamentale della Repubblica da tutti i cittadini e dagli organi dello Stato.

Data a Roma, addì 27 dicembre 1947.

CONTROFIRMANO:

Il Presidente dell'Assemblea Costituente

Il Presidente del Consiglio dei Ministri

Visto, il Guardasigilli:

Principi fondamentali (artt. 1-12)

La Costituzione si apre con dodici articoli, che precedono le varie parti in cui è divisa la Costituzione vera e propria. Sono intitolati "*principi fondamentali*", perché sono considerati le fondamenta su cui si basa la Costituzione. Secondo i costituenti, essi dovevano costituire un preambolo, una premessa, che riassumesse lo spirito della Costituzione.

Articoli	Principi		
1 e 5	Stato	Repubblicano Democratico Unito Indivisibile Fondato sul lavoro Decentrato	Questi due articoli riguardano lo Stato e ne definiscono le caratteristiche: lo Stato appartiene a tutti (è una repubblica, una cosa pubblica), decide il popolo (democrazia), è unitario e non può essere diviso in parti, riconosce le autonomie locali e si fonda sul lavoro dei cittadini.
2	Inviolabilità dei diritti dell'uomo Personalista Pluralista Solidaristico		Parla dei diritti dell'uomo, di tutti gli uomini, non solo dei cittadini. La repubblica riconosce che questi diritti sono inviolabili, sia per la persona come singolo che come parte della società. I cittadini devono essere solidali con gli altri uomini politicamente, socialmente ed economicamente.
3	Uguaglianza formale Uguaglianza sostanziale		Tutti i cittadini sono uguali davanti alla legge. La Repubblica si impegna a rimuovere gli ostacoli che limitano l'uguaglianza nella vita reale.
4	Diritto al lavoro		Il lavoro è un diritto e un dovere. Lo Stato si impegna a creare le condizioni perché tutti abbiano un lavoro.
6	Tutele delle minoranze linguistiche		Lo Repubblica si impegna a rispettare le minoranze linguistiche, garantendo che possano usare la loro lingua e conservare la propria cultura.
7 e 8	Rapporti con la Chiesa cattolica Libertà di religione e di culto		La Repubblica riconosce il diritto alla libertà religiosa e a esercitare liberamente il proprio culto.
9	Promozione della cultura Tutela del paesaggio e del patrimonio culturale		La Repubblica si impegna a promuovere lo sviluppo della ricerca scientifica e tecnica. Si impegna a proteggere il paesaggio e il patrimonio storico e artistico della nazione.
10 e 11	Rapporti internazionali		La Repubblica accoglie e protegge lo straniero, in particolare i profughi. La Repubblica rifiuta di ricorrere alla guerra nei rapporti con gli altri Stati. È aperta alla collaborazione con gli organismi internazionali
12	Simbolo		La bandiera tricolore, con cui la Repubblica si ricollega alla tradizione risorgimentale.

Parte I – Diritti e doveri dei cittadini (artt. 13-54)

In questa prima parte si parla dei diritti dell'uomo e del cittadino, dei rapporti tra cittadini, delle principali formazioni sociali in cui il cittadino svolge la sua vita quotidiana (la famiglia, la scuola, le associazioni...), della vita economica e dei diritti dei lavoratori, dei diritti politici dei cittadini per partecipare alla vita della Repubblica.

TITOLO I (artt. 13-28) **Rapporti civili**	TITOLO II (artt. 29-34) **Rapporti etico-sociali**	TITOLO III (artt. 35-47) **Rapporti economici**	TITOLO IV (artt. 48-54) **Rapporti politici**
Regola i rapporti tra cittadini e tra cittadini e lo Stato. Sono precisati e tutelati i principali diritti dell'uomo e del cittadino.	Si parla della famiglia, della tutela della salute, della libertà dell'arte e della scienza, della scuola.	Si parla della libertà economica, della proprietà, del lavoro, della previdenza (pensioni), dell'assistenza, del sindacato, del diritto di sciopero.	Si parla dei diritti politici: diritto di voto, di associazione, di accesso alle cariche pubbliche e agli uffici statali. Si parla anche dei doveri di difendere la patria e di pagare le tasse.

Parte II – Ordinamento della Repubblica (artt. 55-139)

Nella seconda parte viene descritto e regolato il funzionamento delle principali istituzioni repubblicane: parlamento, governo, presidenza della repubblica, autonomie locali, magistratura.

Nel disegnare le istituzioni repubblicane, viene dedicata particolare attenzione a definire i poteri di ciascuna istituzione e le procedure di controllo democratico in cui svolgono le loro funzioni.

C'è una netta *separazione tra poteri* (potere legislativo, esecutivo, giudiziario), anche se questo non vuol dire che ci deve essere scontro tra poteri, ma leale collaborazione.

TITOLO I (artt. 55-82) **Il Parlamento**	TITOLO II (artt. 83-91) **Il Presidente della repubblica**	TITOLO III (artt. 92-100) **Il Governo**
Vengono precisati ruolo e compiti del Parlamento, che è diviso in due Camere con gli stessi poteri e le stesse funzioni (bicameralismo perfetto).	Sono fissate le modalità di elezione, la durata in carica e i poteri del Capo dello Stato.	Si parla del Consiglio dei ministri, del Presidente del Consiglio, della pubblica amministrazione, del Consiglio di Stato e della Corte dei conti.

TITOLO IV (artt. 101-113) **La Magistratura**	TITOLO V (artt. 114-133) **Le regioni, le provincie, i comuni**	TITOLO VI (artt. 134-139) **Garanzie costituzionali**
Si parla dell'ordine giudiziario, dell'amministrazione della giustizia, del reclutamento dei giudici, del Consiglio superiore della magistratura.	Questo titolo è stato completamente modificato dalla legge costituzionale n. 3/2001 confermata da referendum popolare. Regola i rapporti fra lo Stato centrale e le autonomie locali (Regioni, Province, Città metropolitane e Comuni).	Parla della composizione e dei poteri della Corte costituzionale, fissa le regole per modificare la Costituzione, stabilisce che la forma repubblicana non può essere cambiata.

Disposizioni transitorie e finali (I-XVIII)

Come dice il titolo, si tratta soprattutto di disposizioni transitorie, che servivano per regolare i primi passi del nuovo Stato e il funzionamento delle istituzioni repubblicane in attesa delle prime elezioni politiche, che si svolsero il 18 aprile 1948.

Da segnalare la disposizione XII, ancora in vigore, che vieta «la riorganizzazione, sotto qualsiasi forma, del disciolto partito fascista».

Leggere la Costituzione

Quando la Costituente completò la stesura del testo costituzionale, lo affidò alle cure di tre letterati: Concetto Marchesi, Pietro Pancrazi e Antonio Baldini. Oltre che liberale, democratica, socialmente sensibile, secondo i costituenti, la Costituzione doveva essere anche bella, cioè scritta bene.

I tre letterati fecero un buon lavoro: il lessico è preciso ma non specialistico, le frasi brevi, i periodi semplici, senza o con rare subordinate. È, per questo, che la Costituzione è piacevole da leggere e facilmente comprensibile.

Se volete la controprova, leggete alcuni dei Principi fondamentali e poi saltate a leggere il Titolo V, riscritto nel 2001: c'è un abisso. La parte riscritta nel 2001 è faticosa da leggere e non sempre chiarissima; gli articoli sono molto lunghi, spesso ci sono elenchi numerati, non mancano persino rinvii ad altri articoli!

Con la Costituzione potrete prendere confidenza nelle pagine seguenti, in cui è citata continuamente, perché tutti gli argomenti sono visti attraverso gli articoli della nostra legge fondamentale.

Due precisazioni lessicali potranno aiutare nella lettura.

Quando si parla di *"legge"*, nella Costituzione ci si riferisce alle leggi ordinarie, cioè alle leggi approvate dal Parlamento.

Quando si parla di *"Repubblica"*, nella Costituzione si fa riferimento a tutte le istituzioni, in cui si articola lo Stato, cioè i Comuni, le Province, le Città metropolitane, le Regioni e lo Stato (Costituzione, art. 114).

		Parlamento
	Stato	Governo
↗		Pubblica amministrazione
REPUBBLICA		
↘		Regioni
	Autonomie locali	Province
		Città metropolitane
		Comuni

Laboratorio pag. 41
ESERCIZI INTERATTIVI
www.medusaeditrice.it

L'Italia della Costituzione

4.

Quali sono gli elementi che costituiscono uno Stato?

Prima di tutto un *territorio* con confini precisi, le cosiddette *frontiere*. Mi trovo in Italia, attraverso il confine e mi trovo in un altro Stato, in Francia, in Svizzera, in Austria, in Slovenia...

Il secondo elemento sono le *leggi*. Passo in Francia e mi rendo conto che, esempio banale, i limiti di velocità sono diversi. Non posso ignorarlo, altrimenti rischio di essere multato. Non posso portare a giustificazione che non sono un cittadino francese, perché sul territorio francese valgono le leggi stabilite dallo Stato francese, per tutti.

Il terzo elemento sono le *autorità* che esercitano il potere, dal capo dello Stato al parlamento, al governo fino al vigile o al poliziotto che mi ferma per un controllo. Esercitano un potere perché le leggi di quello Stato glielo consentono: il parlamentare perché è stato eletto, il ministro perché è stato nominato, il magistrato perché ha vinto un concorso... In base alla legge, il parlamentare può legiferare, il magistrato può giudicare i reati, il poliziotto può arrestare, un funzionario può concedere un permesso... L'autorità che esercitano gli è conferita dalla legge di quello Stato; se si trovano in uno Stato diverso non hanno alcuna autorità.

Se si escludono i confini, che sono frutto di eventi storici passati e sono garantiti da trattati tra Stati diversi, l'elemento fondante di uno Stato sono quindi le sue leggi, perché chi esercita un'autorità lo fa perché una legge glielo consente.

Come già sappiamo, la legge fondamentale di uno Stato è la costituzione. Le disposizioni costituzionali disegnano quindi le caratteristiche di uno Stato, gli danno una fisionomia particolare: liberale, democratico, parlamentare, presidenziale, centralizzato, decentrato, federale...

Qual è l'Italia disegnata dalla Costituzione?

Prima del 1861, l'Italia era divisa in molti Stati, con i propri confini, le proprie leggi, i propri governanti.

L’Italia è uno Stato diritto

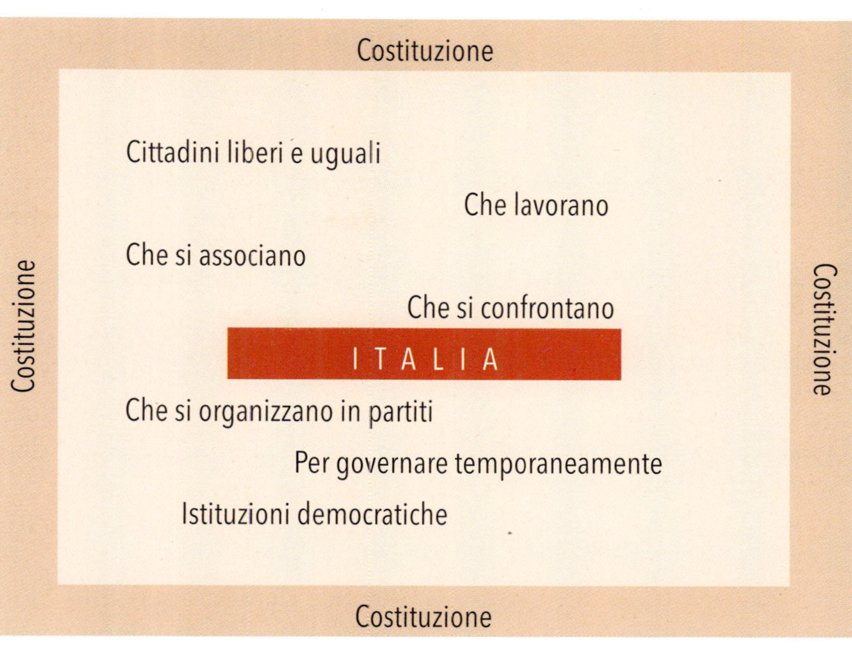

Per rispondere, proviamo a immaginare la Costituzione come un grande spazio in cui c’è l’Italia, ci sono i cittadini italiani, ci sono le istituzioni italiane, c’è ciascuno di noi.

Ciascuno di noi si muove quindi all’interno dello spazio definito dalla Costituzione. Ciascuno di noi, ma anche il Presidente della Repubblica, i parlamentari, gli esponenti del governo, gli imprenditori, i lavoratori, i ricchi, i poveri, i pregiudicati, i carcerati… Tutti si muovono all’interno delle regole costituzionali, tutti sono sottoposti alla legge e nessuno può considerarsi o essere considerato superiore alla legge.

Veramente, come dice l’art. 3 della Costituzione, «tutti i cittadini sono eguali davanti alla legge, senza distinzione di sesso, di razza, di lingua, di religione, di opinioni politiche, di condizioni personali e sociali».

Questo vuol dire che la legge vale nei confronti di tutti sempre e allo stesso modo, ma vuol anche dire che la legge garantisce il cittadino, anche in momenti critici, come il momento dell’arresto, di un fermo di polizia o in carcere. Il cittadino ha dei diritti garantiti dalla Costituzione qualunque siano «le condizioni personali e sociali» in cui si trova e il giudice, il poliziotto, il secondino sono tenuti a rispettarli perché sono sottoposti alla legge, come tutti.

Dire che l’Italia è uno Stato di diritto vuol dire che in Italia la legge è al di sopra di tutto, anche del popolo. Infatti, il popolo «esercita la sovranità nelle forme e nei limiti della Costituzione.»

È vero, direte voi, ma il popolo può cambiare la Costituzione.

Esatto: lo può fare, ma… solo seguendo le regole stabilite dall’art. 138 della Costituzione.

La sovranità appartiene al popolo, che la esercita nelle forme e nei limiti della Costituzione.

L’Italia è uno Stato liberale

La qualità della vita delle persone è segnata dal grado di libertà di cui godono nella vita quotidiana. Da questo punto di vista, la costituzione repubblicana garantisce una serie di diritti, che permettono al cittadino di disporre davvero della propria vita.

Il cittadino italiano può circolare e soggiornare dove vuole, può fissare liberamente il proprio domicilio, può lasciare l’Italia e ritornarvi liberamente, può professare la religione che vuole, può esprimere liberamente le proprie opinioni, può frequentare

Durante la dittatura fascista, non era più possibile emigrare. (Angiolo Tommasi, *Emigranti*, 1896, Roma, Galleria Nazionale d’Arte Moderna e Contemporanea.)

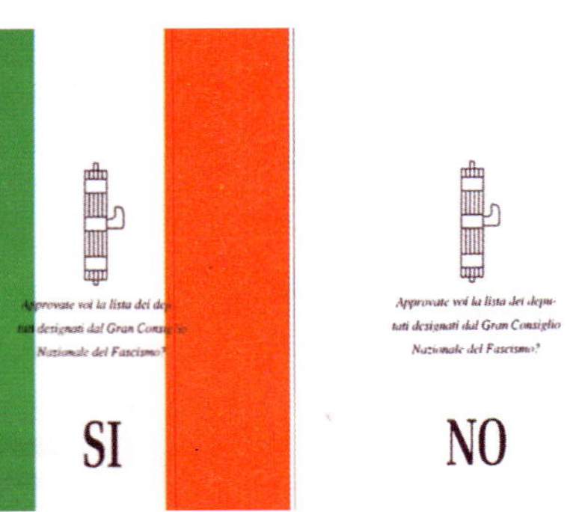

Durante il fascismo si votava per una sola lista, quella fascista, e non era garantita la segretezza del voto. Anche quando venivano piegate, la differenza tra le due schede si notava e, quindi, si capiva quale l'elettore depositava nell'urna.

la scuola che vuole, scegliere il lavoro o la professione, può intraprendere un'impresa economica...

Sono diritti civili a cui siamo così abituati che non ci rendiamo conto che non sono affatto scontati. Per esempio, durante il fascismo, non solo non era possibile esprimere liberamente le proprie opinioni, ma non si poteva neppure fissare liberamente il proprio domicilio o emigrare.

L'Italia è uno Stato democratico

In genere, siamo abituati a pensare che, se si vota, uno Stato è democratico. Durante le elezioni, infatti, il popolo si esprime e dà sostanza all'aggettivo "democratico", che deriva dal termine greco "democrazia", potere del popolo. Votando, il popolo decide e, quindi, esercita la sua sovranità.

In realtà, lo svolgimento di elezioni periodiche non basta per definire democratico uno Stato, anche perché le elezioni possono svolgersi in un clima sociale e politico che non garantisce la libertà del voto. Non viene, ad esempio, garantita la segretezza del voto oppure le elezioni si svolgono in un clima violento e intimidatorio.

Il momento delle elezioni è importante, ma è ancora più importante quello che avviene quotidianamente in uno Stato, tra un'elezione e l'altra.

È importante che ci sia un'informazione libera, che informi correttamente i cittadini e permetta a tutti di aver accesso all'informazione e al dibattito pubblico.

È necessario che ci siano più partiti in libera competizione tra loro. È necessario che il confronto tra i partiti si svolga in condizioni, anche finanziarie, equilibrate. È necessario che sia garantito alle minoranze e alla opposizioni di far conoscere le loro idee e le loro posizioni, per poter sperare di diventare a loro volta maggioranza.

È necessario che i cittadini possano unirsi liberamente in assemblea, per confrontarsi e discutere; che possano manifestare

liberamente e senza ostacoli da parte delle autorità; è necessario che i cittadini possano associarsi liberamente per raggiungere, in modo organizzato, obiettivi politici, sociali ed economici particolari.

Lo spazio giuridico europeo

Quando è stata scritta la Costituzione, l'Unione europea non esisteva. Anzi, era appena finita una lunga guerra con milioni di morti, che rendeva francamente irrealistico pensare a un processo di pacificazione e di unione tra i Paesi europei.

Eppure nella Costituzione c'è l'articolo 11 che anticipa e rende possibile quel che sarebbe accaduto negli anni seguenti. L'articolo dice che l'Italia è d'accordo a limitare la propria sovranità su alcuni temi, se gli altri Stati fanno altrettanto, perché ci sia pace e giustizia fra le nazioni.

Ebbene il processo che ha portato all'Unione europea ha funzionato proprio così. Con una serie di trattati alcuni paesi europei si sono accordati a limitare la propria sovranità su alcuni temi e ad affrontare assieme questi problemi, approvando regole che valgono in tutti i Paesi che aderiscono ai trattati.

Si è formato così, negli ultimi cinquant'anni, un sistema di regole sempre più vasto che lega assieme indissolubilmente tutti i Paesi che fanno parte dell'Unione Europea. È nato uno *spazio giuridico europeo*, che riconosce e allarga i diritti garantiti dalle costituzioni nazionali.

Oltre che cittadini italiani, francesi, tedeschi, ecc. siamo anche *cittadini europei*.

Un paese pacifico aperto al mondo

Nei principi fondamentali, la Costituzione delinea anche qual è il posto dell'Italia nel mondo. Lo fa stabilendo due principi semplici, ma basilari.

All'art. 10 afferma che L'Italia adegua le sue leggi a quelle internazionali riconosciute dagli altri Stati.

All'art. 11 dichiara che l'Italia rifiuta la guerra, sia la guerra di aggressione nei confronti degli altri popoli, ma anche la guerra per risolvere controversie tra i popoli.

In base all'art. 11 la legislazione internazionale (i trattati internazionali), quella europea (i trattati europei) e le nuovi leggi approvate dal Parlamento italiano si muovono tutte all'interno dello spazio giuridico definito dalla Costituzione. Infatti, quando il Governo firma un nuovo trattato internazionale, questo deve essere ratificato dal Parlamento, che ne controlla l'aderenza alla Costituzione, valuta se risponde agli interessi nazionali e lo approva o lo respinge. Lo stesso succede con i trattati europei e con le nuove leggi approvate dal Parlamento.

COSTITUZIONE ITALIANA

art. 10

L'ordinamento giuridico italiano si conforma alle norme del diritto internazionale generalmente riconosciute.

art. 11

L'Italia ripudia la guerra come strumento di offesa alla libertà degli altri popoli e come mezzo di risoluzione delle controversie internazionali; l'Italia consente, in condizioni di parità con gli altri Stati, alle limitazioni di sovranità necessarie ad un ordinamento che assicuri la pace e la giustizia fra le Nazioni.

Laboratorio pag. 41
ESERCIZI INTERATTIVI
www.medusaeditrice.it

Il cittadino della Costituzione

5.

La cultura esprime il modo di pensare di una persona, di un comunità o di un intero popolo. È costituita dagli schemi mentali che applichiamo per interpretare la realtà e che ci vengono trasmessi con l'educazione e l'istruzione. Come un paio di occhiali, la cultura ci può aiutare a vedere meglio la realtà, a mettere a fuoco i particolari, ma anche a vedere con una tonalità diversa quanto ci circonda.

Possiamo parlare di una cultura della Costituzione italiana, cioè di un modo di pensare particolare, comune a quelli – dovrebbero essere tutti gli italiani – che inforcano gli occhiali della Costituzione per interpretare la realtà e per regolare i propri comportamenti personali, politici e sociali?

Il lavoro è uno dei valori fondanti della Costituzione.

I Principi fondamentali

Proviamo a rispondere alla domanda partendo dai primi dodici articoli della Costituzione, che i costituenti hanno raccolto sotto il titolo di "Principi fondamentali", perché ritenevano che fossero alla base, alle fondamenta, della Costituzione.

Secondo molti giuristi, non hanno un vero e proprio valore giuridico – non possono cioè essere considerati dei veri e propri articoli di legge da imporre e da far rispettare – ma rappresentano dei valori ideali, che hanno ispirato la Costituzione e a cui ispirarsi nella pratica politica quotidiana.

Così li ha interpretati la Corte costituzionale, che più volte ha giudicato sulla costituzionalità o meno delle leggi proprio facendo riferimento ai principi fondamentali, in particolare all'art. 3.

Sono quindi molto importanti, perché rappresentano la carta di identità della repubblica e la sua cultura. Se la costituzione fosse una persona, diremmo che ne rappresentano il volto e il modo di pensare. Allora quale dovrebbe essere il modo di pensare e il modo di agire di un cittadino che avesse come bussola del proprio comportamento i Principi fondamentali della Costituzione? Proviamo a tracciarne un profilo, tenendo continuamente presente quanto previsto dai vari "principi".

Il cittadino dei "Principi"

È REPUBBLICANO
Il nostro cittadino è repubblicano, perché è convinto che la repubblica sia la miglior forma di Stato, perché la repubblica – dal latino *res publica*, la cosa pubblica – è lo Stato che appartiene a tutti, un bene comune.

È DEMOCRATICO
È democratico e perciò difende con passione le proprie idee e i propri interessi, ma rispetta le idee e gli interessi degli altri. Considera chi la pensa diversamente un *avversario*, ma non un *nemico*; un avversario da battere e non da abbattere. Accetta le decisioni della maggioranza e si batte per diventare a sua volta maggioranza.

AMA E RISPETTA IL LAVORO
Ha un grande rispetto per il lavoro e per chi lavora. Non apprezza invece gli oziosi e chi vive di rendita. Odia i privilegi ed è per questo contrario a ogni forma di raccomandazione, per dignità personale e per rispetto delle pari opportunità di tutti.

Il nostro cittadino è convinto che il lavoro sia un diritto fondamentale per ogni uomo e ogni donna, ritiene perciò che la Repubblica debba creare le condizioni perché tutti abbiano un lavoro dignitoso ed equamente retribuito.

Ritiene che ogni cittadino abbia il dovere di svolgere un lavoro o una professione per assicurare il proprio benessere e per dare il proprio contributo al benessere materiale e spirituale dell'Italia. È convinto che tutti i lavori siano utili e dignitosi. L'importante è che ogni cittadino dia il proprio contributo per far progredire economicamente e culturalmente la società italiana.

PARTECIPA ALLA VITA DEMOCRATICA
Il nostro cittadino è consapevole che le decisioni fondamentali spettano al popolo, che le prende *direttamente* votando nei referendum e *indirettamente* eleggendo i propri rappresentanti in parlamento e nei consigli regionali e comunali.

Rispetta i risultati delle votazioni, senza rinunciare a esercitare i propri diritti politici, perché le proprie idee e i propri interessi siano rappresentati e difesi nelle istituzioni repubblicane.

art. 1
L'Italia è una Repubblica democratica, fondata sul lavoro; la sovranità appartiene al popolo, che la esercita nelle forme e nei limiti della Costituzione.

art. 4
La Repubblica riconosce a tutti i cittadini il diritto al lavoro e promuove le condizioni che rendano effettivo questo diritto.
Ogni cittadino ha il dovere di svolgere, secondo le proprie possibilità e la propria scelta, un'attività o una funzione che concorra al progresso materiale o spirituale della società.

		Istituzionale	Scelta della forma dello Stato
DEMOCRAZIA DIRETTA →	Referendum →	Costituzionale	Approvazione di un emendamento alla Costituzione
		Abrogativo	Cancellazione di una legge approvata dal Parlamento
	Elezioni politiche →	Parlamento (Camera dei deputati e Senato)	
DEMOCRAZIA INDIRETTA→			
	Elezioni amministrative →	Autonomie locali: Regioni, Province, Comuni	

Una manifestazione per i diritti umani. Sullo striscione è scritto: «Noi vogliamo che tutti i bambini del mondo abbiano le stesse opportunità».

COSTITUZIONE ITALIANA

art. 2

La Repubblica riconosce e garantisce i diritti inviolabili dell'uomo, sia come singolo sia nelle formazioni sociali ove si svolge la sua personalità, e richiede l'adempimento dei doveri inderogabili di solidarietà politica, economica e sociale.

art. 3

Tutti i cittadini hanno pari dignità sociale e sono eguali davanti alla legge, senza distinzione di sesso, di razza, di lingua, di religione, di opinioni politiche, di condizioni personali e sociali.
È compito della Repubblica rimuovere gli ostacoli di ordine economico e sociale, che, limitando di fatto la libertà e l'eguaglianza dei cittadini, impediscono il pieno sviluppo della persona umana e l'effettiva partecipazione di tutti i lavoratori all'organizzazione politica, economica e sociale del Paese.

Difende i diritti umani

Il nostro cittadino è convinto che *ogni persona* ha fin dalla nascita dei diritti – il diritto alla vita, alla libertà, alla salute... – che lo Stato e i cittadini non possono negare, limitare, ignorare. Riconosce che ogni persona ha diritto di esprimersi e di organizzarsi insieme ad altri per realizzare i propri obiettivi. Ogni persona, quindi, non solo i cittadini italiani.

Paga le tasse ed è solidale

Aiuta chi è meno fortunato o è in difficoltà dal punto di vista economico. Paga volentieri le tasse, perché sa che pagare tasse e imposte serve per garantire a tutti i servizi essenziali. Pensa che sia giusto partecipare a iniziative politiche – scioperi, manifestazioni, sit-in – per difendere i diritti delle categorie più deboli, che non hanno la forza politica e sociale di far valere le proprie ragioni.

Si batte per l'uguaglianza di tutti

Il nostro cittadino è profondamente convinto che tutti gli uomini e tutte le donne siano uguali, qualunque sia la loro condizione personale e sociale. Per lui, il capo del governo o il presidente della repubblica hanno la stessa importanza e la stessa dignità di un barbone. Per questo la legge deve essere applicata con lo stesso rigore per tutti.

Pensa che tutti hanno diritto a vivere dignitosamente, anche i barboni, i reietti, i carcerati. Si rende conto che la povertà, il bisogno, l'abbandono, l'ignoranza limitano la libertà delle per-

I Comuni sono l'istituzione più vicina ai cittadini. Nelle cerimonie ufficiali i sindaci indossano una fascia tricolore.

sone, facendole sentire umiliate e diverse. Ritiene che ciò sia intollerabile e pensa che la Repubblica deve fare tutto il possibile perché nessuno resti indietro.

È per il decentramento amministrativo

Il nostro cittadino ama la patria e vuole che resti coesa e unita. Pensa che sia importante che i cittadini sentano vicino lo Stato nella vita di tutti i giorni, nei piccoli problemi quotidiani. Per questo, ritiene che sia necessario valorizzare al massimo le istituzioni più vicine ai cittadini, soprattutto i Comuni.

Pensa che, per questo, sarebbe meglio trasferire poteri e competenze dal potere centrale alle amministrazione locali, quelle più vicine ai cittadini e più controllabili dai cittadini.

È tollerante

Il nostro cittadino ha le proprie convinzioni religiose, ma non pensa che le proprie siano le uniche vere o che siano le migliori. Per questo, è molto tollerante e pensa che tutti possono professare liberamente la propria religione o non professarne alcuna.

Non trova quindi niente di strano che, oltre alle chiese cattoliche, in Italia ci siano luoghi di culto di altre religioni.

Ritiene inoltre giusto che, se vogliono, le diverse confessioni religiose possano firmare degli accordi con lo Stato, come hanno fatto la chiesa cattolica e alcune chiese protestanti.

Rispetta i diritti delle minoranze

Il nostro cittadino pensa che la Repubblica deve garantire i diritti di tutti, anche delle minoranze. Per questo, ritiene che sia giu-

La moschea di Roma.

COSTITUZIONE ITALIANA

art. 5

La Repubblica, una e indivisibile, riconosce e promuove le autonomie locali; attua nei servizi che dipendono dallo Stato il più ampio decentramento amministrativo; adegua i principî ed i metodi della sua legislazione alle esigenze dell'autonomia e del decentramento.

art. 7

Lo Stato e la Chiesa cattolica sono, ciascuno nel proprio ordine, indipendenti e sovrani.

I loro rapporti sono regolati dai Patti Lateranensi. Le modificazioni dei Patti, accettate dalle due parti, non richiedono procedimento di revisione costituzionale.

art. 8

Tutte le confessioni religiose sono egualmente libere davanti alla legge.

Le confessioni religiose diverse dalla cattolica hanno diritto di organizzarsi secondo i propri statuti, in quanto non contrastino con l'ordinamento giuridico italiano.

I loro rapporti con lo Stato sono regolati per legge sulla base di intese con le relative rappresentanze.

COSTITUZIONE ITALIANA
art. 6

La Repubblica tutela con apposite norme le minoranze linguistiche.

COSTITUZIONE ITALIANA
art. 9

La Repubblica promuove lo sviluppo della cultura e la ricerca scientifica e tecnica.
Tutela il paesaggio e il patrimonio storico e artistico della Nazione.

sto tutelare le minoranze linguistiche presenti in Italia, perché la lingua e la cultura sono una parte importante dell'identità delle persone. Togliere a una persona o a una comunità la possibilità di utilizzare la propria lingua significa privarle del loro mondo.

Difende l'ambiente

Il nostro cittadino è profondamente innamorato dell'Italia ed è orgoglioso delle sue bellezze naturali e artistiche. Pensa che sia un delitto violentare il paesaggio con costruzioni abusive o con interventi che ne distruggano o ne compromettano la bellezza.

È per il progresso culturale e scientifico

Vorrebbe anche che lo Stato investisse di più e meglio per tutelare i beni artistici e storici del nostro Paese. La cultura è la vera ricchezza di qualsiasi Paese, ma lo è soprattutto per l'Italia che è un vero e proprio giacimento di beni archeologici, artistici e storici.

Si rende conto che l'Italia non può però riposare sugli allori del passato, ma deve essere radicata nel presente e proiettata nel futuro, investendo nella ricerca scientifica e tecnica.

È aperto al mondo

Il nostro cittadino è rispettoso delle leggi internazionali generalmente riconosciute ed è d'accordo che il parlamento le inserisca nella legislazione italiana.

In particolare è rispettoso delle convenzioni e dei trattati internazionali che tutelano gli stranieri.

È ospitale e aperto soprattutto nei confronti dei richiedenti asilo, che hanno abbandonato il loro Paese per sfuggire alle guerre, alle persecuzioni politiche, alla morte. Pensa che meritino rispetto, che deve essere garantito loro asilo politico e che devono godere dei diritti di libertà garantiti dalla nostra Costituzione.

Pensa che mai queste persone devono essere rimandate nei loro Paesi se rischiano di essere incarcerate o addirittura messe a morte per motivi politici.

È contrario alla guerra

Il nostro cittadino è contrario alle guerre di aggressione nei confronti degli altri popoli, ma è contrario anche alla guerra come strumento per risolvere le controversie internazionali.

Pensa che, per garantire la pace, sia necessario rafforzare istituzioni come l'ONU e come la *Corte internazionale dell'Aia*.

È europeista

È favorevole al processo di integrazione europea, perché l'unità europea ha garantito settant'anni di pace tra paesi una volta nemici e può continuare a garantire nel futuro il benessere e il progresso dei popoli europei.

Ama la patria e i suoi simboli

Il nostro cittadino ama il tricolore italiano perché gli ricorda il Risorgimento, quando migliaia di giovani italiani erano pronti a morire per la libertà, l'indipendenza e l'unità dell'Italia, e la Resistenza, quando i giovani italiani lottarono per restituire onore e libertà all'Italia mortificata dal fascismo e occupata dai nazisti.

Noi amiamo la Costituzione.
Siamo repubblicani.
Siamo democratici.
Rispettiamo le regole democratiche.
Rispettiamo gli avversari politici.
Tuteliamo i diritti umani.
Crediamo che tutti gli uomini e le donne siano uguali.
Pensiamo che lo Stato deve garantire
pari opportunità a tutti.
Pensiamo che il lavoro sia un diritto per tutti.
Pensiamo che le autonomie locali vadano rafforzate.
Rispettiamo la libertà religiosa.
Rispettiamo le minoranze linguistiche.
Amiamo il nostro paese e vogliamo che sia tutelato il
paesaggio e il patrimonio artistico e storico.
Vogliamo essere cittadini del mondo.
Siamo cittadini europei.
Amiamo i simboli della Repubblica.
Viva l'Italia della Costituzione!

L'ordinamento giuridico italiano si conforma alle norme del diritto internazionale generalmente riconosciute.
La condizione giuridica dello straniero è regolata dalla legge in conformità delle norme e dei trattati internazionali.
Lo straniero, al quale sia impedito nel suo paese l'effettivo esercizio delle libertà democratiche garantite dalla Costituzione italiana, ha diritto d'asilo nel territorio della Repubblica secondo le condizioni stabilite dalla legge.
Non è ammessa l'estradizione dello straniero per reati politici.

Laboratorio pag. 42
ESERCIZI INTERATTIVI
www.medusaeditrice.it

L'Italia ripudia la guerra come strumento di offesa alla libertà degli altri popoli e come mezzo di risoluzione delle controversie internazionali; consente, in condizioni di parità con gli altri Stati, alle limitazioni di sovranità necessarie ad un ordinamento che assicuri la pace e la giustizia fra le Nazioni; promuove e favorisce le organizzazioni internazionali rivolte a tale scopo.

art. 12

La bandiera della Repubblica è il tricolore italiano: verde, bianco e rosso, a tre bande verticali di eguali dimensioni.

Cambiare la Costituzione

Oltre che lunga, la nostra Costituzione è *rigida*. Questo vuol dire che la Costituzione non può essere cambiata con leggi ordinarie, ma solo seguendo una *procedura* straordinaria, descritta nell'art. 138 della Costituzione. Questo vuol dire anche che la Costituzione è una legge di rango superiore alle leggi ordinarie, che non possono disporre provvedimenti in contrasto con le disposizioni costituzionali.

Tutte le leggi approvate dal Parlamento italiano devono, quindi, essere *costituzionali*, rispettare cioè la Costituzione. Lo stesso vale per le leggi approvate dai Consigli regionali.

Per assicurare la costituzionalità delle leggi, sono predisposti dei controlli prima che la legge sia approvata ed è previsto il ricorso alla Corte costituzionale dopo che la legge sia entrata in vigore.

I filtri preventivi

Naturalmente, un filtro sulla costituzionalità delle leggi è operato già da chi propone una legge, perché sa che una legge anticostituzionale non può essere approvata dal Parlamento.

Un filtro ulteriore è esercitato da un'apposita commissione parlamentare, che esamina la legge per verificare che non ci siano "profili di incostituzionalità", cioè aspetti che la rendano sospetta di incostituzionalità.

Un altro controllo è esercitato dal Presidente della Repubblica, che deve firmare tutte le leggi approvate dal Parlamento, prima che siano pubblicate sulla *Gazzetta ufficiale*. Insieme con i suoi collaboratori, il Presidente esamina la legge e, in caso di dubbi sulla costituzionalità, può rifiutarsi di firmarla e rimandarla in Parlamento.

Il ricorso alla Corte Costituzionale

Proprio perché la Costituzione è superiore alle altre leggi, è stato prevista un'istituzione specifica, la *Corte Costituzionale* o *Consulta*, che ha come compito quello di giudicare sulla costituzionalità delle leggi approvate dal Parlamento.

La Corte non agisce di sua iniziativa, ma solo su ricorso di un *organo dello Stato*, di una *Regione* o di un *giudice*, che durante un processo si trovi di fronte a una legge sospetta di incostituzionalità o di fronte a un "buco legislativo".

Quest'ultimo caso viene definito "*ricorso incidentale*", proprio perché è legato a un caso particolare, su cui il giudice non può deliberare con certezza; nel dubbio, il giudice si rivolge alla corte.

Una seduta della Corte costituzionale.

Manca nel nostro ordinamento, invece, la possibilità che sia il singolo cittadino a fare ricorso contro una legge che giudica incostituzionale.

La Corte può giudicare costituzionale una legge, giudicarla parzialmente costituzionale o del tutto incostituzionale. In quest'ultimo caso, la legge non è più in vigore dal giorno dopo della sentenza.

In caso di bocciatura parziale di una legge, la Corte può invitare il Parlamento a intervenire, indicando anche dei parametri da rispettare. Come tutti i giudizi, anche quelli della Corte sono motivati, la Corte spiega cioè quali sono le considerazioni giuridiche che hanno portato all'approvazione o alla bocciatura della legge.

Le sentenze della Corte costituzionale sono inappellabili (non si può fare ricorso), sono definitive e devono essere rispettate da tutti.

LA COSTITUZIONE DEGLI ALTRI

Il ricorso del singolo cittadino alla *Corte costituzionale* è, invece, ammesso dalla Costituzione tedesca. Nel 92 per cento dei casi, la Corte costituzionale tedesca si pronuncia su quesiti posti dai cittadini.

La Corte costituzionale (artt. 134-137)

Composizione: 15 giudici	Competenze
La Corte è composta da quindici giudici: 5 nominati dal Presidente della Repubblica; 5 nominati dal Parlamento in seduta comune; 3 nominati dalla Corte di Cassazione; 1 nominato dalla Corte dei Conti; 1 nominato dal Consiglio di Stato.	La Corte si esprime: • sulla conformità delle leggi alla Costituzione; • sui conflitti di attribuzione (a chi spetta esercitare un potere?) tra organi dello Stato, tra Stato e Regioni, tra Regione e Regione; • sulle accuse mosse al Presidente della Repubblica; • sull'ammissibilità dei referendum abrogativi (per cancellare una legge del Parlamento).

La Costituzione si può cambiare

Una Costituzione rigida, come quella italiana, si può cambiare solo seguendo una *procedura rigida*, indicata dalla Costituzione stessa.

L'art. 139 precisa che «la forma repubblicana non può essere

Le leggi di revisione della Costituzione e le altre leggi costituzionali sono adottate da ciascuna Camera con due successive deliberazioni ad intervallo non minore di tre mesi, e sono approvate a maggioranza assoluta dei componenti di ciascuna Camera nella seconda votazione.

Le leggi stesse sono sottoposte a *referendum* popolare quando, entro tre mesi dalla loro pubblicazione, ne facciano domanda un quinto dei membri di una Camera o cinquecentomila elettori o cinque Consigli regionali. La legge sottoposta a *referendum* non è promulgata se non è approvata dalla maggioranza dei voti validi.

Non si fa luogo a *referendum* se la legge è stata approvata nella seconda votazione da ciascuna delle Camere a maggioranza di due terzi dei suoi componenti.

oggetto di revisione costituzionale», su questo ha infatti deciso una volta per tutte il popolo nel referendum costituzionale del 1946.

La Costituzione può essere *cambiata* o *integrata* con l'aggiunta di nuovi leggi.

Nel primo caso parliamo di *legge di revisione costituzionale* (cambiano uno o più articoli della Costituzione); nel secondo, di *legge costituzionale* (aggiunge delle norme nuove alla Costituzione).

In ambedue i casi, bisogna rispettare la procedura descritta nell'art. 138 della Costituzione.

Prima di tutto, il Parlamento deve approvare la legge due volte, con un intervallo di almeno tre mesi tra una deliberazione e l'altra, nella stessa forma (senza cambiare, praticamente, nemmeno una virgola).

La Costituzione sembra richiedere ai parlamentari un surplus di calma, riflessione e consapevolezza.

Se la legge è approvata dai due terzi dei Parlamentari nell'ultima lettura, la legge entra immediatamente in vigore, perché vuol dire che è condivisa dalla maggior parte dei parlamentari, che rappresentano il popolo.

Se invece è approvata con maggioranza assoluta (la metà più uno dei componenti di diritto del Parlamento) può essere richiesto un *referendum costituzionale*, detto anche *confermativo*.

La richiesta di referendum confermativo può essere richiesta da un quinto dei parlamentari di una sola Camera, da cinque Consigli regionali o cinquecentomila elettori. Come si vede, è molto semplice ottenere un referendum costituzionale, perché, in caso di maggioranza striminzite, è giusto che sia il popolo a decidere. L'idea è che la Costituzione è di tutti e non ne può disporre solo una parte, anche se ha ottenuto la maggioranza dei voti.

Per i referendum confermativi o costituzionali, non è previsto il *quorum*, cioè il risultato è valido anche se ha votato meno della metà degli elettori.

ITER (PERCORSO) DI UNA LEGGE DI MODIFICA DELLA COSTITUZIONE

Proposta di modifica o di integrazione costituzionale

Voto positivo prima Camera
Voto positivo seconda Camera

Pausa di riflessione di tre mesi

Voto positivo prima Camera Voto positivo seconda Camera	Approvazione con i due terzi dei voti degli aventi diritto	→ Promulgazione della legge
	Approvazione con la maggioranza assoluta degli aventi diritto	→ Referendum costituzionale Si vota senza quorum

Interventi di revisione costituzionale

Come si vede dalla tabella in basso, gli interventi di revisione costituzionale sono stati numerosi, ma hanno riguardato aspetti particolari, spesso addirittura marginali della Carta costituzionale.

Per tre volte, invece, si è intervenuti per cambiare parti rilevanti della Costituzione, sempre a maggioranza assoluta.

Nel primo caso, si proponeva di cambiare tutto il titolo quinto sulle autonomie locali, nel secondo si proponeva di modificare in senso federale lo Stato italiano, nel terzo si proponeva la soppressione del Senato e un rafforzamento del potere esecutivo. In tutti e tre i casi, è stato richiesto il referendum confermativo.

L'esito referendario è stato positivo solo nel primo caso, nel 2001. Nei due casi successivi (2006 e 2016), che modificavano sostanzialmente l'assetto costituzionale, il popolo ha votato contro. Sembra, quindi, che il popolo italiano apprezzi ancora l'ordinamento costituzionale disegnato nel 1948. Un segnale positivo.

È un segnale negativo, invece, che si sia tentato di modificare profondamente la Costituzione a maggioranza, senza cercare una condivisione più ampia. Sembra che si stia smarrendo l'idea che la Costituzione appartiene a tutti i cittadini e non solo alla parte, che ha vinto le elezioni politiche.

REFERENDUM COSTITUZIONALE

Approvate il testo della legge costituzionale concernente "Disposizioni per il superamento del bicameralismo paritario, la riduzione del numero dei parlamentari, il contenimento dei costi di funzionamento delle istituzioni, la soppressione del CNEL e la revisione del titolo V della parte II della Costituzione" approvato dal Parlamento e pubblicato nella *Gazzetta Ufficiale* n. 88 del 15 aprile 2016?

FAC-SIMILE

SI NO

La scheda del referendum 2016.
Il referendum proponeva una vasta riforma della parte seconda della Costituzione.
Ha votato il 65% degli elettori. Ha prevalso il NO con il 59%.

ANNO	ARTICOLI	INTERVENTI DI REVISIONE E INTEGRAZIONE COSTITUZIONALE
1963	56-57	È stato fissato il numero dei parlamentari (630 Camera, 315 Senato).
1967	135	Corte Costituzionale
1989	96	Reati commessi dai ministri
1991	88	Scioglimento delle Camere nel semestre bianco
1992	79	Maggioranza qualificata per votare amnistia e indulto
1993	68	Immunità parlamentare
1999	121-122	Governatori regionali
1999	111	Giusto processo (parità tra accusa e difesa)
2000	48	Circoscrizione italiana all'estero, per far votare gli italiani all'estero
2001	56-57	Numero dei deputati eletti all'estero
2001	114	Istituzioni delle Città metropolitane
2002	XIII	Disposizione finale sui discendenti di Casa Savoia
2003	51	Promozione delle pari opportunità tra uomini e donne
2007	27	Abolizione pena di morte anche per i reati militari
2012	81	Equilibrio di bilancio

LABORATORIO

1. Un pezzo di carta al posto del re

01. Indica se le affermazioni sono vere o false.

a. Giovanni I d'Inghilterra estendeva i suoi territori anche in Francia.	V	F
b. Giovanni I d'Inghilterra era il figlio di Riccardo Cuor di leone.	V	F
c. Giovanni fu soprannominato Senza terra dopo che perse definitivamente la guerra con i francesi a Bouvines.	V	F
d. I baroni erano i feudatari del re.	V	F
e. Giovanni Senza terra per riconciliarsi con i baroni ribelli preparò la *Magna Charta libertatum.*	V	F
f. Nella Magna Charta il re s'impegnava a non mettere nessuna tassa senza il consenso dei baroni.	V	F
g. Il re si impegnava a rispettare le decisioni di un tribunale formato da nobili.	V	F
h. Con la Magna Charta il potere assoluto del re venne rafforzato.	V	F

02. Scegli la risposta esatta.

a. *Legittimità*:
A. ☐ conforme alla consuetudine
B. ☐ conforme alla legge
C. ☐ conforme alla tradizione

b. *Suddito*:
A. ☐ soggetto all'autorità di un sovrano
B. ☐ soggetto all'autorità della legge
C. ☐ soggetto all'autorità della consuetudine

c. *Balivo*:
A. ☐ pubblico funzionario
B. ☐ privato funzionario
C. ☐ impiegato

03. Sul quaderno, rispondi alle seguenti domande.

a. Cosa significa "assoluto" riferito al potere del re?
b. Quali sono i tre punti fondamentali della Magna Charta?
c. Perché molti storici considerano la Magna Charta come la prima costituzione moderna?
d. Come si trasformò il *Consiglio della corona*?
e. La Magna Charta fu sempre rispettata dai sovrani inglesi? Perché?
f. Cos'intende con l'espressione *habeas corpus*?
g. Perché la rivoluzione del 1689 fu definita "gloriosa"?
h. Cosa prevedeva il *Bill of rights*?
i. Che differenza c'è tra monarchia assoluta e monarchia costituzionale?
l. Cosa intendevano gli illuministi quando parlavano di "diritti naturali"?

04. Dibattito

- Che cosa ne pensate: è meglio un sovrano o un pezzo di carta?

- Repubblica e monarchia costituzionale sono ambedue democratiche. Quali possono essere i vantaggi e gli svantaggi? Discutete e sintetizzate le conclusioni su due colonne. Cercate, quindi, di arrivare a una conclusione: quale sistema vi sembra preferibile?.

2. Una nuova Costituzione, repubblicana

01. Indica se le affermazioni sono vere o false.

a. Nel 2018 la nostra costituzione ha compiuto 70 anni.	V	F
b. La Costituzione è la legge fondamentale dello Stato.	V	F
c. L'assemblea governativa scrisse la Costituzione.	V	F
d. La Resistenza fu guerra di liberazione e guerra civile.	V	F
e. La Costituzione entrò in vigore il primo gennaio 1947.	V	F
f. Il fascismo fu una dittatura.	V	F
g. Nel luglio 1943 la Sicilia fu invasa dagli angloamericani.	V	F
h. RSI vuol dire Resistenza Sociale Italiana.	V	F
i. Lo Statuto albertino era una costituzione lunga e rigida.	V	F
l. Il 2 giugno 1946 ci fu il referendum istituzionale.	V	F

02. Rispondi alle seguenti domande.

1. Perché era facile cambiare lo Statuto albertino?
2. Quale era la caratteristica principale del Partito nazionale fascista?
3. Con chi era alleata l'Italia nella Seconda guerra mondiale?
4. Che cos'era il Comitato di liberazione nazionale?
5. Perché gli italiani non si fidavano più di Vittorio Emanuele II?

03. Lessico: sul quaderno spiega il significato delle seguenti parole ed espressioni.

Referendum istituzionale, dittatura, costituzione, statuto, monarchia, repubblica.

04. Rielaborare dei dati. Ecco i risultati del referendum istituzionale regione per regione:

Compartimenti	Repubblica	Monarchia
1. Piemonte	1,250.070	938.945
2. Liguria	633.130	284.692
3. Lombardia	2.270.335	1.275.183
4. Venezia tridentina	191.450	33.728
5. Veneto	1.403.441	954.372
6. Emilia	1.526.838	454.589
7. Toscana	1.280.815	506.167
8. Marche	498.607	213.621
9. Umbria	301.209	117.755
10. Lazio	753.978	795.501
11. Abruzzi e Molise	347.578	459.478
12. Campania	435.844	1.427.038
13. Puglie	465.620	954.754
14. Lucania	107653	158.210
15. Calabrie	337.244	514.633
16. Sicilia	708.109	1.301.200
17. Sardegna	206.098	319.557
Totali	**12.718.019**	**10.709.423**

Rispondi: qual è la regione in cui la Repubblica ha avuto il miglior risultato? E la monarchia?
Scorpora i dati e rispondi: chi ha vinto al nord (1-6)? Chi ha vinto al Centro (7-10)? Chi ha vinto al Sud (11-15)? Chi ha vinto nelle isole (16-17)?
Scrivi un commento di 10-15 righi.

Dibattito: Voi per chi avreste votato? Ognuno dice il proprio voto, motivandolo. Poi discutete sulle vostre scelte.

3. Per orientarsi: di cosa parla la Costituzione

1. Rispondi alle seguenti domande.

a. Che vuol dire che la nostra è una costituzione lunga?
b. In quante parti è divisa la Costituzione?
c. Di che cosa parla la prima parte della Costituzione? E la seconda?
d. Di che cosa trattano le *Disposizioni transitorie e finali*?
e. Quale titolo della Costituzione è stato completamente cambiato?

02. Indica da quanti commi sono costituiti i seguenti articoli della Costituzione.

Art. 1:	Art. 2	Art. 9
Art. 17:	Art. 13:	Art. 58
Art. 12:	Art. 21:	Art. 69

03. Indica per ogni argomento la parte della Costituzione in cui se ne parla. L'esercizio è avviato.

Parti: **A**: Principi fondamentali; **B**: Prima parte; **C**: Seconda parte; **D**: Disposizioni transitorie e finali.

1. Presidente della Repubblica	**C**
2. Libertà di stampa	
3. Bandiera tricolore	
4. Parlamento	
5. Proibizione di ricostituire il PNF	
6. Governo	
7. Tutela delle minoranze linguistiche	
8. Diritto di sciopero	
9. Beni di Casa Savoia	
10. Uguaglianza formale e sostanziale	

4. L'Italia della Costituzione

01. Indica se l'affermazione è vera o falsa.

1. Territorio, leggi e autorità sono gli elementi che costituiscono uno Stato.	**V F**
2. In base alle leggi italiane, un poliziotto può giudicare un reato.	**V F**
3. Tutti gli italiani devono sottostare alle leggi e alla Costituzione.	**V F**
4. Solo i magistrati non sono tenuti a rispettare la legge.	**V F**
5. Durante la dittatura fascista emigrare era un diritto.	**V F**
6. Democrazia significa "potere del popolo".	**V F**

7. In uno stato democratico i poteri devono essere divisi.	V	F
8. Quando è stata scritta la nostra Costituzione l'Unione europea esisteva già.	V	F
9. L'Italia adegua le sue leggi a quelle internazionali riconosciute dagli altri Stati.	V	F
10. Una monarchia costituzionale è democratica.	V	F

02. Scegli l'affermazione corretta.

a. Si muovono all'interno dello spazio costituzionale
A. ☐ tutti i cittadini italiani
B. ☐ tutti i cittadini tranne i carcerati
C. ☐ tutti i cittadini tranne il Presidente della Repubblica
D. ☐ tutti i cittadini tranne i giudici

b. L'Unione Europea è un'associazione di Stati che hanno rinunciato in alcuni settori alla propria
A. ☐ libertà
B. ☐ sovranità
C. ☐ disponibilità
D. ☐ discrezionalità

c. L'Italia adegua le sue leggi a quelle
A. ☐ previste dal diritto privato
B. ☐ previste dal diritto penale
C. ☐ previste dal diritto commerciale
D. ☐ internazionali riconosciute dagli altri Stati

5. Il cittadino della Costituzione

01. Indica se l'affermazione è vera o falsa.

1. I primi dodici articoli della nostra Costituzione sono i Principi fondamentali.	V	F
2. Rappresentano una forma di compromesso con il regime fascista.	V	F
3. Lo Stato appartiene a tutti.	V	F
4. L'articolo 1.c.2 prevede che le decisioni fondamentali spettano al popolo	V	F
5. Il referendum è una forma di democrazia indiretta.	V	F
6. Gli scioperi sono ammessi dalla nostra Costituzione.	V	F
7. Per la nostra Costituzione un barbone ha la stessa importanza e dignità del Presidente della Repubblica	V	F
8. Il diritto al lavoro è un diritto fondamentale solo per i più poveri.	V	F
9. L'articolo 2 riconosce il diritto di esprimersi e di organizzarsi ai soli cittadini italiani.	V	F
10. La "legislazione di vantaggio" prevede "azioni positive" a favore di persone svantaggiate.	V	F

02. Inserisci correttamente nel testo le seguenti parole.

Lingua, identità, fascismo, professione, religione, tutela, minoranze, contributo, artistico, benessere, Italia, culto, patrimonio, popolo.

Ogni cittadino ha il dovere di svolgere un lavoro o una .... per assicurare Il proprio .... e per dare il proprio .... al benessere materiale e spirituale dell'.......................
In base alla nostra Costituzione i sindaci vengono eletti dal .... e non più nominati dal governo come accadeva durante il ....
Vanno tutelate le .... linguistiche che ci sono in Italia perché la cultura e la .... sono una parte importante dell'...................... delle persone.
Tutti possono professare liberamente la propria .... e avere propri luoghi di ....
La Costituzione ....il paesaggio e il .... storico e .... della Nazione.

03. Scegli la risposta esatta tra quelle proposte.

a. La Corte costituzionale giudica
A. ☐ le leggi
B. ☐ il governo
C. ☐ il Presidente del Consiglio

b. I primi dodici articoli della Costituzioni sono principi
A. ☐ prescrittivi
B. ☐ fondamentali
C. ☐ parziali

c. L'Italia è una Repubblica fondata
A. ☐ sulla proprietà privata
B. ☐ sulla ricchezza
C. ☐ sul lavoro

04. Rispondi alle seguenti domande.

a. Perché il cittadino che segue la Costituzione è repubblicano?

b. Perché ama e apprezza il lavoro?
c. Perché è d'accordo che lo Stato tuteli le minoranze linguistiche?
d. Perché è accogliente nei confronti dei richiedenti asilo?
e. Come vuole risolvere i conflitti internazionali?

05. Dibattito

a. Discutete sul cittadino modellato sui valori della Costituzione. Che cosa condividete? Che cosa non condividete? Esprimete le vostre opinioni motivandole. Alla fine del dibattito, cercate di fare una sintesi: che cosa cambiereste nel profilo?

b. Nemico o avversario politico? Qual è, secondo voi, la differenza? Siete d'accordo con l'affermazione che gli avversari politici vanno rispettati? Oppure pensate che gli avversari politici vadano distrutti, anche con accuse false e calunniose? Motivate le vostre prese di posizione.

6. Cambiare la Costituzione

01. Indica se le affermazioni sono vere o false.

a. La nostra è una costituzione rigida.	V F
b. La Costituzione italiana può essere cambiata con leggi ordinarie.	V F
c. La Corte Costituzionale giudica la costituzionalità delle leggi ordinarie.	V F
d. La Corte Costituzionale si pronuncia solo su ricorso.	V F
e. Possono fare ricorso alla Corte Costituzionale anche i singoli cittadini.	V F
f. Anche un giudice può appellarsi alla Corte Costituzionale.	V F
g. La Corte Costituzionale non può giudicare una legge parzialmente costituzionale.	V F
h. Non è oggetto di revisione costituzionale la forma repubblicana dello Stato italiano.	V F
i. Le leggi di revisione costituzionali sono approvate da ciascuna Camera due volte, con una pausa di riflessione di tre mesi.	V F
l. Un quinto dei parlamentari di una delle due Camere può chiedere un referendum confermativo.	V F

02. Completamento: completa il testo, inserendo le parole elencate al posto giusto.

Regione, Stato, Costituzione, definitive, Giudice, ordinarie, parzialmente, Corte, organo, Consulta, inappellabili, tutto

La nostra .... non può essere cambiata da leggi .... Tutte le leggi approvate dal Parlamento devono essere giudicate dalla .... Costituzionale. Possono fare ricorso alla .... un .... dello ...., una .... o un ....
La Corte costituzionale può giudicare una legge .... costituzionale o del .... costituzionale.
Le sentenze della Corte Costituzionali sono .... e ....

03. Lessico: unisci ogni elemento del primo gruppo con quello corrispondente del secondo gruppo.

A. Nell'ordinamento italiano, è un organo di garanzia costituzionale che ha il compito di giudicare la legittimità delle leggi ordinarie.
B. Sono inappellabili.
C. Complesso di norme da osservare in un procedimento legislativo
D. Stabilisce la normativa da seguire in caso di riforma costituzionale
E. È uno strumento di democrazia diretta, che permette agli elettori di esprimere il proprio parere su tematiche specifiche riguardanti la revisione costituzionale.

1. Referendum costituzionale.
2. Sentenze della Corte Costituzionale.
3. Corte Costituzionale.
4. Procedura legislativa.
5. Art. 138 della Costituzione.

04. Comprensione: rispondi sul quaderno alle seguenti domande.

a. Quali sono le competenze della Corte Costituzionale?
b. Cosa s'intende per "buco legislativo"?
c. Chi può fare ricorso alla Corte Costituzionale?
4. Qual è la composizione della Corte Costituzionale?
5. Qual è la procedura da seguire per la revisione della Costituzione?

05. Lavorare sul lessico

Trova l'etimologia (l'origine della parola) del termine "corte" e poi spiega, aiutandoti con il vocabolario o con un motore di ricerca, le seguenti espressioni: intrighi di corte, corte reale, corte marziale, corte dei miracoli, fare la corte.

La famiglia

La famiglia è il primo gruppo in cui il bambino sviluppa la sua socialità, cioè il suo rapporto con gli altri.

È in famiglia che comincia a sorridere agli altri, a giocare con gli altri, a interagire con gli altri. È in famiglia che matura le prime nozioni su ciò che è piacevole e su ciò che è pericoloso, su ciò che è buono e su ciò che è cattivo. È in famiglia che sviluppa la sua affettività, imparando ad accettare e dare amore.

Se in futuro quel bambino sarà un cittadino sensibile e aperto agli altri oppure egoista e chiuso agli altri, molto dipende dalle prime esperienze vissute in famiglia, prima con i familiari e poi con la più ampia cerchia amicale.

È per questo che tutti gli Stati riservano molta attenzione alla famiglia, perché rappresenta la prima agenzia educativa, per formare i futuri uomini e donne e i futuri cittadini e cittadine.

La Costituzione parla della famiglia nel Titolo II, dedicato ai "Rapporti etico-sociali", dove si parla anche della scuola e del diritto alla salute. Alla famiglia sono dedicati gli articoli 29, 30 e 31.

Papà, mamma, un bambino che guardano verso il futuro quando probabilmente arriveranno tanti altri bambini. Il fascismo celebrava la donna come madre e premiava le famiglie numerose. I celibi, invece, venivano tassati, perché non davano figli alla patria.

La famiglia fondata sul matrimonio

La Costituzione usa qui l'espressione "riconosce" utilizzata ogni volta che fa riferimento ai *diritti naturali*, cioè a quei diritti inviolabili che ogni uomo ha dalla nascita e che lo Stato non può fare altro che "riconoscere" e tutelare. Infatti «uomini e donne hanno il diritto di sposarsi e di fondare una famiglia», come afferma la *Dichiarazione Universale dei diritti dell'uomo* del 1948.

Se due persone vanno a vivere insieme per formare una famiglia, siamo di fronte a una *famiglia di fatto*, fondata appunto sulla convivenza.

Non è questa però la famiglia di cui parla qui la Costituzione, ma della famiglia "*fondata sul matrimonio*", cioè su un contratto tra due persone che si impegnano pubblicamente davanti a un funzionario pubblico e davanti a testimoni. È questa la famiglia "*legittima*", cioè fondata sulla legge.

La Repubblica riconosce i diritti della famiglia come società naturale fondata sul matrimonio.

Dopo questa cerimonia pubblica, la famiglia diventa un soggetto giuridico (cioè riconosciuto dalla legge) con diritti e doveri, che riguardano i rapporti tra i due coniugi e tra i due coniugi e i figli.

La cerimonia, in cui i due sposi si scambiano le loro promesse e firmano il contratto davanti a testimoni, può essere celebrata davanti al Sindaco o a un suo delegato (*matrimonio civile*), in chiesa davanti a un sacerdote cattolico (*matrimonio concordatario*), davanti a un ministro di una confessione religiosa che ha firmato un'intesa con lo Stato italiano (*matrimonio religioso*).

Il *matrimonio civile* è regolato dalle leggi del Codice civile italiano, che ammette la separazione e il divorzio.

Il *matrimonio concordatario* viene automaticamente trascritto nei registri dello stato civile ed è regolato dal Codice civile e dal diritto canonico (legge ecclesiastica). Secondo il Codice civile, i coniugi possono divorziare; secondo il diritto canonico, il matrimonio è indissolubile. Il vincolo matrimoniale per il diritto canonico può essere sciolto solo con una sentenza di annullamento della Sacra Rota (tribunale ecclesiastico).

Il *matrimonio religioso* ha effetti civili solo se dopo la cerimonia viene trascritto nei registri di stato civile del Comune; per il resto, valgono le intese firmate tra lo Stato italiano e le diverse confessioni religiose (Comunità ebraiche, Chiesa valdese, Chiesa luterana, Chiesa battista, ecc.).

La celebrazione di un matrimonio civile. Il matrimonio civile si svolge davanti al sindaco o a un suo delegato, quello religioso davanti a un ministro del culto (ebraico, evangelico, valdese, ecc.) della religione degli sposi.

Requisiti per sposarsi

- Essere maggiorenni. I minorenni si possono sposare solo con il consenso del giudice e quello dei genitori, che fanno da tutori fino alla maggiore età.
- Essere liberi da pressioni esterne.
- Essere liberi da vincoli matrimoniali precedenti (non essere già sposati o non aver ottenuto il divorzio).
- Essere capaci di intendere e di volere, essere cioè consapevoli dell'atto che si sta compiendo.
- Non essere né parenti, né affini (proibito il matrimonio tra genitori e figli, tra fratelli e sorelle, tra cugini, cognati ecc.).

La donna non può risposarsi prima di trecento giorni dall'annullamento o dal divorzio del matrimonio precedente, per evitare che, già incinta di un uomo, ne sposi frattanto un altro.

Per questo, prima della celebrazione del matrimonio vengono fatte le "*pubblicazioni*", viene cioè affisso in Comune (o in parrocchia nel caso di matrimonio concordatario) un documento che rende pubblica l'intenzione dei due sposi di contrarre matrimonio, in modo che, se qualcuno sa che esiste un "impedimento", possa avvertire le autorità.

Il matrimonio religioso cattolico è regolato dal Concordato tra Stato italiano e Chiesa cattolica firmato nel 1929 e rivisto nel 1984.

CORRIERE DELLA SERA

IL REFERENDUM HA CONFERMATO LA GRANDE MATURITÀ CIVILE DEGLI ITALIANI

I «no» hanno vinto col 59,1 per cento
La legge sul divorzio non sarà abolita

LA DEMOCRAZIA SI RAFFORZA

Le prime reazioni del mondo politico

A Milano e provincia i «no» sono stati il 67,5%

Il *Corriere della Sera* del 14 maggio 1974. Nel 1974, gli italiani sono stati chiamati a votare al referendum per abrogare la legge sul divorzio approvata nel 1970. La raccolta delle firme fu organizzata dai cattolici. Gli italiani hanno votato NO e la legge è rimasta in vigore.

Separazione e divorzio

Quando due persone si sposano, lo fanno per sempre, senza riserve mentali. Tuttavia, nella vita matrimoniale, possono intervenire incomprensioni e dissidi che, come dice il Codice civile, interrompono la «comunione spirituale e materiale» tra i coniugi.

Dal 1970, la legge italiana (lg. 898/1970) permette che i coniugi possano separarsi e poi divorziare, sciogliere cioè definitivamente il vincolo matrimoniale ed essere liberi di contrarre un nuovo matrimonio.

Per la legge 898/1970, la separazione può essere *personale* (richiesta da uno solo dei coniugi) o *consensuale* (richiesta da ambedue i coniugi). La richiesta va presentata al giudice, che dopo sei mesi fa un tentativo di riconciliazione. Se la riconciliazione fallisce, va avanti la pratica di scioglimento del matrimonio, ma il giudice non può pronunciare la sentenza prima di tre anni dall'inizio della pratica.

Nella pratica, i tempi erano più lunghi di tre anni. Troppi.

Il divorzio breve

Per questo il Parlamento, ha votato la legge n. 55/2015, il cosiddetto "divorzio breve" che ha tagliato radicalmente i tempi e ha reso la pratica meno onerosa finanziariamente.

Se non ci sono figli minorenni o maggiorenni con handicap, la pratica di divorzio può essere conclusa davanti all'ufficiale di stato civile del Comune di appartenenza dai due coniugi senza l'assistenza di un avvocato. L'ufficiale di stato civile prende atto della volontà dei coniugi a separarsi e li riconvoca dopo trenta giorni perché ribadiscano la loro volontà. Il provvedimento dell'ufficiale di stato civile ha effetto immediato. Praticamente si

La pratica di divorzio breve si fa negli uffici di stato civile del Comune, che è la sede istituzionale più vicina ai cittadini e presente anche nei centri più piccoli.

ottiene il divorzio dopo un mese dall'avvio della pratica, senza spese di avvocati.

In alternativa, i coniugi possono farsi assistere da due avvocati, che li aiutano a stendere un accordo scritto, nel giro di tre mesi. L'accordo deve essere scritto e firmato dai coniugi e dai rispettivi avvocati.

Se non ci sono figli minorenni o maggiorenni con handicap, la pratica va presentata al Pubblico ministero, che dà il suo nulla osta oppure invita le parti a modificare l'accordo. Ottenuto il nulla osta, la pratica è conclusa.

Nel caso di figli minorenni, incapaci, economicamente non autosufficienti, il Pubblico ministero lo approva e lo trasmette entro cinque giorni al Presidente del Tribunale. La pratica si conclude con la comunicazione allo stato civile del Comune dell'avvenuto divorzio.

Nuove forme di famiglia

L'aumento dei divorzi, la diffusione della libera convivenza soprattutto tra i giovani, le rivendicazioni del movimento lgbt (lesbiche, gay, bisessuali e transessuali) hanno provocato un profondo cambiamento dei costumi e della mentalità. Sono nate così nuove forme di famiglia di fatto, a lungo non regolate dalle legge: famiglie con un solo genitore, famiglie allargate formate da coniugi con figli di precedenti rapporti, famiglie gay, coppie di fatto che non vogliono regolare il loro rapporto con il matrimonio...

Dopo molti anni di rinvii, dopo numerosi pronunciamenti della Corte Costituzionale, dopo una condanna della Corte europea dei diritti dell'Uomo, la legge sulle unioni civili è stata finalmente approvata dal Parlamento italiano l'11 maggio 2016.

Con l'approvazione della legge 76/2016, l'Italia è diventata il 27° Paese europeo a riconoscere legalmente le coppie omosessuali. Oltre alle "*unioni civili*", che riguardano le coppie omosessuali, la legge regola anche i "*patti di convivenza*", che riguardano le coppie di fatto eterosessuali.

I patti di convivenza

I patti di convivenza possono essere contratti da un uomo e una donna maggiorenni uniti da vincoli affettivi e che si impegnano ad assicurarsi reciprocamente assistenza materiale e morale.

Il "contratto di convivenza" viene sottoscritto davanti a un notaio.

Nel contratto di convivenza i partners possono concordare in che modo ciascuno deve contribuire al menage familiare. I conviventi possono scegliere, come le persone sposate, la *separazione* o la *comunione di beni*, cioè di mantenere separati i loro beni o di metterli in comune.

Il patto può essere cambiato – sempre davanti a un notaio – se cambia la situazione economica.

Non discriminazione

È vietata qualsiasi forma di discriminazione fondata sul sesso.

La carta dei diritti dell'UE è stata la prima a vietare la discriminazione fondata sull'orientamento sessuale nei confronti di gay, lesbiche, transessuali.

La stipulazione di un contratto di convivenza permette di assistere il partner in ospedale e di diventarne il tutore in caso di inabilità.

La sottoscrizione del contratto di convivenza assicura ai contraenti alcuni diritti negati alle coppie di fatto:
- assistere il partner in ospedale;
- partecipare ai bandi per l'assegnazione di case popolari;
- diventare tutore del partner in caso di inabilità;
- subentrare nell'affitto sottoscritto dal partner in caso di separazione o di morte;
- rimanere per cinque anni nella casa del partner dopo la sua morte.

In caso di rottura del patto, valgono le stesse regole previste dalla legge sulla separazione e sul divorzio, compreso l'obbligo di passare un assegno di mantenimento per il convivente.

Le unioni civili

Le *unioni civili* sono sottoscritte da una coppia di persone maggiorenni *dello stesso sesso*, che non siano già sposate.

Il contratto deve essere firmato davanti a un ufficiale di Stato civile in Comune, alla presenza di due testimoni.

La coppia può scegliere quale *cognome* adottare: si può adottare un solo cognome o aggiungere al proprio quello del partner.

Come i coniugi all'interno del matrimonio, le persone unite civilmente hanno gli stessi diritti e gli stessi doveri.

Diritti: reversibilità della *pensione* in caso di morte del partner, godimento dei *congedi parentali* (assenza giustificata sul lavoro) in caso di malattie del compagno o della compagna, partecipazione alle *graduatorie per gli asili nido*, accesso all'*eredità* in caso di morte del partner.

Doveri: obbligo di *assistenza* materiale e morale e obbligo di *coabitazione*. Stranamente, non è previsto l'obbligo di fedeltà come nel matrimonio eterosessuale.

In caso di rottura del rapporto, valgono le stesse norme della legge sul divorzio.

Nel caso uno dei due partner cambi sesso, la legge prevede che l'unione civile debba essere sciolta.

La legge non prevede l'adozione automatica dei figli nati prima della sottoscrizione dell'unione civile (*stepchild adoption*; in italiano: *adozione del figliastro o della figliastra*); nel caso che uno dei partner abbia dei figli, sarà il giudice a decidere caso per caso se l'altro partner può adottarli.

COSTITUZIONE ITALIANA
art. 29 c. 2

Il matrimonio è ordinato sull'eguaglianza morale e giuridica dei coniugi, con i limiti stabiliti dalla legge a garanzia dell'unità familiare.

L'uguaglianza dei coniugi

L'articolo 29 c. 2 della Costituzione afferma che marito e moglie sono uguali di fronte alla legge, eppure ci sono voluti quasi trent'anni per cambiare il Codice civile che diceva esattamente il contrario. È uno dei tanti casi in cui quanto affermato dalla Costituzione (*dettato costituzionale*) è stato ignorato.

È incredibile che per tanti anni, durante la celebrazione dei matrimoni, siano stati letti pubblicamente degli articoli di legge in netto contrasto con quello che afferma la Costituzione.

Ecco a confronto il testo del 1942 e quello riformato del 1975.

DIRITTO DI FAMIGLIA 1942

art. 143 – Il matrimonio impone ai coniugi l'obbligo reciproco della coabitazione, della fedeltà e dell'assistenza.

art. 144 – Il marito è capo della famiglia; la moglie segue la condizione civile di lui, ne assume il cognome, ed è obbligata ad accompagnarlo dovunque egli crede opportuno di fissare la sua residenza.

art. 145 – Il marito ha il dovere di proteggere la moglie, di tenerla presso di sé e di somministrarle tutto ciò che è necessario ai bisogni della vita in proporzione delle sue sostanze.
La moglie deve contribuire al mantenimento del marito, se questo non ha mezzi sufficienti.

art. 147 – Il matrimonio impone ad ambedue i coniugi l'obbligazione di mantenere, educare e istruire la prole.

DIRITTO DI FAMIGLIA 1975

Art. 143 – Diritti e doveri reciproci dei coniugi
Con il matrimonio il marito e la moglie acquistano gli stessi diritti e assumono i medesimi doveri.
Dal matrimonio deriva l'obbligo reciproco alla fedeltà, all'assistenza morale e materiale, alla collaborazione nell'interesse della famiglia e alla coabitazione.
Entrambi i coniugi sono tenuti, ciascuno in relazione alle proprie sostanze e alla propria capacità di lavoro professionale o casalingo, a contribuire ai bisogni della famiglia.

Art. 144 – Indirizzo della vita familiare e residenza della famiglia.
I coniugi concordano tra loro l'indirizzo della vita familiare e fissano la residenza della famiglia secondo le esigenze di entrambi e quelle preminenti della famiglia stessa.
A ciascuno dei coniugi spetta il potere di attuare l'indirizzo concordato.

Art. 147 – Doveri verso i figli.
Il matrimonio impone ad ambedue i coniugi l'obbligo di mantenere, istruire ed educare la prole tenendo conto delle capacità, dell'inclinazione naturale e delle aspirazioni dei figli.

Sono gli articoli che vengono letti dall'Ufficiale di Stato Civile durante la celebrazione del matrimonio e che gli sposi si impegnano a rispettare.

Basta una lettura attenta per capire che si è passati da una netta supremazia maschile nell'ambito familiare, a una parità almeno giuridica tra i coniugi, sia nei rapporti interpersonali che per quanto riguarda l'educazione dei figli.

Doveri verso i figli

Dopo l'approvazione della legge 219/2012, la legge non fa più distinzione tra *figli legittimi* (nati nel matrimonio) e *figli naturali* (nati fuori del matrimonio): hanno gli stessi diritti. È soddisfatto, quindi, quanto previsto dal terzo comma dell'articolo 30.

In un caso e nell'altro, i genitori hanno l'obbligo di mantenere economicamente i figli provvedendo loro quanto necessario, di as-

COSTITUZIONE ITALIANA
art. 30

È dovere e diritto dei genitori mantenere, istruire ed educare i figli, anche se nati fuori del matrimonio.
Nei casi di incapacità dei genitori, la legge provvede a che siano assolti i loro compiti.
La legge assicura ai figli nati fuori del matrimonio ogni tutela giuridica e sociale compatibile con i diritti dei membri della famiglia legittima.
La legge detta le norme e i limiti per la ricerca della paternità.

sicurare loro un'istruzione con la frequenza della scuola obbligatoria (fino ai sedici anni) e di impartire loro un'educazione con la cura attenta e assidua.

Quando i genitori non sono in grado di assicurare il mantenimento, l'istruzione e l'educazione dei figli, lo Stato può intervenire per tutelarli. Succede quando i genitori sono in carcere, quando hanno problemi mentali o, spesso, quando hanno problemi di tossicodipendenze.

In questi casi, il *giudice tutelare* (è chiamato così perché ha il compito di tutelare i minori) può disporre l'allontanamento temporaneo (*affidamento*) o definitivo dalla famiglia (*adozione*).

Nel primo caso, il minore viene affidato temporaneamente a un'altra famiglia, che gli assicurerà quanto la famiglia di origine non è in grado di garantirgli. Il minore continua a mantenere contatti con la famiglia di origine e vi ritorna non appena le condizioni lo permettono.

L'adozione è invece un provvedimento definitivo. Viene disposto dal Tribunale dei minorenni, che dichiara il minore adottabile da un'altra famiglia. In questo caso il minore perde ogni rapporto con la famiglia di origine ed entra a far parte della nuova famiglia, assumendone anche il cognome.

COSTITUZIONE ITALIANA
art. 31

La Repubblica agevola con misure economiche e altre provvidenze la formazione della famiglia e l'adempimento dei compiti relativi, con particolare riguardo alle famiglie numerose. Protegge la maternità, l'infanzia e la gioventù, favorendo gli istituti necessari a tale scopo.

Assistenza alle famiglie

Vista l'importanza della famiglia per lo sviluppo sociale, l'articolo 31 prevede che lo Stato intervenga a sostenerla nel delicato compito di mantenere, istruire ed educare i figli.

Per questo, lo Stato prevede detrazioni fiscali e assegni familiari per ciascun figlio, un bonus bebè per il primo e secondo figlio di famiglie con difficoltà economiche, congedi sul lavoro per la mamma e il papà nei primi tre anni di vita del bambino, astensione obbligatoria dal lavoro per le mamme prima e dopo il parto.

Oltre a questo, offre servizi – asili nido, scuole dell'infanzia, tempo pieno nella scuola primaria e secondaria di primo grado – per aiutare i genitori a conciliare esigenze familiari e lavorative.

Purtroppo questi servizi sono carenti, soprattutto al sud. Gli asili nidi sono pochi, le scuole materne non bastano per tutti i bambini, il tempo pieno non è assicurato da tutte le scuole. Questo crea problemi soprattutto alle donne, che spesso sono costrette a rinunciare al lavoro dopo la nascita di uno o più figli.

La scuola materna non è obbligatoria e non ne sono state istituite abbastanza per soddisfare tutte le richieste. La carenza di asili-nido e di scuole per l'infanzia penalizza le donne, che spesso sono costrette a licenziarsi dal lavoro per crescere i bambini.

Le conseguenze sono due: la percentuale di donne che lavorano resta troppo bassa, soprattutto al sud; nascono pochi bambini e la popolazione invecchia sempre di più.

Il femminicidio: una patologia familiare

Resta molto alta in Italia la percentuale di donne che subiscono violenza nell'ambito familiare e resta molto alto il numero di donne che ogni anno vengono uccise da mariti, compagni, fidanzati. Statisticamente, quasi una ogni due giorni.

È una violenza che resta spesso nascosta, perché è difficile denunciare la persona che si ama e perché le donne sperano spesso che la situazione cambi, rimandando la denuncia fino a quando è troppo tardi.

La violenza esplode in genere quando la donna decide di rompere il rapporto. Scatta allora un riflesso proprietario che porta il maschio a rifiutare la rottura e a continuare a infastidire l'ex compagna con telefonate, appostamenti, controlli (*stalking*). Nei casi estremi, il maschio arriva a uccidere la compagna (*femminicidio*).

Il Parlamento ha approvato delle leggi per contrastare il fenomeno, ma resta un problema di educazione affettiva dei maschi, anche perché il fenomeno riguarda anche le nuove generazioni, non meno possessive delle precedenti.

La violenza è la negazione dell'amore. Le ragazze devono imparare a riconoscerla, anche quando pretende di essere amore. I ragazzi devono riflettere sulla loro affettività: essere possessivi non vuol dire amare.

Sempre meno bambini, sempre più vecchi

Uno dei problemi strettamente legato al tema della famiglia è quello demografico: in Italia nascono sempre meno bambini. È una tendenza che dura da molti anni e che, negli ultimi due anni, ha fatto registrare addirittura una diminuzione della popolazione.

Per mantenere l'*equilibrio demografico*, sarebbe necessario che ogni coppia avesse almeno due figli, mentre il tasso di fertilità delle donne italiane è di 1,35 (vuol dire che mediamente hanno un solo figlio e solo qualcuna ne ha più di uno).

Laboratorio pag. 82
ESERCIZI INTERATTIVI
www.medusaeditrice.it

Frattanto si allunga sempre di più la vita media – ottant'anni per gli uomini e ottantaquattro per le donne – delle persone, che sempre più spesso superano i settantacinque anni in buona salute.

Uno degli effetti più evidenti è quello dell'*invecchiamento della popolazione*, cioè le persone adulte e anziane sono sempre più numerose rispetto a giovani, ragazzi e bambini.

Nel 2018, per la prima volta, il numero di chi ha superato i sessant'anni ha superato quello di chi è sotto i trent'anni.

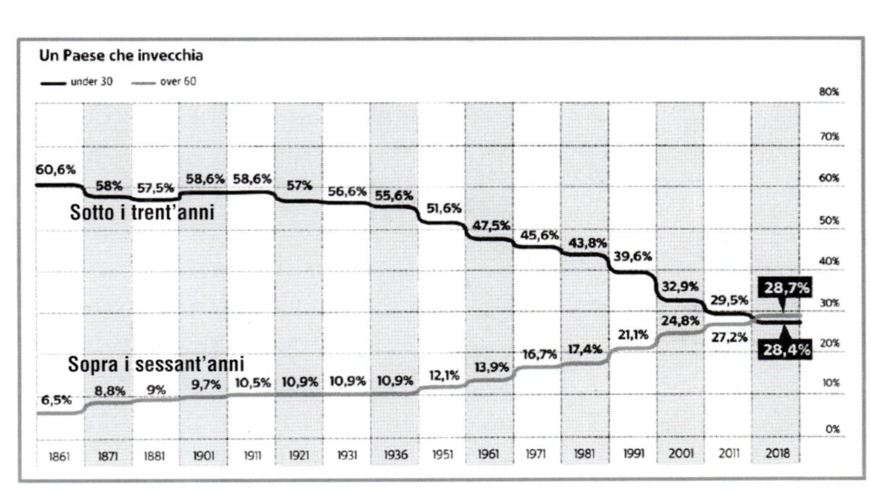

La scuola

Dopo la famiglia la scuola. È qui che il bambino continua il suo processo di socializzazione cominciato nella famiglia, una socializzazione più ampia, perché viene a contatto con figure educative nuove, più neutre affettivamente rispetto ai genitori e alla cerchia familiare. Soprattutto, qui entra a contatto quotidiano con i suoi pari, con cui potrà confrontarsi giorno dopo giorno, arrivando man mano a una considerazione più realistica delle proprie potenzialità, dei propri punti deboli e dei propri punti di forza.

La scuola continua, quindi, l'azione educativa della famiglia e lo continuerà a fare per anni, occupando uno spazio sempre più grande nel mondo del bambino, del ragazzo e dell'adolescente.

La scuola ha origini antichissime e la ritroviamo già in Mesopotamia e nell'antico Egitto. Solo nel Novecento però la scuola è stata aperta a tutti.
Nell'immagine un maestro di scuola in cattedra nel Medioevo. Da un codice miniato (Codex Manesse), Zurigo, 1310-40 circa.

Negli anni della scuola primaria e secondaria, i compiti della scuola si allargano sempre di più: oltre alla socializzazione, cura l'istruzione e la trasmissione del sapere, ma anche la formazione della personalità dell'alunno, preparandolo a inserirsi nel mondo adulto.

Riassumendo, possiamo dire che la scuola svolge compiti di *socializzazione* (star bene con gli altri), di *educazione* (valorizzare le potenzialità dell'alunno), di *istruzione* (insegnare ad apprendere), di *trasmissione* del sapere, di *orientamento* (inserire nel mondo del lavoro e nella società).

Nelle società complesse di oggi, insomma, la scuola garantisce, o dovrebbe garantire, la qualità dei cittadini di domani, ma anche la preparazione culturale, scientifica e tecnica per entrare nel mondo del lavoro e delle professioni. Per questo, per uno Stato, investire nella scuola significa investire sul futuro.

La scuola è aperta a tutti

La prima dichiarazione dell'art. 34, a prima vista, potrebbe sembrare banale, perché siamo ormai abituati a una scuola frequentata da persone di ogni provenienza sociale. Fa parte dell'esperienza quotidiana di ciascuno di noi.

Ma non è stato sempre così, perché l'istruzione è rimasta a

lungo privilegio di pochi e troppi – contadini, operai, donne – ne sono rimasti a lungo esclusi.

Non solo: l'articolo non specifica quale grado di scuola è aperta a tutti e, quindi, vuol dire che lo è in ogni ordine e grado, dalla scuola materna all'università.

Non solo: aperta a tutti vuol dire che non può essere chiusa in faccia nessuno e che non ci potrà più essere – sarebbe incostituzionale in base a questo comma della Costituzione – una legge che escluda una parte degli alunni dalla scuola, come è accaduto con le leggi razziali fasciste contro gli ebrei, nel 1938.

Una quinta classe negli anni Cinquanta. Alla foto fanno da triste sfondo i muri senza intonaco. La classe è tutta femminile: non erano ammesse le classi miste e gli edifici scolastici avevano spesso una doppia entrata per maschi e femmine. Nota anche il gran numero di alunne.

Scuola obbligatoria e gratuita

La gratuità della scuola dell'obbligo è una conseguenza di quanto affermato nel primo comma: se si apre la scuola a tutti, anche ai non abbienti e a chi versa in difficoltà economiche, la scuola non può non essere gratuita.

Ma perché obbligatoria? Perché non parlare, invece, di diritto alla scuola?

Perché la scuola, oltre che un diritto, è anche un dovere.

Per l'alunno, infatti, frequentare la scuola è un diritto, ma anche un dovere verso se stesso – con lo studio migliora e prepara il suo futuro – e verso la società, perché si deve preparare a «svolgere, secondo le proprie possibilità e la propria scelta, un'attività o una funzione che concorra al progresso materiale o spirituale della società» (costituzione art. 4)

Sottolineare l'obbligatorietà è anche un richiamo ai genitori, perché sono loro che devono mandare i figli a scuola e allora, più di oggi, spesso i genitori non mandavano i figli a scuola perché... dovevano restare a casa, in bottega o nei campi a lavorare.

Ultima nota: obbligatorietà della scuola vuol dire anche strappare bambini e ragazzi alla piaga del lavoro minorile, molto diffusa nel passato e non scomparsa ancora oggi.

Un lungo ritardo

Obbligatoria per "almeno" otto anni è scritto nella Costituzione, quasi suggerendo che gli anni di obbligatorietà, in un paese civile, dovrebbero essere di più.

In realtà, gli anni dell'obbligo scolastico sono rimasti a lungo cinque, perché la *Scuola media unificata* è stata introdotta solo molti anni dopo, nel 1963. Quindici anni dopo l'entrata in vigore della Costituzione!

Perché "unificata"? L'aggettivo poteva essere sostituito con l'espressione "per tutti" o "uguale per tutti". Infatti fino ad allora, per i pochi che andavano a scuola, dopo la quinta elementare il percorso si biforcava: una parte si iscriveva alla *Scuola di avviamento Professionale* per entrare subito nel mondo del lavoro, un'altra si preparava a sostenere un *esame di ammissio-*

La scuola è aperta a tutti.
L'istruzione inferiore, impartita per almeno otto anni, è obbligatoria e gratuita.

ne alla Scuola Media, la cui frequenza apriva la strada verso gli Istituti tecnici e i Licei. Solo una minoranza – i liceali – avrebbero poi frequentato l'università.

Obbligo scolastico e formativo

Con la legge n. 296/2006, l'*obbligo scolastico* è stato portato a dieci anni, quindi è obbligatorio frequentare la scuola fino a sedici anni, anche se non si è conseguito alcun titolo di studio, a causa di ritardi o bocciature.

A questo punto, scatta l'*obbligo formativo*, che dura fino ai diciotto anni. «L'istruzione impartita per almeno dieci anni è obbligatoria ed è finalizzata a consentire il conseguimento di un titolo di studio di scuola secondaria superiore o di una *qualifica* professionale di durata almeno triennale entro il diciottesimo anno d'età».

Obbligo scolastico	Frequenza della scuola fino a 16 anni	
Obbligo formativo	Conseguimento di un diploma o di una qualifica	→ Scuola Statale → Corso di formazione regionale → Apprendistato

Dopo i sedici anni, l'alunno, per soddisfare l'obbligo formativo, può decidere di continuare a frequentare la scuola statale fino al conseguimento del diploma, può frequentare un corso di formazione professionale regionale, può accedere all'apprendistato presso un'azienda.

La meritocrazia nella Costituzione

Come succede nell'art. 3 sull'uguaglianza (uguaglianza formale e uguaglianza sostanziale), anche qui la Costituzione non si limita ad affermare un diritto, quello dell'istruzione per tutti, ma aggiunge che la Repubblica farà qualcosa in più per garantire questo diritto anche a chi è privo di mezzi.

Attenzione però: questa volta il criterio non è il bisogno, ma il merito. Tutti hanno diritto allo studio, ma solo «i capaci e meritevoli» saranno sostenuti perché possano raggiungere i gradi più alti dell'istruzione. Se avessimo ancora dei dubbi sul fatto che il criterio è il merito, il comma 2 precisa che questi sostegni economici saranno attribuiti «per concorso».

A scuola negli anni Ottanta. Le classi ora sono miste.

La dispersione scolastica

Gli sforzi per portare tutti a scuola e assicurare a tutti un'istruzione e una formazione adeguate è in parte vanificata dal reale funzionamento della scuola.

Uno dei problemi più gravi è quello della *dispersione scolastica*, cioè degli alunni che la scuola perde durante il percorso formativo. Una ricerca sulla dispersione scolastica dal 1995 al

2018 ha quantificato che nelle scuole superiori, tra il primo e il quinto anno, la scuola perde il 30,6 degli alunni, quasi un terzo. Vuol dire che se cominciate in 25 in prima superiore, al momento del diploma sarete solo in 18...

Legato alla dispersione scolastica è il problema dei *neet*, ragazzi che non sono impegnati né in attività formative né in attività lavorative. Per numero di *neet* siamo all'avanguardia in Europa: sono oltre due milioni, il 7 per cento della popolazione giovanile, in alcune regioni del sud addirittura il 9 per cento. L'acronimo riassume l'espressione inglese «*not (engaged) in education, employment or training*».

I capaci e meritevoli, anche se privi di mezzi, hanno diritto di raggiungere i gradi più alti degli studi.
La Repubblica rende effettivo questo diritto con borse di studio, assegni alle famiglie ed altre provvidenze, che devono essere attribuite per concorso.

La dispersione scolastica in Italia
Dati regionali da: ***Tuttoscuola***, settembre 2018 - Scuole superiori: Primo anno 2013-14; quinto anno 2017-18

Umbria	16, 1%	Calabria	21,5%	Toscana	28,1%
Friuli Venezia Giulia	17,2%	Puglia	23,1%	Sicilia	28,3%
Marche	17,6%	Abruzzo	23.3%	Campania	29,2%
Basilicata	17,8%	Piemonte	24,2%	Sardegna	33%
Veneto	20,3%	Liguria	24,2%		
Molise	20,9%	Emilia Romagna	24,7%	**Media nazionale dei dispersi 24,7**	
Lazio	21,3%	Lombardia	25,8%		

La democrazia scolastica

A metà degli anni Settanta del Novecento, fu fatto un tentativo di democratizzare la scuola, rispondendo a una richiesta di partecipazione che veniva dalla società civile.

Furono allora previsti organi elettivi a tutti i livelli del sistema scolastico – *Consiglio nazionale della Pubblica Istruzione*, *Consigli scolastici provinciali*, *Distretti scolastici*, *Consigli di istituto*, *Consigli di classe* – nei quali era prevista la rappresentanza di tutte le componenti della comunità scolastica: genitori, alunni (nelle scuole superiori), personale docente, personale amministrativo e ausiliario.

Dopo alcuni anni di grande entusiasmo, la partecipazione è diminuita e la "democrazia scolastica" si è un po' sclerotizzata. Alla fine degli anni Novanta, è stata ridisegnata, adattandola alla nuova situazione della scuola.

È rimasto il Consiglio nazionale della Pubblica istruzione, con poteri solo consultivi (può esprimere dei pareri), mentre sono scomparsi i Consigli scolastici provinciali e i Distretti scolastici. Sono stati sostituiti con i *Consigli scolastici regionali*, sempre con poteri consultivi.

È rimasta sostanzialmente invariata l'organizzazione democratica nelle singole scuole con il *Consiglio d'Istituto*, il *Collegio dei docenti* e i *Consigli di classe*. Nelle scuole superiori gli

NOTIZIE

Il sito ufficiale del *Ministero dell'istruzione, dell'università e della ricerca.*

studenti hanno i propri rappresentanti nel Consiglio d'Istituto e nei Consigli di classe. Possono, inoltre, chiedere di organizzare *assemblee di classe* e *assemblee d'istituto.*

La Repubblica detta le norme generali sull'istruzione ed istituisce scuole statali per tutti gli ordini e gradi.

Il sistema dell'istruzione pubblica

Quali sono i compiti della Repubblica in relazione alla scuola?

Quando si parla di Repubblica nella Costituzione, si intende lo Stato in tutte le sue articolazioni: il Parlamento, il governo, le autonomie locali. Infatti, tutte le articolazioni statali sono coinvolte nel difficile compito di rendere effettivo il diritto allo studio.

Al Parlamento spetta dettare le norme generali sull'istruzione, legiferando sulle varie questioni che riguardano la scuola: organizzazione, durata, programmi, assunzione del personale ispettivo, direttivo, docente e non docente.

Al Governo, attraverso il MIUR (*Ministero dell'istruzione, dell'università e della ricerca*), spetta il compito di applicare e far applicare le leggi approvate dal Parlamento, attraverso l'azione del personale ispettivo, direttivo e docente della scuola.

Alle Regioni spetta il compito di organizzare la formazione professionale in tutti i suoi aspetti.

I Comuni spesso istituiscono scuola materne comunali perché quelle statali sono insufficienti e non riescono a soddisfare tutta la domanda. La frequenza della scuola materna non è obbligatoria, ma è molto importante per la socializzazione dei bambini e per le mamme lavoratrici.

Alle Province spetta il compito di costruire e di mantenere in efficienza gli edifici scolastici per la Scuola secondaria di secondo grado.

Ai Comuni spetta quello di costruire e di mantenere in efficienza gli edifici scolastici per la scuola primaria e per quella secondaria di primo grado.

I Comuni, inoltre, supportano la scuola con il loro personale – assistenti sociali e polizia locale – in caso di evasione dell'obbligo scolastico.

I Comuni possono anche istituire scuole materne comunali per offrire un servizio in un settore in cui quello offerto dallo Stato è ancora deficitario.

A offrire il servizio sul territorio provvedono le singole scuole, che dal 2000 godono di un'autonomia che permette loro di organizzare il servizio adattandolo alle esigenze del territorio e cercando di collaborare con altre agenzie educative.

Tutte le scuole hanno infatti l'obbligo di dotarsi di un *Piano triennale dell'offerta formativa* (PTOF), che può essere aggiornato ogni anno prima dell'inizio delle lezioni e che spiega agli utenti in che cosa consiste l'offerta formativa della scuola: organizzazione dell'orario, corsi di recupero e di potenziamento, laboratori, collaborazioni con altre scuole anche all'estero, viaggi di istruzione... Il PTOF è in genere pubblicato sul sito della scuola e può essere utile consultarlo prima di decidere di iscriversi a una scuola, per vedere se risponde alle proprie esigenze.

Enti e privati hanno il diritto di istituire scuole ed istituti di educazione, senza oneri per lo Stato.
La legge, nel fissare i diritti e gli obblighi delle scuole non statali che chiedono la parità, deve assicurare ad esse piena libertà e ai loro alunni un trattamento scolastico equipollente a quello degli alunni di scuole statali.

Le scuole private

L'Italia è uno Stato liberale e, quindi, riconosce anche ai privati il diritto di poter istituire «scuole e istituti di educazione». La Costituzione però aggiunge: «senza oneri per lo Stato».

Su questo c'è stato un duro scontro già nella Costituente, uno scontro che si è ripetuto spesso negli ultimi anni tra quanti vorrebbero che la scuola privata fosse finanziata dallo Stato e quelli che tengono fede al dettato costituzionale.

Leggendo gli atti della Costituente, è evidente che l'espressione, più che proibire qualsiasi forma si sovvenzionamento statale alle scuole e agli istituti privati, voleva evitare che il finanziamento pubblico potesse essere rivendicato come un diritto dalle scuole private in cambio del servizio che offrono ai cittadini.

Il comma quattro fornisce le linee guida della futura legislazione sulle scuole private: lo Stato deve garantirne la libertà e, prima di riconoscere loro la qualifica di "*scuole paritarie*", deve assicurarsi che siano in grado di offrire un servizio "*equipollente*", cioè dello stesso livello e della stessa efficacia di quello statale.

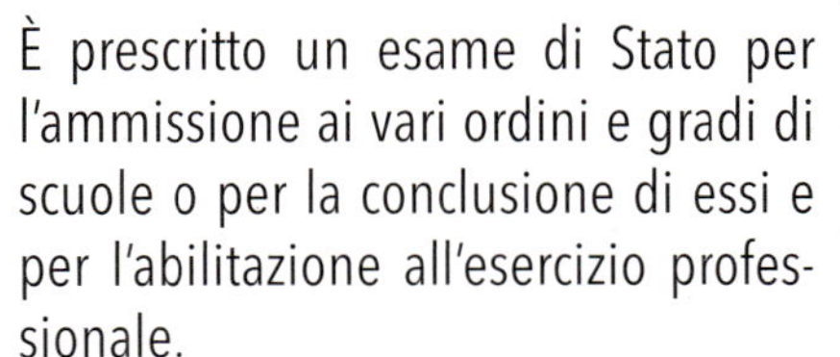

È prescritto un esame di Stato per l'ammissione ai vari ordini e gradi di scuole o per la conclusione di essi e per l'abilitazione all'esercizio professionale.

Gli esami

Gli alunni, per essere ammessi al grado scolastico successivo devono superare un esame. Questo conferisce valore legale al titolo di studio conseguito, che viene certificato con il rilascio di un documento ufficiale, il *diploma*.

Fino al 2004, era previsto un esame alla fine della scuola primaria, che rilasciava il diploma di licenza elementare. Ora il primo esame si affronta alla fine della Scuola secondaria di primo grado. Scuola primaria e Scuola secondaria di primo grado sono considerate un unico ciclo di studi.

L'esame di maturità viene rivisto spesso, l'ultima volta nel 2019, come annuncia il sito del MIUR.

Sistema scolastico e formativo italiano

	Anni	Scuola	Descrizione
	1 2 3	**Scuola dell'infanzia**	Da tre a sei anni. Dura tre anni. Non è obbligatoria.
OBBLIGO SCOLASTICO	1 2 3 4 5	**Scuola primaria**	Dura cinque anni. Non è più previsto l'esame di licenza elementare.
OBBLIGO SCOLASTICO	1 2 3	**Scuola secondaria di 1° grado**	Dura tre anni. A conclusione del terzo anno, si sostiene l'esame per il conseguimento del **Diploma** di licenza conclusiva del primo ciclo di istruzione.
OBBLIGO SCOLASTICO (1-2) / OBBLIGO FORMATIVO (3-5)	1 2 3 4 5	**Scuola secondaria di 2° grado** LICEI ISTITUTI TECNICI ISTITUTI PROFESSIONALI	Dura cinque anni. Alla fine del percorso si sostiene l'esame di "maturità" per il conseguimento del **Diploma** di scuola secondaria di secondo grado.
OBBLIGO FORMATIVO		Corsi di formazione professionale regionale Apprendistato	Alla fine del percorso formativo bisogna conseguire un diploma o una qualifica professionale.
Istruzione Superiore		Università Alta formazione artistica, musicale e coreutica Istruzione e formazione tecnica superiore (regionale)	

Libertà di insegnamento

In questo articolo dedicato alla scuola, la Costituzione ribadisce il diritto alla libertà di pensiero e di espressione già garantito dall'art. 21 sulla libertà di stampa. Aggiunge però qualcosa di più, garantendo anche la libertà di insegnamento.

In questo modo, si garantisce infatti la "*laicità*" della scuola, il fatto cioè che nella scuola potranno circolare liberamente tutte le idee, senza favorire alcuna ideologia e alcuna confessione religiosa.

Anche qui la Costituzione segnava una netta cesura con il regime fascista, che non solo richiedeva ai docenti, come a tutti i funzionari pubblici, di essere iscritti al *Partito nazionale fascista*, ma che nel 1931 aveva introdotto l'obbligo per i docenti universitari di giurare fedeltà al regime fascista.

Ecco il testo del giuramento: «Giuro di essere fedele al Re, ai suoi Reali successori e al Regime Fascista, di osservare lealmente lo Statuto e le altre leggi dello Stato, di esercitare l'ufficio di insegnante e adempire tutti i doveri accademici col proposito di formare cittadini operosi, probi e devoti alla Patria e al Regime Fascista. Giuro che non appartengo né apparterrò ad associazioni o partiti, la cui attività non si concili coi doveri del mio ufficio».

L'arte e la scienza sono libere e libero ne è l'insegnamento.

Autonomia delle università

La libertà di pensiero e di espressione e la libertà di insegnamento trovano conferma nell'ultimo comma dell'art. 33, che garantisce autonomia alle università e ad altre istituzioni di alta cultura, cui viene riconosciuto il diritto di darsi "leggi proprie", nell'ambito delle leggi dello Stato.

Troviamo qui un elemento che troveremo spesso nella Costituzione e che costituisce una delle caratteristiche degli Stati liberali e democratici: la Costituzione garantisce che esistono delle aree, degli spazi, che vengono sottratti al potere del governo in carica. È infatti l'esistenza di queste autonomie – l'università, la Banca d'Italia, le autorità indipendenti... – che impedisce che il governo della maggioranza si trasformi in dittatura della maggioranza.

Riconoscere autonomia alle università vuol dire garantire libertà alla cultura e alla ricerca scientifica, che nulla hanno da temere dai governi in carica perché sono tutelati costituzionalmente.

Le istituzioni di alta cultura, università ed accademie, hanno il diritto di darsi ordinamenti autonomi nei limiti stabiliti dalle leggi dello Stato.

Vandalismo e bullismo

Vandalismo e bullismo sono due atteggiamenti, purtroppo, abbastanza frequenti nelle scuole italiane.

Il *vandalismo* è la violenza esercitata sulle cose e contribuisce a dare quel tono tra il trasandato e l'abbandono, che caratterizza molte scuole italiane.

Il *bullismo* è, invece, la violenza esercitata sulle persone, in particolare sulle persone più deboli o ritenute tali dal bullo.

Non tutte le forme di violenza possono definirsi bullismo. Perché si possa parlare di bullismo vero e proprio devono essere presenti alcune condizioni peculiari: a) ci deve essere uno squilibrio, una sproporzione, un'asimmetria tra le parti coinvolte (gruppo contro un singolo; più forte contro più debole; più grande contro più piccolo, ecc.); b) la violenza deve perdurare nel tempo, fino ad assumere caratteri persecutori.

Con il termine bullismo vengono indicati in particolare gli atti di violenza consumati in ambiente scolastico, nel periodo preadolescenziale e adolescenziale. Il bullismo è diffuso, infatti, soprattutto tra i ragazzi delle scuole elementari e medie. In genere tende a scomparire con il crescere dell'età, ma, se persiste, assume forme particolarmente violente.

Le ripercussioni del bullismo sulle vittime possono essere anche molto gravi; si va dall'abbandono scolastico, a casi gravi di depressione e perfino a tentativi di suicidio.

Il bullismo nell'immaginario collettivo è un fenomeno soprattutto maschile. Osservatori e studiosi del fenomeno sostengono, invece, che il coinvolgimento delle ragazze nelle azioni violente non si discosta sostanzialmente da quello maschile. Il *bullismo femminile* sarebbe solo meno evidente, perché si manifesta in forme subdole e poco appariscenti (diffusione di pettegolezzi e di falsità, esclusione dal gruppo, ecc.).

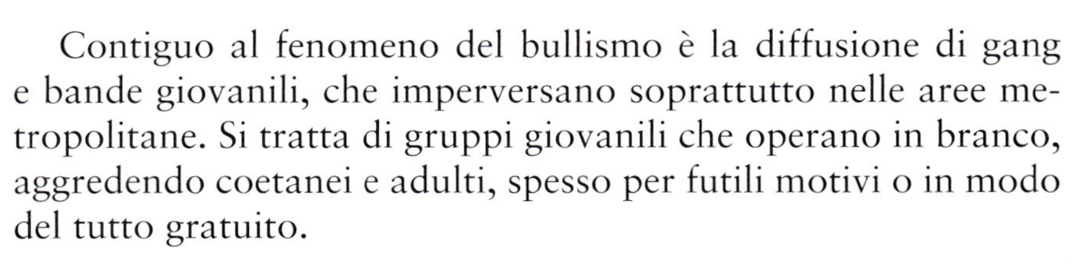

Contiguo al fenomeno del bullismo è la diffusione di gang e bande giovanili, che imperversano soprattutto nelle aree metropolitane. Si tratta di gruppi giovanili che operano in branco, aggredendo coetanei e adulti, spesso per futili motivi o in modo del tutto gratuito.

Il cyberbullismo

Il *cyberbullismo* è un'estensione del bullismo in ambito virtuale, cioè con attacchi sulla rete. Il fenomeno è diventato così diffuso che il Parlamento nel 2017 ha approvato una legge per prevenirlo e contrastarlo.

Nella legge il fenomeno viene definito così: «qualunque forma di pressione, aggressione, molestia, ricatto, ingiuria, denigrazione, diffamazione, furto d'identità, alterazione, acquisizione illecita, manipolazione, trattamento illecito di dati personali in danno di minorenni, realizzata per via telematica, nonché la diffusione di contenuti on line aventi ad oggetto anche uno o più componenti della famiglia del minore il cui scopo intenzionale e predominante sia quello di isolare un minore o un gruppo di minori ponendo in atto un serio abuso, un attacco dannoso, o la loro messa in ridicolo».

La legge, piuttosto che prevedere aggravi di pena e sanzioni per i responsabili, punta a fornire strumenti, soprattutto alle scuole, per prevenire e contrastare il fenomeno.

La prima preoccupazione del legislatore è stata quella di tutelare l'adolescente preso di mira dai bulli. La vittima o i genitori della vittima possono pretendere la rimozione dei contenuti apparsi in rete entro 24 ore. Se il titolare del trattamento dei dati, il gestore del sito o il gestore del social media non provvede a rimuovere i dati entro il tempo previsto, lo fa il *Garante per la protezione dei dati* entro le 48 ore successive. Questo vuol dire la certezza che i contenuti non resteranno in rete più di tre giorni dalla richiesta; non sono molti, ma non bisogna dimenticare che alcuni contenuti diventano virali nel giro di poche ore.

La legge prevede, inoltre, l'istituzione di un tavolo tecnico presso la Presidenza del Consiglio dei ministri, a cui è stato affidato il compito di preparare un piano d'azione integrato per affrontare il fenomeno a livello nazionale. Il gruppo di lavoro ha anche il compito di predisporre una banca dati sul fenomeno; di lanciare campagne informative periodiche e di presentare al Parlamento ogni anno una relazione aggiornata sul fenomeno.

Il MIUR (*Ministero dell'Istruzione, dell'Università e della Ricerca*) è coinvolto a vari livelli. Il Ministero è tenuto a indicare le linee di orientamento per le scuole e ad aggiornarle ogni due anni. Le scuole sono obbligate a individuare un *referente*, che si può avvalere anche della collaborazione della *Polizia postale e delle comunicazioni*, e ad organizzare dei corsi di orientamento per i docenti. I Dirigenti scolastici (i Presidi) hanno il compito di mantenere i rapporti con le famiglie dei bulli e delle vittime.

Le scuole hanno anche il compito di educare gli alunni all'uso corretto della rete, organizzando interventi educativi con la collaborazione della Polizia postale, delle associazioni presenti sul territorio e di studenti o ex studenti della scuola per interventi di educazione tra pari (*peer education*).

Il bullo tra i 14 e i 18 anni può essere convocato dal questore ed essere ammonito alla presenza di almeno uno dei genitori. In caso di denuncia per ingiurie, per diffamazione o per trattamento illecito dei dati personali vale quanto previsto dalla legge sulla responsabilità giuridica dei minorenni.

La responsabilità giuridica dei minorenni

La legge distingue tra minori sotto i quattordici anni e i minori tra quattordici e diciotto anni.

I minori sotto i quattordici anni *non sono imputabili*, cioè non sono considerati responsabili di un reato, perché non hanno maturato a pieno la capacità di intendere e di volere. L'art 97 del codice penale recita: «Non è imputabile chi, nel momento in cui ha commesso il fatto, non aveva compiuto i quattordici anni». Nel caso di reato, i minori di quattordici anni vengono riconsegnati ai genitori o a chi esercita la potestà genitoriale. Sono i genitori o i tutori a rispondere legalmente del comportamento dei minori. Per esempio, se succede qualcosa in classe, non ne rispondono legalmente gli alunni, ma il docente presente in classe. Nei confronti di un minore che abbia commesso un fatto previsto dalla legge come delitto e che risulti «pericoloso», il giudice può solo imporre una misura di sicurezza «tenendo conto della gravità del fatto e delle condizioni morali della famiglia in cui il minore è vissuto» (art. 224 del Codice penale).

Diverso il caso di chi ha un'età compresa tra quattordici e diciotto anni. L'art 98 del Codice penale dispone che «è imputabile chi, nel momento in cui ha commesso il fatto, aveva compiuto i 14 anni ma non ancora i 18, se aveva capacità di intendere e volere, ma la pena è diminuita». In pratica, vuol dire che il giudice, prima di condannare un minore tra quattordici e diciotto anni, dovrebbe accertarne l'effettiva capacità di intendere e di volere, cioè valutare la sua effettiva maturità. In considerazione della minore età, anche in caso affermativo, dovrebbe disporre nei confronti del minore una pena più lieve rispetto a un adulto.

Laboratorio pag. 82
ESERCIZI INTERATTIVI
www.medusaeditrice.it

Il lavoro, diritto e dovere

Il lavoro occupa un posto centrale nella Costituzione e compare in due dei dodici articoli dei *Principi fondamentali*, che, come abbiamo visto, costituiscono la cultura della Repubblica.

Il primo articolo della Costituzione, famosissimo, afferma addirittura che quella italiana è una Repubblica «fondata sul lavoro», praticamente dice che senza lavoro l'Italia non sta in piedi. L'onorevole Amintore Fanfani, che ha proposto questa dicitura al posto dell'espressione «fondata sui lavoratori», spiegò all'Assemblea costituente: «Dicendo che la Repubblica è fondata sul lavoro, si esclude che essa possa essere fondata sul privilegio, sulla nobiltà ereditaria, sulla fatica altrui».

La Repubblica riconosce a tutti i cittadini il diritto al lavoro e promuove le condizioni che rendano effettivo questo diritto.

Il diritto al lavoro

Nell'art. 4 viene solennemente riconosciuto il *diritto al lavoro*, che è uno dei diritti umani fondamentali, perché senza lavoro l'uomo non può soddisfare i propri bisogni e quelli della propria famiglia.

Lo Stato si impegna a promuovere «le condizione che rendano effettivo questo diritto». Attenzione: non dice che la Repubblica deve dare direttamente il lavoro, ma che deve creare le condizioni perché il lavoro ci sia.

Oltre ad aggiornare continuamente la legislazione alle mu-

Autostrade, porti e aeroporti sono indispensabili per gli insediamenti produttivi e per lo sviluppo economico di un territorio. Altrettanto indispensabili sono diventate – e lo saranno ancor più nel futuro – le "autostrade digitali", le reti per far "viaggiare" i dati.

tate condizioni economiche, in modo da favorire gli investimenti e la creazione di posti di lavoro, la Repubblica ha il dovere di realizzare e di modernizzare continuamente le *infrastrutture* che favoriscono lo sviluppo economico. Porti, aeroporti, ferrovie, metropolitane, strade, autostrade, reti per la distribuzione dell'energia, reti per le comunicazioni a distanza, reti telematiche e servizi amministrativi efficienti sono indispensabili per favorire gli insediamenti economici, garantendo servizi adeguati alle imprese e ai cittadini.

L'apprezzamento della Repubblica per il lavoro è testimoniato dall'onorificenza di *Cavaliere del lavoro*, che ogni anno il Presidente della Repubblica conferisce a persone che si siano distinte «nell'agricoltura, nell'industria, nel commercio, nell'artigianato, nell'attività creditizia e assicurativa».

Da questo punto di vista, è molto discutibile se la Repubblica italiana abbia fatto il suo dovere nei confronti del Meridione d'Italia, le cui infrastrutture sono state sempre e rimangono ancora carenti e insufficienti, se paragonate a quelle del centro nord. Naturalmente, questo ne ha pregiudicato e ne pregiudica lo sviluppo economico: il Mezzogiorno d'Italia è oggi la più grande area economicamente depressa dell'intera Unione Europea.

Il dovere del lavoro

In questo secondo comma, pur lasciando ai cittadini la libertà di scegliere l'attività che preferiscono, la Costituzione afferma con chiarezza che il lavoro è anche un *dovere*, cioè qualcosa che il cittadino è tenuto a fare.

Perché? Perché tutti devono dare il proprio contributo perché il Paese progredisca, sia dal punto di vista materiale che dal punto di vista culturale. Tutti i lavori hanno quindi pari dignità, perché tutti concorrono al benessere, allo sviluppo e al progresso dell'Italia.

Parlando di «attività» e di «funzione», la Costituzione comprende tutta la gamma dei lavori possibili, dal lavoro manuale a quello intellettuale. Sono lavoratori e contribuiscono al progresso sociale la casalinga e l'operaio, il contadino e l'artigiano, il professionista, il missionario, lo studioso, l'imprenditore...

Ogni cittadino ha il dovere di svolgere, secondo le proprie possibilità e la propria scelta, un'attività o una funzione che concorra al progresso materiale o spirituale della società.

La tutela del lavoro

Tutelare il lavoro vuol dire garantire la sicurezza del lavoro, ma anche garantire che si svolga in condizioni di dignità. Aggiungendo l'espressione «in tutte le sue forme ed applicazioni», la Costituzione assicura che la tutela del lavoro sarà molto ampia.

Molto più esplicita, a questo proposito è la *Carta dei diritti fondamentali dell'Unione Europea* che cita i casi in cui la dignità del lavoratore è negata e calpestata: il lavoro forzato, la schiavitù, il lavoro obbligatorio, la tratta degli esseri umani.

Strettamente legato alla tutela è l'impegno della Repubblica a curare la *formazione professionale*, perché un lavoratore privo di competenze è infatti destinato a svolgere lavori pesanti

Proibizione della schiavitù e del lavoro forzato.

1. Nessuno può essere tenuto in condizioni di schiavitù o di servitù.
2. Nessuno può essere costretto a compiere un lavoro forzato o obbligatorio.
3. È proibita la tratta degli esseri umani.

e mal retribuiti. L'impegno a curare «l'elevazione professionale dei lavoratori» è particolarmente importante oggi, perché la velocità dei cambiamenti tecnologici impone un aggiornamento continuo delle competenze e dei saperi necessari per svolgere anche mansioni professionali molto semplici.

La formazione professionale è demandata alle Regioni (art. 117 della Costituzione), che legiferano sulla formazione professionale e la organizzano, tenendo conto delle esigenze economiche locali.

Allo Stato spetta invece stabilire le linee generali dell'istruzione e della formazione professionale, per assicurare omogeneità al sistema formativo su tutto il territorio nazionale.

Come per la sanità, anche per la formazione professionale ci sono Regioni molto efficienti e altre meno. In caso di difficoltà, interviene lo Stato in regime di sussidiarietà e le qualifiche professionali vengono rilasciate dagli Istituti professionali statali.

Per promuovere e favorire gli accordi e le organizzazione internazionali impegnate ad affermare e regolare i diritti del lavoro, l'Italia ha aderito all'ILO (*International Labour Organization*), una delle prime agenzie istituite dall'Onu.

Rispetto alla altre agenzie dell'ONU, l'*Organizzazione Internazionale del Lavoro* presenta una caratteristica interessante, quella di dare rappresentanza al proprio interno a tutti i soggetti interessati al lavoro: oltre ai rappresentanti dei governi, nell'ILO siedono anche i rappresentati degli imprenditori e quelli dei lavoratori.

La presenza dei rappresentanti dei principali protagonisti del mondo del lavoro dovrebbe assicurare una visione realistica e concreta delle principali problematiche riguardanti il lavoro a livello internazionale.

La tutela degli italiani emigrati

Il terzo comma dell'art. 35 restituiva ai lavoratori italiani la libertà di emigrare negata dal fascismo per motivi militari: il regime vedeva negli italiani soprattutto dei soldati e riteneva che il problema dell'emigrazione si potesse risolvere con il colonialismo, cioè con lo sfruttamento di territori stranieri già in possesso dell'Italia (Libia) e con l'occupazione di nuovi territori in Africa (l'Etiopia).

Poiché gli emigrati vanno incontro a una situazione difficile e dolorosa, che può negare o ledere i loro diritti, la Repubblica si impegna a tutelare i lavoratori italiani all'estero. Lo fa tramite le ambasciate, i consolati e gli *Istituti Italiani di Cultura* (IIC) all'estero.

Riconosce la libertà di emigrazione, salvo gli obblighi stabiliti dalla legge nell'interesse generale, e tutela il lavoro italiano all'estero.

L'emigrazione per trovare lavoro negli altri Paesi europei (Francia, Svizzera e Germania, soprattutto) o addirittura al di là degli oceani (soprattutto in Argentina, negli Stati uniti e in Australia) ha rappresentato un problema sociale di grandi dimensioni in Italia. Si calcola che in giro per il mondo ci sia un numero di italiani quasi equivalente all'attuale popolazione residente in Italia. Si tratta di circa sessanta milioni di persone,

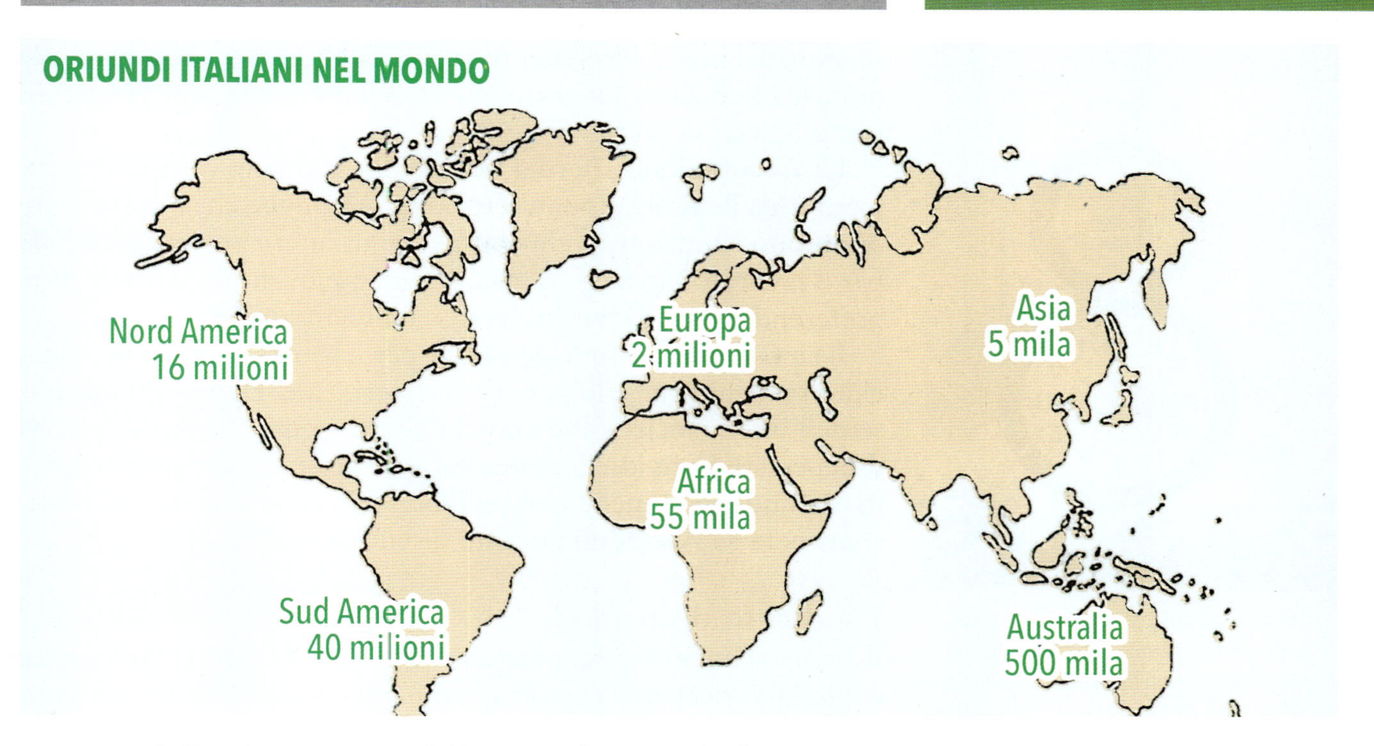

emigrate dall'Italia a partire dalla seconda metà degli anni Settanta dell'Ottocento fino agli Settanta del Novecento. Un secolo di emigrazione!

I diritti dei lavoratori

In questo articolo la Costituzione si sofferma sui temi principali delle lotte dei lavoratori e del movimento operaio: la retribuzione e l'orario di lavoro.

Sulla retribuzione pone due punti fermi: deve essere proporzionata alle ore di lavoro svolte dal lavoratore (*quantità*) e proporzionata alle sue competenze (*qualità*). Aggiunge però un elemento sociale fondamentale: la retribuzione deve essere "sufficiente" per garantire al lavoratore e alla sua famiglia una vita libera e dignitosa. Non solo per il singolo lavoratore, quindi, ma anche per la famiglia.

In base a questo principio costituzionale, ad esempio, la retribuzione viene maggiorata con "*assegni familiari*" per il coniuge a carico e per ciascun figlio a carico; vengono, inoltre, previste *detrazioni fiscali* – un abbassamento delle tasse da pagare allo Stato – per ciascuna persona a carico del lavoratore.

Il rispetto di questo principio costituzionale è sempre più in forse con il prevalere del *lavoro precario*, che non assicura spesso neanche al lavoratore una retribuzione che gli permetta di vivere in modo libero e dignitoso. Inoltre, la precarietà e le basse retribuzioni – oggi molto frequenti – non permettono ai giovani lavoratori neppure di prendere in considerazione l'eventualità di formare una famiglia.

La Costituzione rimanda, invece, alla legge ordinaria il compito di fissare la durata massima della giornata lavorativa, la-

Il lavoratore ha diritto ad una retribuzione proporzionata alla quantità e qualità del suo lavoro e in ogni caso sufficiente ad assicurare a sé e alla famiglia un'esistenza libera e dignitosa.
La durata massima della giornata lavorativa è stabilita dalla legge.
Il lavoratore ha diritto al riposo settimanale e a ferie annuali retribuite, e non può rinunziarvi.

In questo manifesto sindacale francese è rappresentata in modo efficace la battaglia tra lavoratori e datori di lavori sulla riduzione dell'orario di lavoro. Lo slogan invita operai e impiegati a impegnarsi per far applicare la legge sulla riduzione dell'orario di lavoro a otto ore. CGT è la sigla del più grande sindacato francese e il suo motto è "Benessere e libertà".

La donna lavoratrice ha gli stessi diritti e, a parità di lavoro, le stesse retribuzioni che spettano al lavoratore. Le condizioni di lavoro devono consentire l'adempimento della sua essenziale funzione familiare e assicurare alla madre e al bambino una speciale adeguata protezione.

Parità tra uomini e donne

La parità tra uomini e donne deve essere assicurata in tutti i campi, compreso in materia di occupazione, di lavoro e di retribuzione.
Il principio della parità non osta al mantenimento o all'adozione di misure che prevedano vantaggi specifici a favore del sesso sotto rappresentato.

sciando quindi al Parlamento la libertà di legiferare in base alle mutate condizioni lavorative determinate anche dal progresso tecnologico.

La Costituzione afferma nettamente il diritto al riposo settimanale e alle ferie annuali retribuite. Aggiunge che il lavoratore «non può rinunziarvi». Si tratta cioè di un *diritto indisponibile* per il lavoratore, che non può, per esempio, rinunziare alle ferie preferendo invece lavorare per guadagnare di più.

Il riposo è infatti indispensabile per il benessere della persona, che è un bene non solo personale, ma sociale. È cioè nell'interesse dell'intera società che ciascun componente stia bene, perché il benessere individuale aumenta il benessere delle persone che lo circondano e anche perché il *Servizio sanitario nazionale* risparmierà se i cittadini godono di buona salute.

Un diritto disatteso

Il riconoscimento della parità dei diritti della donna lavoratrice e quello di ricevere la stessa retribuzione a parità di lavoro sembrano delle ovvietà, ma non lo erano al tempo in cui fu scritta la Costituzione e non lo sono ancora oggi. Non solo in Italia, ma anche in Europa e nel mondo, mediamente, le donne ricevono una retribuzione decurtata di circa un terzo rispetto ai colleghi maschi. Una discriminazione intollerabile.

Per questo, la Carta dei diritti fondamentali dell'Unione Europea, dopo aver ricordato agli Stati membri il dovere di assicurare l'uguaglianza tra uomini e donne, afferma che la parità tra uomini e donne non impedisce di mantenere o di adottare una *legislazione di vantaggio* a favore delle donne. Per questo nel 2003 sono state inserite "le pari opportunità" anche nella Costituzione italiana (art. 51).

Approvare delle leggi a favore delle donne è giustificato dal fatto che le donne sono state storicamente penalizzate e lo sono ancora oggi, non solo per quanto riguarda le retribuzioni, ma anche per le possibilità reali di accedere a cariche pubbliche ed elettive o di raggiungere posti di comando anche nelle imprese private.

Questa perdurante discriminazione di genere è più grave in Italia rispetto ad altri Paesi con una storia e con uno sviluppo economico simili al nostro, come Francia, Inghilterra e Germania. In Italia, non abbiamo mai avuto un presidente della Repubblica o un presidente del consiglio donna, solo in tre casi alla presidenza della Camera è stata eletta una donna e solo una volta al Senato.

Le lavoratrici madri

La maternità è un valore sociale, perché permette a una società di perpetuarsi nel tempo. Solo mettendo al mondo dei figli si assicura infatti il futuro di una società.

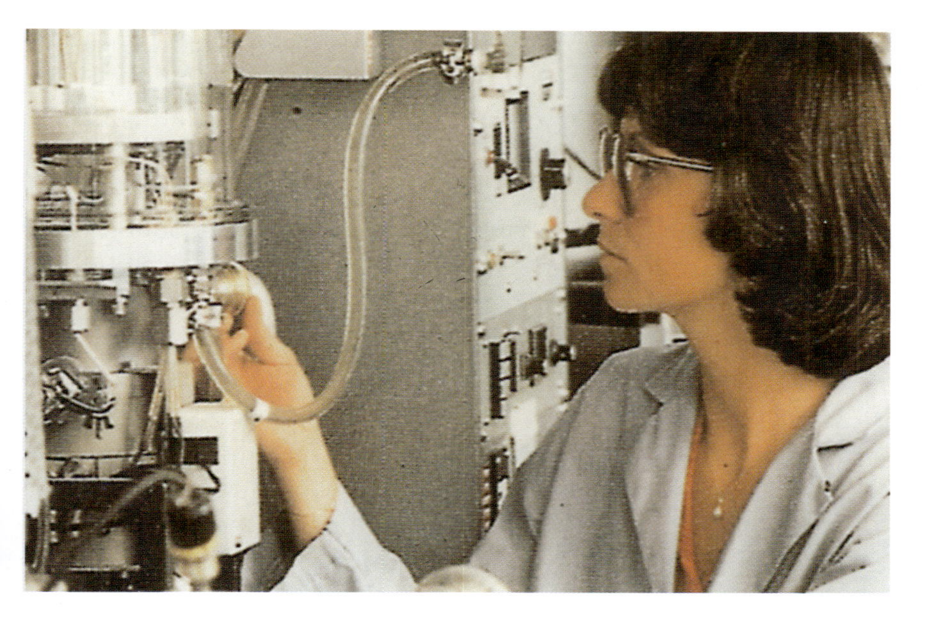

Le donne esercitano ormai qualsiasi tipo di lavoro e professione, ma spesso, pur essendo molto preparate, non riescono a raggiungere le posizioni apicali, cioè quelle più prestigiose e meglio pagate, sia nel settore pubblico che privato.

Nella carriera lavorativa di una donna, la maternità può però costituire un ostacolo: una gravidanza può comportare una mancata promozione sul lavoro, ma potrebbe anche comportare il licenziamento, se la legge non disponesse il contrario. Dal punto di vista del datore di lavoro, la gravidanza e i mesi successivi alla nascita del bambino costituiscono un periodo critico in cui sa di non poter contare fino in fondo sulla disponibilità e sull'efficienza della lavoratrice.

La Costituzione dispone quindi che alla donna devono essere garantite delle condizioni di lavoro che le permettano di adempiere alla funzione materna e a quella familiare.

Questo articolo della Costituzione ha ispirato la legge n. 1204/1971, che, oltre alla conservazione del posto di lavoro in caso di maternità, prevede un periodo di astensione obbligatoria dal lavoro regolarmente retribuito della lavoratrice madre, per alcuni mesi prima e dopo il parto. La legge prevede anche assenze giustificate sul lavoro per malattia del bambino fino a tre anni di età e riduzioni di orario per il periodo di allattamento.

La legge ha subito varie modifiche negli anni, mantenendo però fermo il principio costituzionale della tutela della madre lavoratrice e del bambino.

Per adeguare la legge al nuovo diritto di famiglia fondato sulla parità tra i coniugi, la legge prevede ora che il congedo dopo il parto possa essere usufruito anche dal padre. La coppia, quindi, potrà decidere in perfetta libertà come organizzare il proprio ménage familiare, disponendo di comune accordo chi dei due genitori si debba dedicare al bambino nei primi mesi di vita.

Per la carenza di asili-nido e scuole materne, la nascita di un figlio può influire negativamente sulla carriera lavorativa di una donna.

Il lavoro minorile

Il lavoro minorile è stato a lungo un grave problema sociale, di fatto ignorato per secoli nelle campagne, dove i contadini

Bambini al lavoro in un carboncino inglese del 1871. I bambini continuavano a essere impiegati nelle fabbriche, nonostante che la legge inglese lo proibisse dal 1831.

La legge stabilisce il limite minimo di età per il lavoro salariato.
La Repubblica tutela il lavoro dei minori con speciali norme e garantisce ad essi, a parità di lavoro, il diritto alla parità di retribuzione.

inserivano già in tenera età i bambini – maschi e femmine – nel processo lavorativo.

La situazione si è aggravata ed è diventata socialmente più visibile con la nascita dell'industria nella seconda metà del Settecento, quando bambini anche piccolissimi venivano utilizzati gratuitamente nelle miniere e nelle industrie tessili, condannandoli alla malattia e alla morte precoce. Si trattava, in genere, di orfani prelevati dagli orfanotrofi o di bambini di famiglie operaie che vivevano in situazioni di grave ristrettezza economica.

Le prime legislazioni a tutela del lavoro minorile risalgono all'Ottocento. In genere, si fissava un'età per l'accesso al lavoro, escludendo i minori dai lavori più pesanti e dal lavoro notturno.

Sulla scorta di questa tradizione, la Costituzione demanda alla legislazione ordinaria il compito di fissare l'età minima per entrare nel mondo del lavoro. Aggiunge che la legge deve prevedere tutele per il lavoro minorile e, a parità di lavoro, una retribuzione uguale a quella degli adulti.

L'età minima per entrare nel mondo del lavoro è strettamente legata all'obbligo scolastico. Quando il periodo di scolarità dell'obbligo era di otto anni, non si poteva accedere nel mondo del lavoro prima dei quattordici anni.

Attualmente, l'obbligo scolastico è stato innalzato a sedici anni, dopodiché permane l'obbligo formativo, cioè l'obbligo di continuare la scuola o di frequentare un corso di formazione professionale fino al conseguimento di un diploma o di una qualifica. Dal punto di vista legislativo, non ci sarebbe quindi spazio per il lavoro minorile, perché i giovani sono impegnati in attività formative fino al raggiungimento della maggiore età, fissata a diciotto anni.

In realtà non è così perché la scuola perde per strada molti alunni. La *dispersione scolastica*, tra gli effetti negativi, ha anche quello di perpetuare la piaga del lavoro minorile.

Il sindacato

Il lavoro minorile è stata a lungo un grave problema sociale. Per risolvere questo e altri problemi legati alla loro condizione sociale, i lavoratori si sono associati in sindacati.

Il *sindacato* è un'associazione di lavoratori che ha il compito specifico di discutere con l'imprenditore per ottenere un contratto di lavoro. I punti principali del contratto riguardano l'orario, la retribuzione e le condizioni di lavoro.

L'idea era nata dall'esperienza sulla propria pelle: se il singolo lavoratore cercava di contrattare da solo con l'imprenditore l'orario di lavoro, la retribuzione e le condizioni di lavoro, era condannato a soccombere, perché era costretto a cedere di fronte alla minaccia di licenziamento.

Gli operai dell'industria e i braccianti in agricoltura erano infatti dei nullatenenti – "proletari" si diceva nell'Ottocento e nel Novecento – che potevano contare solo sul lavoro per vivere e perciò facilmente ricattabili.

Se, invece, gli operai si associavano e affrontavano insieme la contrattazione con il datore di lavoro, potevano sperare di spuntarla, perché un imprenditore non può licenziare tutte insieme le sue maestranze senza rischiare di fallire.

Per aumentare la loro forza contrattuale, i sindacati di categoria – metalmeccanici, chimici, edili, braccianti... – si sono *confederati*, cioè hanno dato vita a grandi organizzazioni che coordinano l'azione dei sindacati di categoria.

Sono nate così le grandi confederazioni sindacali. Le più importanti in Italia sono la CGIL (*Confederazione Generale Italiana del lavoro*), la CISL (*Confederazione Italiana Sindacati Lavoratori*) e la UIL (*Unione Italiana Lavoratori*). Oltre alle confederazioni sindacali, ci sono poi organizzazioni sindacali di base, che organizzano i lavoratori di una singola impresa o di un gruppo di imprese.

I contratti collettivi

Anche se rientrano nel più generale diritto di associazione, ai sindacati la Costituzione riconosce un rilievo particolare e dedica loro un articolo specifico.

I punti principali sono tre: 1) l'organizzazione sindacale è libera, quindi chiunque può dar vita a un sindacato; 2) al loro interno i sindacati devono essere organizzati democraticamente; 3) se sono registrati, hanno *personalità giuridica*, cioè sono dei soggetti riconosciuti dalla legge come *capaci di agire*, cioè di produrre azioni che hanno effetti legali.

Possono infatti firmare *contratti collettivi di lavoro*, che hanno effetti di legge non solo per i propri iscritti, ma per tutti i lavoratori della categoria a cui il contratto si riferisce.

Oltre che nella fase di contrattazione, i sindacati svolgono

COSTITUZIONE ITALIANA
art. 39

L'organizzazione sindacale è libera.
Ai sindacati non può essere imposto altro obbligo se non la loro registrazione presso uffici locali o centrali, secondo le norme stabilite dalla legge.
È condizione per la registrazione che gli statuti dei sindacati sanciscano un ordinamento interno a base democratica.
I sindacati registrati hanno personalità giuridica. Possono, rappresentati unitariamente in proporzione dei loro iscritti, stipulare contratti collettivi di lavoro con efficacia obbligatoria per tutti gli appartenenti alle categorie alle quali il contratto si riferisce.

Lavoratori in marcia durante una manifestazione sindacale. Sullo sfondo si intravedono le fabbriche. La massa sterminata di operai sembra comporre un corpo unico. Sono presenti anche donne e bambini. Sul corteo sventola la grande bandiera rossa, diventata il simbolo delle lotte sociali del XIX secolo. (Dipinto di Eugène Laermans, 1893, Museo reale delle Belle arti, Bruxelles).

Una manifestazione sindacale.

una funzione importante anche in caso di crisi di un'azienda, quando rappresentano i lavoratori nei rapporti con la direzione dell'azienda, ma anche nei rapporti con il governo (le prefetture) e con gli enti locali (Regione e Comune).

Tutti i sindacati hanno inoltre un ufficio legale che assiste i lavoratori nelle vertenze individuali con l'azienda, in caso di infortunio, di interventi disciplinari o di licenziamento.

Il diritto di sciopero si esercita nell'ambito delle leggi che lo regolano.

Lo sciopero

In caso di problemi sul lavoro, gli operai cercano di far conoscere all'esterno della fabbrica o del posto di lavoro i loro problemi, per ottenere la solidarietà dei cittadini. Ricorrono a manifestazioni e sit-in per richiamare l'attenzione dell'opinione pubblica.

Quando lo scontro con il datore di lavoro diventa più duro – rinnovo del contratto, licenziamenti, chiusura della fabbrica – i lavoratori ricorrono anche a forme più radicali di lotta come l'*occupazione della fabbrica* o il *picchettaggio*, ambedue ai limiti della legalità. La forma principale di lotta è però rappresentata dallo sciopero.

Lo *sciopero* è l'astensione collettiva dal lavoro degli operai o degli impiegati di un'azienda, per ottenere miglioramenti contrattuali.

È una forma di lotta particolarmente efficace, perché blocca la produzione e, soprattutto se prolungata nel tempo, danneggia gli interessi del datore di lavoro, inducendolo a cedere alle richieste dei dipendenti.

Lo sciopero è stato a lungo considerato illegale e chi scioperava rischiava di essere arrestato. Il divieto penale di scioperare è stato abrogato nel 1824 in Inghilterra, nel 1864 in Francia, nel 1869 in Germania, nel 1889 in Italia. Solo all'inizio del Novecento lo sciopero venne considerato un diritto un po' in tutti i Paesi europei. In Italia il divieto di scioperare fu reintrodotto dal fascismo.

La Costituzione riconosce lo sciopero come un *diritto del lavoratore*, precisando che tale diritto deve essere esercitato «nell'ambito delle leggi che lo regolano».

Lo sciopero è stato regolato per legge (legge n. 146/1990) per frenare il ricorso agli *scioperi selvaggi*, astensioni improvvise dal lavoro, che creavano problemi e disagi a tutti i cittadini.

La legge disciplina il diritto di sciopero nei servizi pubblici. Prevede che lo sciopero sia proclamato con un "congruo preav-

Gli scioperi dei servizi pubblici creano disagi agli utenti.

viso" e che, durante lo sciopero, siano garantite prestazioni minime indispensabili nei servizi pubblici essenziali. Per esempio, gli ospedali devono garantire gli interventi d'urgenza, i trasporti devono funzionare nelle fasce protette, nelle scuole si deve garantire la vigilanza...

Servizi pubblici essenziali sono considerate le prestazioni sanitarie, la rimozione e lo smaltimento dei rifiuti, la scuola, il servizio bancario, l'informazione radiotelevisiva pubblica.

Per prevenire gli scioperi, la legge prevede delle *procedure di conciliazione* a cui i lavoratori e le organizzazioni sindacali devono ricorrere prima di proclamare uno sciopero.

Oltre alla legge, i principali sindacati italiani si attengono anche a un *codice di autoregolamentazione*, che tende ad alleviare i disagi degli utenti dei servizi pubblici e privati.

Nell'industria i robot stanno sostituendo sempre più il lavoro umano.

Fine del lavoro

Per un periodo storico lunghissimo, quasi tutte le persone erano impegnate in attività primarie, soprattutto in agricoltura.

A partire dalla seconda metà del Settecento, con la nascita dell'industria, sono man mano aumentati gli addetti del settore secondario (industria e artigianato) e sono diminuiti quelli del settore primario, a causa della meccanizzazione dell'agricoltura.

Questo processo è continuato fino alla metà del Novecento, quando anche gli addetti del secondario sono cominciati a diminuire a causa della robotizzazione, mentre aumentavano quelli del terziario (commercio e servizi). Questo trend dura ancora oggi.

In un futuro prossimo, con l'informatizzazione dei servizi, dovrebbero diminuire anche gli addetti ai servizi, Per questo qualcuno parla addirittura di "fine del lavoro".

Se non ci sarà il lavoro, come saranno assicurati reddito e consumi?

A livello internazionale, si discute molto di "*reddito universale*", una base economica da assicurare a tutti i cittadini, per soddisfare i loro bisogni e garantire il consumo dei beni prodotti. Si parla anche di tassare i robot...

Come sarà un mondo senza lavoro? Difficile immaginarlo, anche perché il lavoro non è solo una fonte di reddito, ma anche una dimensione importante per la realizzazione personale.

Laboratorio pag. 84
ESERCIZI INTERATTIVI
www.medusaeditrice.it

Questo andamento del mondo del lavoro riguarda i Paesi avanzati, come l'Italia. Nel mondo esistono ancora molti Paesi in cui prevalgono le attività primarie o in cui l'industrializzazione è solo nella fase iniziale.

4.

L'economia nella Costituzione

Per sopravvivere, l'uomo deve soddisfare dei *bisogni*: alimentarsi, vestirsi, ripararsi... Alcuni di questi bisogni sono considerati primari, perché indispensabili per vivere (mangiare, bere, vestirsi) altri secondari o addirittura superflui. A tutti provvede l'*economia*, che è l'attività di produzione dei beni necessari a soddisfare i bisogni.

Storicamente, le attività economiche si sono diversificate sempre di più. Nella preistoria, l'uomo si limitava a raccogliere i beni che la natura gli offriva. In seguito, alcuni uomini si sono specializzati nella produzione di manufatti sempre più sofisticati (*artigianato*), altri nella coltivazione della terra (*agricoltura*) e nella domesticazione degli animali (*allevamento*).

Col differenziarsi delle attività economiche, sono cominciati anche gli scambi di merci (*commercio*), anche con popoli molto lontani (*trasporti*).

Si è avuta così una tripartizione dell'economia in tre settori, che perdura ancora oggi, anche se è diventata molto più complessa.

Bisogni
↓
Economia
Produzione di beni
↓
Settori economici

Primario	**Secondario**	**Terziario**
Ricava i beni direttamente dalla natura.	Trasforma le materie prime in prodotti finiti.	Fornisce servizi a produttori e consumatori
↓	↓	↓
Materie prime	**Beni di consumo**	**Servizi**
Caccia, pesca, raccolta di piante e frutti, estrazione dei minerali, agricoltura, allevamento del bestiame...	Artigianato e industria.	Commercio, trasporti, ristorazione, protezione e difesa delle persone, professioni...

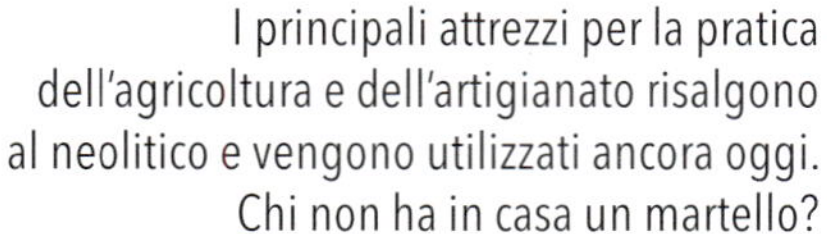
I principali attrezzi per la pratica dell'agricoltura e dell'artigianato risalgono al neolitico e vengono utilizzati ancora oggi. Chi non ha in casa un martello?

E i soldi?

Nel linguaggio quotidiano, quando parliamo di economia, parliamo soprattutto di soldi. È *economico* vuol dire che costa poco, *non economico* vuol dire che costa troppo.

I soldi c'entrano con l'economia perché, per convenzione, esprimono il valore che viene attribuito alle materie prime, ai manufatti e ai servizi, quando diventano *merci*, cioè quando vengono scambiati sul mercato. Il lavoro, per esempio, è un'attività fisica o mentale, ma diventa una merce quando viene "venduto" in cambio di un salario, di uno stipendio, di una retribuzione.

Ma che cosa determina il valore di una merce? La sua quantità e il numero dei suoi potenziali acquirenti.

Se una merce è abbondante e il numero dei suoi potenziali acquirenti basso, la merce costa poco. Se la quantità di una merce è scarsa e i potenziali acquirenti sono molti, il prezzo della merce è alto. Una stessa merce può costare molto in un periodo – pensate alle primizie – e pochissimo in un altro.

È la *legge della domanda e dell'offerta*: poca merce, molti acquirenti, il prezzo sale; molta merce, pochi acquirenti, il prezzo scende.

Legge economica della domanda e dell'offerta	Grande quantità di una merce/pochi acquirenti	↓ Il prezzo scende
	Scarsità di una merce/molti acquirenti	↑ Il prezzo sale

La finanza

Il denaro però non serve solo a esprimere il valore delle merci, può servire anche a produrre altri soldi.

Per capirlo basti pensare ai depositi bancari. Se deposito una cifra in banca e mi impegno a non utilizzarla per un certo numero di mesi o di anni, la banca mi corrisponde un *interesse*, cioè alla scadenza del contratto la banca mi restituisce la cifra depositata più gli interessi maturati.

La stessa cosa succede nel caso dei prestiti bancari: la banca mi presta la somma di cui ho bisogno, ma in cambio devo restituire la cifra più gli interessi concordati.

Le attività in cui il denaro produce altro denaro si chiamano *attività finanziarie* e sono sempre più diffuse. Si possono guadagnare – e perdere! – soldi comprando e rivendendo azioni, titoli di stato, obbligazioni... Le operazioni finanziarie oggi sono così diffuse che il volume delle *transazioni finanziarie* (passaggi di denaro) ha superato il volume delle *transazioni economiche* (scambio di merci con denaro).

I luoghi dove si scambiano – si comprano e si vendono – titoli finanziari e azioni delle imprese sono le borse. La principale è quella di Wall Street a New york.
La principale borsa italiana è quella di Milano. Attualmente gli scambi avvengono soprattutto on line: un operatore si collega con il sito della propria banca e può vendere e comprare titoli e azioni. Nella foto, Wall Street, sede della borsa di New York.

Anche se le due cose si intrecciano e vanno spesso assieme,

La Consob (Commissione Nazionale per le Società e la Borsa) è un'autorità indipendente che controlla la borsa. Sul suo sito (www.consob.it/) c'è un gioco che insegna a investire. Attenti però perché…

INVESTIRE NON È UN GIOCO

APP...RENDIMENTO. L'INVESTIGAME DELLA CONSOB

UN GIOCO PER IMPARARE CHE INVESTIRE NON È UN GIOCO

Investire non è un gioco. Ma si può imparare giocando!

dovremmo imparare a distinguere tra attività economiche e attività finanziare e tra crisi economiche e crisi finanziarie, anche perché le cause e i rimedi sono molto diversi.

Comunque, quando si parla di soldi, si tratta di finanza; quando si parla di merci e di produzione, si tratta di economia.

I cicli economici

L'economia è una scienza, ma non è una scienza esatta, anche se usa molto la matematica e le statistiche. Il fatto è che le variabili che influiscono sull'andamento economico sono così tante – costo delle materie prime, costo del denaro, costo del lavoro, costo dei trasporti, costo dei macchinari, costo dell'energia… – che è difficile fare delle previsioni certe.

Le previsioni sono però molto importanti, sia per il singolo imprenditore che per un intero sistema economico, per esempio per l'agricoltura o per l'industria italiana.

L'imprenditore è uno che rischia: produce un prodotto e lo produce in una certa quantità, perché prevede di venderlo e di venderlo a un certo prezzo, guadagnandoci. Se la previsione è sbagliata, rischia di non venderlo o di venderlo a un prezzo più basso del previsto – ricordate la legge della domanda e dell'offerta? – rimettendoci o addirittura fallendo.

Lo stesso rischio esiste anche per il sistema economico di un Paese, che, per motivi indipendenti dalle proprie scelte, può trovare difficoltà a vendere i propri prodotti, sia all'interno che all'estero. I motivi possono essere i più vari: un altro Paese produce gli stessi prodotti a prezzi più bassi, le materie prime sono aumentate di prezzo, il costo del lavoro è troppo alto, la qualità del prodotto è scadente…

L'economia, quindi, si può contrarre o si può espandere. Nei momenti di contrazione può addirittura entrare in *crisi*, parola generica con cui indichiamo una situazione di difficoltà. Può essere usata sia per indicare che l'economia non cresce sia che l'economia torna addirittura indietro. Nel primo caso parliamo di *stagnazione*, nel secondo di *recessione*.

+ crescita, espansione

0 ———————————————— stagnazione

- recessione

Per capire: la crescita nel primo caso è intorno allo zero, nel secondo sotto lo zero.

L'iniziativa economica privata è libera.

art. 42 c 1

La proprietà è pubblica o privata. I beni economici appartengono allo Stato, ad enti o a privati.

Un sistema misto

Con questi due commi, la Costituzione sceglie il *modello economico* a cui si deve conformare l'economia italiana.

Libertà e *proprietà* sono infatti i due elementi che differenziano i principali sistemi economici schematizzati qui di seguito.

Capitalismo	Socialismo (Comunismo)	Sistema misto
Liberismo: l'iniziativa economica privata è libera. Lo Stato non interviene nell'economia.	*Economia pianificata*: l'iniziativa economica è riservata allo Stato.	L'iniziativa economica privata è libera. Lo Stato programma l'economia.
I mezzi di produzione appartengono ai privati.	I mezzi di produzione appartengono solo allo Stato.	I mezzi di produzione appartengono sia ai privati che allo Stato.

Come si vede dallo schema, il *capitalismo* è caratterizzato dall'iniziativa economica privata. Per questo si chiama anche *liberismo*, perché lo Stato lascia la libertà di impresa ai privati e non interviene nell'economia. In questo sistema esiste la proprietà privata, anzi è considerata sacra: è un diritto fondamentale del cittadino, riconosciuto da tutte le costituzioni dalla Rivoluzione francese in poi.

In un sistema socialista, i mezzi di produzione sono di proprietà dello Stato e, quindi, solo lo Stato può intraprendere iniziative economiche. Si chiama *economia pianificata* perché lo Stato, periodicamente, redige dei piani di sviluppo da realizzare. Le imprese appartengono allo Stato e tutti i lavoratori sono dipendenti dallo Stato. In questo sistema non esiste la proprietà privata e non esiste la libertà di avviare un'impresa economica.

Nel sistema misto, come dice la parola, convivono elementi dei due sistemi: i privati sono liberi di intraprendere iniziative economiche (*imprese private*), ma lo può fare anche lo Stato che possiede delle imprese (*imprese pubbliche*) e cerca di programmare lo sviluppo economico, orientando sia le imprese pubbliche che quelle private.

Il sistema economico disegnato dalla Costituzione è, quindi, un *sistema misto*, in cui le imprese private operano a fianco e, a volte, in concorrenza con le imprese pubbliche.

Quando è stata scritta la Costituzione, quasi metà del sistema produttivo apparteneva allo Stato. Era un'eredità del fascismo che negli anni Trenta, per superare una grave crisi economica, aveva rilevato e risanato molte imprese private fallite o in via di fallimento. Le imprese pubbliche erano organizzate all'interno dell'IRI (*Istituto Ricostruzione Industriale*). L'IRI ha avuto un ruolo importante negli anni della ricostruzione dopo la guerra

Il comunismo si è affermato in Russia con la rivoluzione del 1917, guidata da Lenin. Francobollo celebrativo.

L'espansione e la caduta del comunismo nel mondo

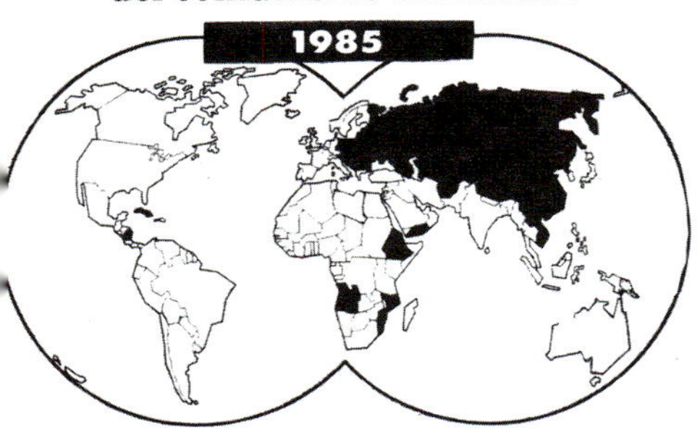

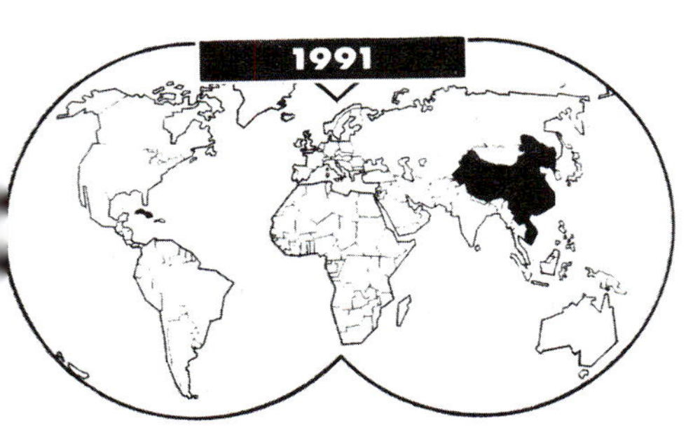

Quando fu scritta la Costituzione e fino al 1991, erano molti i Paesi a economia pianificata. Con la fine dell'URSS (*Unione delle Repubbliche Socialiste Sovietiche*), il comunismo è rimasto in Cina, in alcuni Paesi del sud-est asiatico e a Cuba.

L'iniziativa economica non può svolgersi in contrasto con l'utilità sociale o in modo da recare danno alla sicurezza, alla libertà, alla dignità umana. La legge determina i programmi e i controlli opportuni perché l'attività economica pubblica e privata possa essere indirizzata e coordinata a fini sociali.

(anni cinquanta del Novecento) e negli anni del boom economico italiano (anni Sessanta).
La presenza dello Stato italiano nell'economia si è molto ridimensionata negli ultimi trent'anni. L'IRI è stato soppresso all'inizio degli anni Novanta del Novecento e lo Stato ha ceduto molte attività ai privati (*privatizzazioni*).

Limiti alla libertà economica

Il sistema capitalista si chiama così, perché è fondato sull'uso del capitale per produrre ricchezza. L'imprenditore investe una somma di denaro (*capitale*) per avviare un'attività economica, da cui spera di guadagnare un *profitto*. Il profitto è, quindi, la stella polare dell'imprenditore.

Il desiderio di massimizzare il profitto potrebbe portare l'imprenditore a cercare di pagare il meno possibile i lavoratori, a usare materie prime meno costose ma pericolose per la salute, a non assicurare le condizioni di sicurezza, a non smaltire correttamente gli scarti industriali. Questo provocherebbe una serie di problemi sociali: lo sfruttamento dei lavoratori, il pericolo per la loro salute o addirittura per la loro vita, l'inquinamento ambientale.

L'art. 41 cerca di prevenire questa deriva pericolosa, che ha portato storicamente a un duro scontro tra gli imprenditori e i lavoratori, tra capitalisti e classe operaia, per tutto l'Ottocento e il Novecento.

Il secondo comma dice chiaramente che l'attività economica non può tendere solo al profitto, ma deve essere utile alla società. Aggiunge, quindi, che deve essere garantita la sicurezza dei lavoratori, rispettata la loro libertà e salvaguardata la loro dignità. I lavoratori devono svolgere la loro attività in ambienti sicuri, non possono essere sottoposti a controlli che violino la loro privacy e non possono essere impegnati in attività degradanti o trattati come bestie.

Il terzo comma aggiunge che devono essere previsti dei controlli per evitare abusi e che lo Stato deve indirizzare e coordinare l'attività economica, sia pubblica che privata, perché serva

Con la comparsa dell'industria nella seconda metà del Settecento è cominciato il problema dell'inquinamento ambientale, provocato dall'uso del carbone prima e del petrolio poi.

non solo all'arricchimento dei singoli ma per il benessere di tutta la società.

Purtroppo, in Italia continuano a essere troppi gli incidenti sul lavoro – le cosiddette "*morti bianche*" – anche perché i controlli degli ispettori del lavoro sono rari e poco incisivi.

Inoltre, negli ultimi vent'anni, si è affermata sempre di più un'ideologia liberista – lo Stato non deve intervenire nell'economia – e queste indicazioni della Costituzione sembrano del tutto dimenticate.

Il quarto stato, dipinto di Giuseppe Pellizza da Volpedo, 1901.

Questo è successo sia in Italia, che in Europa e nel resto del mondo, provocando un aumento delle disuguaglianze. La ricchezza è concentrata sempre di più in poche mani, senza che gli Stati intervengano per riequilibrare la situazione.

Oltre che l'art. 41, questo contraddice anche quanto previsto dall'art. 3 della Costituzione, uno dei "principi fondamentali" su cui si fonda la nostra Repubblica.

Limiti alla proprietà privata

All'art. 42, la Costituzione riconosce e garantisce la proprietà privata, come un diritto dei cittadini e rimanda alla legge ordinaria il compito di stabilire le modalità per la compravendita dei *beni immobiliari* (case e terreni).

Prevede anche che una persona possa essere *espropriata* dei suoi beni, ma solo nei casi previsti dalla legge e per usi di interesse generale (per esempio, viene espropriato un terreno, anche se il proprietario non vorrebbe vendere, per costruire una scuola o un ospedale). Il proprietario viene "*indennizzato*", cioè gli viene pagato il corrispettivo in denaro a prezzo di mercato.

Praticamente lo Stato lo compra, come farebbe un privato cittadino.

L'ultimo comma prevede che la legge ordinaria regoli le modalità della *successione*, cioè del passaggio dei beni da una persona defunta ai suoi eredi. Per la successione, si eseguono le volontà contenute nel *testamento*, un documento stilato a mano (testamento olografo) o davanti a un notaio dalla persona quando è «pienamente di grado di intendere e di volere». La legge prevede che, anche se l'interessato ha disposto diversamente nel testamento, agli eredi diretti (figli e coniuge) spetti comunque la "*legittima*", cioè una parte dell'eredità stabilita per legge.

Le leggi sulla successione vengono in genere utilizzate per equilibrare la distribuzione delle ricchezze, imponendo agli eredi il pagamento di una tassa proporzionale al valore dei beni ereditati.

COSTITUZIONE ITALIANA
art. 42, c. 2, 3 e 4

La proprietà privata è riconosciuta e garantita dalla legge, che ne determina i modi di acquisto, di godimento e i limiti allo scopo di assicurarne la funzione sociale e di renderla accessibile a tutti.
La proprietà privata può essere, nei casi preveduti dalla legge, e salvo indennizzo, espropriata per motivi d'interesse generale.
La legge stabilisce le norme ed i limiti della successione legittima e testamentaria e i diritti dello Stato sulle eredità.

COSTITUZIONE ITALIANA
art. 43

A fini di utilità generale la legge può riservare originariamente o trasferire, mediante espropriazione e salvo indennizzo, allo Stato, ad enti pubblici o a comunità di lavoratori o di utenti determinate imprese o categorie di imprese, che si riferiscano a servizi pubblici essenziali o a fonti di energia o a situazioni di monopolio ed abbiano carattere di preminente interesse generale.

MONOPOLI, OLIGOPOLIO, TRUST

Monopolio: una merce è prodotta e commercializzata da un *unico* produttore, che quindi può imporre il prezzo che vuole.
Oligopolio: una stessa merce è prodotta e commercializzata da *pochi* produttori e, quindi, la concorrenza è limitata.
Cartello: gli oligopolisti si mettono d'accordo e impongono un prezzo a loro conveniente.
Monopoli e cartelli sono contrastati dalla legge. In Italia c'è un'autorità indipendente che vigila sui monopoli e cartelli, l'AGCM (*Autorità Garante della Concorrenza e del Mercato*).
Nell'Unione Europea c'è un commissario, che vigila e interviene in caso di monopoli e di cartelli.

La sede di *Acqua Bene* Comune di Napoli.

Le nazionalizzazioni

Per motivi di interesse generale, lo Stato può riservarsi di svolgere un'attività in condizioni di monopolio; per esempio, in Italia è esistito a lungo il monopolio del tabacco (solo lo Stato poteva produrre, importare e commercializzare tabacco e sigarette).

Sempre per salvaguardare l'interesse pubblico, lo Stato può espropriare delle imprese e trasferirle direttamente allo Stato oppure a enti pubblici. Anche in questo caso, i proprietari vengono indennizzati.

La Costituzione precisa che questo è previsto solo in caso di «servizi pubblici essenziali», per le «fonti di energia» o per altri servizi di particolare importanza per tutti.

Praticamente, in questo articolo, si prevede che un'impresa o una serie di imprese possano essere "*nazionalizzate*", trasferite cioè dai privati allo Stato.

Questo articolo è stato applicato negli anni Sessanta per la *nazionalizzazione* dell'energia elettrica, con la creazione dell'ENEL (*Ente Nazionale per l'Energia Elettrica*). In caso di nazionalizzazione, il bene viene prodotto e fornito solo dallo Stato, che opera in condizioni di monopolio.

Il contrario della nazionalizzazione è la *privatizzazione*, quando un'impresa pubblica o un ente pubblico viene ceduto in tutto o parzialmente ai privati. Un esempio è la Telecom ceduta dallo Stato ai privati.

In genere, le privatizzazioni servono allo Stato per fare cassa (ottenere dei contanti per pagare i debiti o per investire in altri settori) oppure per *liberalizzare il mercato*, cioè permettere che lo stesso bene o lo stesso servizio vengano forniti da vari operatori. La presenza di più operatori in concorrenza fra loro in genere fa abbassare i prezzi, favorendo i consumatori.

Negli ultimi anni si è diffusa una nuova sensibilità per la salvaguardia dei "*beni comuni*", cioè di quei beni essenziali da garantire a tutti, evitando che i privati se ne approprino per guadagnarci. Nel 2011, c'è stato un referendum per rendere l'acqua un bene comune e sottrarla alla speculazione dei privati.

Nonostante l'esito favorevole del referendum, non tutte le città hanno seguito le indicazioni del referendum e resa l'acqua un "bene comune". Questo denota una scarsa sensibilità di una parte dei politici, che disattendono la volontà popolare, anche quando si esprime chiaramente, come succede in un referendum.

Lotta al latifondo

Quando è stata scritta la Costituzione, l'Italia era ancora un Paese contadino. Uno dei più gravi problemi del settore agricolo era l'esistenza dei *latifondi*, grandi estensioni di fondi agricoli appartenenti a un unico proprietario e spesso lasciati incolti. Nell'articolo 44, la Costituzione invita il Parlamento a legiferare per limitare l'estensione dei latifondi, favorendo la piccola e media proprietà agricola. La "riforma agraria" suggerita dai costituenti è stata realizzata con una serie di provvedimenti nei primi anni Cinquanta, a pochi anni dall'entrata in vigore della Costituzione.

Il secondo comma è stato attuato dalla legge n. 1102/1971 con l'Istituzione delle *Comunità montane*. Praticamente, località montane e pedemontane, anche appartenenti a provincie diverse, possono associarsi per affrontare e risolvere problemi comuni, approfittando dei fondi messi a disposizione dallo Stato e dalle Regioni.

Le cooperative

Un'alternativa alle imprese capitaliste, sono le *cooperative*, che non hanno come finalità il profitto, ma l'aiuto reciproco (*mutualità*) tra i soci.

Le cooperative sono nate nella seconda metà dell'Ottocento e proponevano un modello economico diverso da quello capitalista: i soci, infatti, si mettevano insieme per intraprendere un'attività economica e per sostenersi a vicenda nelle difficoltà. Era ed è un modello caro sia al solidarismo cattolico che al movimento operaio di ispirazione marxista. In Italia si sono diffuse soprattutto nel centro nord, quelle *bianche* di ispirazione cristiana nel Veneto e nella bassa Padania, quelle *rosse* soprattutto nell'Emilia-Romagna e in Toscana.

Negli ultimi anni, le cooperative si sono diffuse anche nel mondo vicino al volontariato e all'associazionismo, in quello che viene definito il *quarto settore*, costituito da imprese che operano nel sociale e nei servizi alla persone.

La Costituzione riconosce che le cooperative svolgono una «funzione sociale» importante e impegna la Repubblica a promuoverle e a sostenerle, vigilando che conservino il carattere della mutualità e del *non profit*.

Fino agli anni Novanta, le cooperative hanno potuto godere di un regime fiscale particolarmente favorevole, che ne ha favorito lo sviluppo e la diffusione, anche in nuovi settori come quello della grande distribuzione commerciale.

La cogestione aziendale

È un articolo quasi completamente ignorato della nostra Costituzione. Prevede che i lavoratori possano partecipare insieme agli imprenditori alla gestione delle aziende, parla anzi di "diritto", cioè di qualcosa che i lavoratori potrebbero rivendicare.

Per attuare questo articolo sarebbe necessaria una legge che specifichi «i modi e i limiti» della partecipazione degli operai o delle loro rappresentanze alla gestione aziendale. Se ne è parlato negli anni Sessanta e Settanta, poi il tema è scomparso completamente dalle agende politiche di tutti i partiti e anche dei sindacati.

COSTITUZIONE ITALIANA
art. 44

Al fine di conseguire il razionale sfruttamento del suolo e di stabilire equi rapporti sociali, la legge impone obblighi e vincoli alla proprietà terriera privata, fissa limiti alla sua estensione secondo le regioni e le zone agrarie, promuove ed impone la bonifica delle terre, la trasformazione del latifondo e la ricostituzione delle unità produttive; aiuta la piccola e la media proprietà.
La legge dispone provvedimenti a favore delle zone montane.

COSTITUZIONE ITALIANA

art. 45

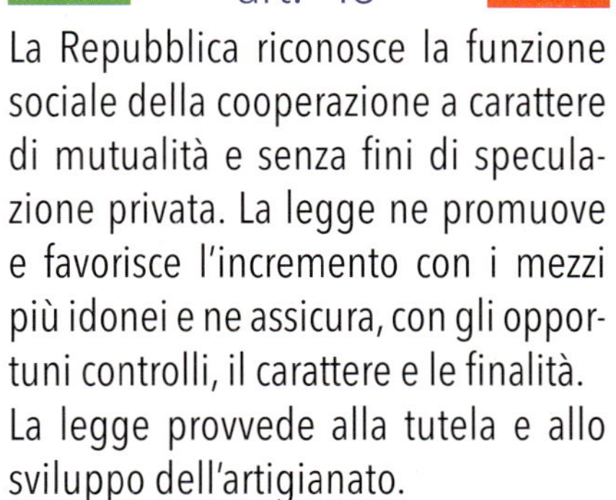

La Repubblica riconosce la funzione sociale della cooperazione a carattere di mutualità e senza fini di speculazione privata. La legge ne promuove e favorisce l'incremento con i mezzi più idonei e ne assicura, con gli opportuni controlli, il carattere e le finalità.
La legge provvede alla tutela e allo sviluppo dell'artigianato.

art. 46

Ai fini dell'elevazione economica e sociale del lavoro e in armonia con le esigenze della produzione, la Repubblica riconosce il diritto dei lavoratori a collaborare, nei modi e nei limiti stabiliti dalle leggi, alla gestione delle aziende.

La "cogestione" aziendale è praticata, invece, in Germania, dove si è rivelata molto utile per diminuire la conflittualità aziendale e per gestire i periodi di crisi, salvaguardando contemporaneamente gli interessi aziendali e i diritti dei lavoratori. Grazie anche alla cogestione, in Germania, la produttività è più alta di quella italiana, le ore di sciopero sono di gran lunga di meno e i salari mediamente più alti.

Il risparmio

Risparmiare vuol dire accantonare una parte del reddito, per eventuali necessità future. Per sicurezza, in genere, i risparmi vengono depositati in banca.

L'Italia è uno dei Paesi europei in cui il risparmio privato è più elevato. Sembrerebbe, quindi, che l'incoraggiamento promesso dalla Costituzione abbia funzionato.

La Repubblica incoraggia e tutela il risparmio in tutte le sue forme; disciplina, coordina e controlla l'esercizio del credito.
Favorisce l'accesso del risparmio popolare alla proprietà dell'abitazione, alla proprietà diretta coltivatrice e al diretto e indiretto investimento azionario nei grandi complessi produttivi del paese.

Gli italiani risparmiano molto e non amano il rischio, infatti hanno da sempre investito molto in titoli di Stato e in buoni postali. Si tratta praticamente di due forme di risparmio, ambedue garantite dallo Stato, perché Poste italiane è una società pubblica.

I BTP (*Buoni del Tesoro Poliennali*) vengono emessi periodicamente dal *Ministero dell'Economia e delle Finanze* (MEF) e sono dei *certificati di debito*, in cui lo Stato si impegna di corrispondere ai compratori un interesse alla scadenza, dopo un certo numero di anni (perciò "poliennali, cioè più anni: dopo 3, 5, 7, 10, 15, 20, 30 e 50). È un investimento sicuro, perché l'unico rischio è legato all'eventualità veramente remota che lo Stato non paghi gli interessi alla scadenza. Vorrebbe dire che lo Stato è fallito o, come sentite ripetere a televisione, che è *in default,* cioè non è più in grado di onorare i suoi debiti.

Se il possessore di BTP, per motivi contingenti (una malattia, un problema economico inatteso...), vuole recuperare immediatamente la cifra investita, può vendere i buoni sul *mercato secondario* (quello primario è costituito dalle aste dello Stato) a investitori intenzionati a comprarlo. In questo caso, potrebbe esserci una perdita perché il valore dei BTP varia quotidianamente sul mercato, perché, come tutte le merci, segue la legge della domanda e dell'offerta.

I BTP sono "titoli", cioè certificati che attestano il versamento della somma investita e l'interesse a cui ha diritto l'investitore alla scadenza concordata.

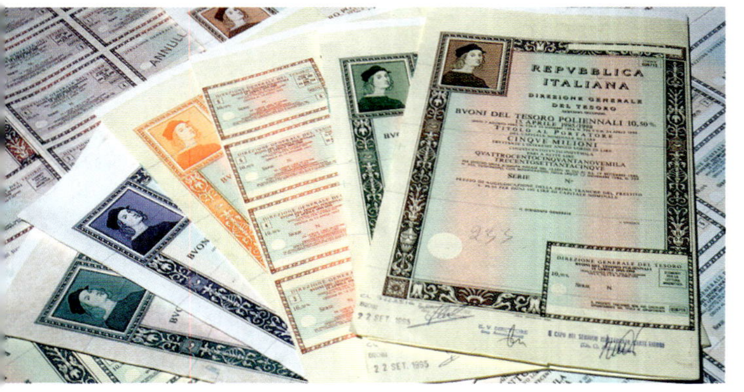

In questo caso, vale lo *spread* – altro tormentone quotidiano dei telegiornali italiani – ossia la differenza di rendimento rispetto ai Bund tedeschi (i titoli di Stato della Germania), che sono molto stabili e quindi vengono utilizzati come punto di riferimento per il calcolo degli interessi.

Tutte le operazioni relative ai BTP – sia sul mercato primario che su quello secondario – si fanno tramite banca. Si possono investire mille euro o multipli di mille.

Buoni del tesoro	
	MERCATO PRIMARIO: Ministero del Tesoro e delle Finanze → investitori
	Banche ↑↓
	MERCATO SECONDARIO: investitori → investitori

La tutela del risparmio

La tutela del risparmio garantita da questo articolo della Costituzione è affidato a due autorità indipendenti, la Banca d'Italia e la CONSOB (*Commissione Nazionale per le Società e la Borsa*). "Indipendenti" vuol dire che non dipendono dal governo in carica e sono, quindi, delle autorità di garanzia nei confronti di tutti, in questo caso nei confronti degli investitori e dei risparmiatori, non solo italiani.

La Banca d'Italia e la CONSOB vigilano sulle società e sugli intermediari finanziari (banche e finanziarie), verificando che le comunicazioni ai risparmiatori siano chiare e veritiere, corrispondano cioè al reale valore dei titoli venduti e comprati sul mercato azionario.

La vigilanza sul sistema bancario, oltre che dalla Banca d'Italia, è ora esercitata dalla BCE (*Banca Centrale Europea*), istituita dopo la creazione dell'euro, la moneta ufficiale dell'Unione Europea.

L'investimento in borsa – cioè l'acquisto e la vendita delle azioni quotate in borsa – è più rischioso rispetto all'investimento in titoli di Stato, perché le azioni societarie oscillano sul mercato (il loro valore cresce o diminuisce) in base all'andamento dell'impresa sul mercato. L'indice di borsa indica quotidianamente se il valore azionario complessivo di una borsa, per esempio quella di Milano, sta crescendo (segno +) o sta diminuendo (segno -). È uno dei segnali – non l'unico – della buona o cattiva salute dell'economia di un Paese.

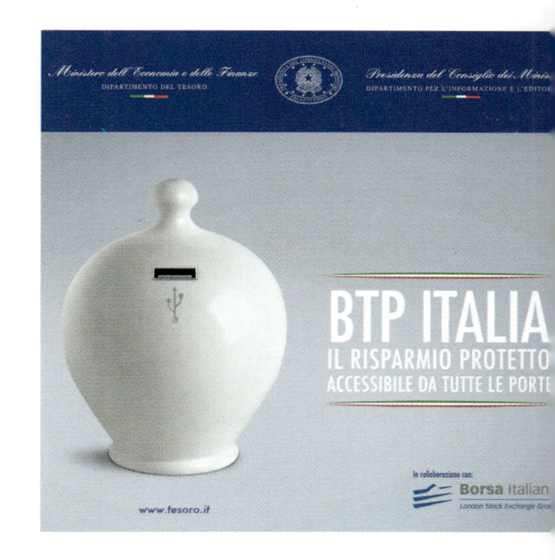

Una pubblicità del *Ministero dell'Economia e della Finanza* (MEF) che invita a sottoscrivere in buoni del Tesoro. Il tipico salvadanaio ha una particolarità: si accede con una porta USB.

Sulla borsa italiana vigila la CONSOB.

LABORATORIO

1. La famiglia

01. Indica se le affermazioni sono vere o false.

a. Il matrimonio civile viene celebrato da un giudice di pace.	V F
b. Uno dei requisiti per sposarsi è la maggiore età.	V F
c. Non è necessario fare le "pubblicazioni" prima del matrimonio.	V F
d. La separazione può essere solo consensuale.	V F
e. Le *unioni civili* non riguardano le coppie omosessuali.	V F
f. I *patti di convivenza* riguardano le coppie di fatto eterosessuali.	V F
g. Nelle unioni civili i contraenti non hanno gli stessi diritti e gli stessi doveri dei coniugi all'interno del matrimonio.	V F
h. Il vecchio diritto di famiglia prevedeva una supremazia maschile nell'ambito familiare.	V F

02. Completa.

La famiglia è fondata sul ....

Il matrimonio .... viene celebrato in chiesa davanti a un sacerdote ....

Per la legislazione ecclesiastica, il matrimonio può essere annullato solo dalla Sacra ....

Per contrarre matrimonio bisogna non essere .... o affini.

La legge italiana permette ai coniugi di .... e poi di ....

La domanda di separazione può essere .... da un solo coniuge.

I patti di .... sono sottoscritti davanti a un notaio.

I conviventi possono scegliere la .... o la comunione dei beni.

Le unioni civili prevedono la reversibilità della .... in caso di morte del partner.

I genitori hanno l'obbligo di mantenere economicamente i figli, di assicurare loro un'................................ con la frequenza della scuola e d'impartire loro un' .... con la cura attenta e assidua.

Nel caso di affidamento, il minore continua a mantenere rapporti con la famiglia d' ....

03. Lessico: spiega il significato delle seguenti parole o espressioni.

Diritto naturale, registri dello stato civile, pubblicazioni, pensione di reversibilità, coabitazione, Tribunale dei minori.

04. Rispondi sul quaderno alle seguenti domande.

a. Quali sono i requisiti per sposarsi?
b. Che differenza c'è tra il vecchio e il nuovo diritto di famiglia?
c. In quali casi è lo Stato a prendersi cura dei minori?
d. Da cosa dipende la bassa percentuale di donne che lavorano?
e. Perché la maggior parte dei casi di femminicidio avviene tra le pareti domestiche o nella cerchia di persone conosciute?

05. Dibattito.

- Come vorreste che i genitori si comportassero con voi? Riflettete sui vari atteggiamenti (permissivo, autoritario, autorevole, assente) e discutetene insieme, considerando pregi e difetti.
- Nel nuovo *Diritto di famiglia* si afferma che con il matrimonio il marito e la moglie assumono gli stessi diritti e gli stessi doveri. Condividete questa impostazione "paritaria"? Motivate l'accordo e il disaccordo.

06. Racconta.

In molte famiglie, i nonni coabitano con figli e nipoti. Forse è pure la tua esperienza. Racconta, sottolineando vantaggi e svantaggi di questa coabitazione tra diverse generazioni.

2. La scuola

01. Indica se le affermazioni sono vere o false.

a. Socializzare significa star bene con gli altri.	V F
b. La scuola non svolge compiti di socializzazione.	V F
c. La scuola dell'obbligo è gratuita.	V F
d. L'obbligo formativo dura fino ai sedici anni.	V F
e. L'obbligo scolastico dura fino a diciotto anni.	V F
f. Frequentare la scuola è un diritto, ma anche un dovere.	V F
g. I genitori hanno l'obbligo di mandare i figli a scuola.	V F
h. I *neet* sono giovani che non studiano, ma sono impegnati in attività formative.	V F
i. Il PTOF presenta l'offerta formativa di una scuola.	V F
l. Scuola primaria e scuola secondaria di primo grado sono considerate un unico ciclo di studi.	V F

02. Lessico: scegli la definizione corretta tra quelle proposte.

a. *Lavoro minorile*
A. ☐ Sfruttamento del lavoro infantile
B. ☐ Difesa del lavoro infantile
C. ☐ Protezione del lavoro infantile

b. *Meritocrazia*
A. ☐ Sistema basato solo sul bisogno
B. ☐ Sistema basato solo sul merito
C. ☐ Sistema basato sul reddito

c. *Sovvenzionamento*
A. ☐ Ostacolo finanziario
B. ☐ Aiuto finanziario
C. ☐ Danneggiamento finanziario

03. Completa inserendo le seguenti parole.

Potenzialità, Governo, meritevoli, assicurato, concorsi, Parlamento, Università, socializzazione, sfruttamento, donne, diciotto, edifici, obbligatorietà, mezzi, dispersione, secondo, libertà.

Il bambino continua il suo processo di .... nella scuola. L'educazione valorizza le .... dell'alunno. Per il passato, spesso contadini, operai e .... sono stati esclusi dalla scuola. A tutti deve essere .... il diritto-dovere alla frequenza scolastica. L'............................ della scuola significa anche strappare bambini e ragazzi dallo .... del lavoro minorile. Dal 2006 l'obbligo scolastico è stato portato a sedici anni; mentre l'obbligo formativo dura fino a .... anni. La Costituzione garantisce, attraverso ...., il diritto di raggiungere i gradi più alti degli studi ai giovani capaci, ... ma privi di ....
La .... scolastica allontana molti alunni della scuola. In Europa i *neet* rappresentano il 7% dei giovani. Il .... detta le norme generali sull'istruzione. Il .... le rende operative. Le Province costruiscono e curano la manutenzione degli .... scolastici per la Scuola secondaria di .... grado.
L'art. 33 c. 1 della Costituzione garantisce la .... d'insegnamento. Alle .... viene riconosciuto il diritto di darsi "leggi proprie".

04. Rispondi sul quaderno alle seguenti domande.

a. Quali sono i compiti svolti dalla scuola?
b. Perché, secondo te, per il passato contadini operai e donne erano esclusi dalla scuola?
c. Si sostiene che la scuola è un diritto-dovere del cittadino: perché?
d. Cosa si intende per obbligo scolastico?
e. In che modo la Costituzione garantisce l'accesso ai più alti gradi degli studi ai giovani capaci, meritevoli, ma privi di mezzi?
f. Cosa significa l'acronimo *neet*?
g. Cosa devono assicurare le scuole private?
h. In cosa consisteva il giuramento che erano tenuti a fare anche i docenti universitari in epoca fascista?
i. Perché il cyberbullismo può essere ancora più pericoloso del bullismo?
l. Quali caratteristiche presenta il bullismo al femminile?

05. Discutere e verbalizzare.

Vari Stati europei finanziano le scuole private: l'Olanda dà un bonus a ogni alunno da spendere a scelta in una scuola pubblica o privata; in Francia lo Stato paga lo stipendio degli insegnanti; in Inghilterra e in Germania i contributi dello Stato variano a seconda del grado di autonomia della scuola: più sono autonome e meno fondi ricevono.
Cosa ne pensate? Discutetene in classe. Due ragazzi prendono appunti e redigono un verbale della discussione. Il giorno dopo, il verbale viene letto in classe per controllare che le diverse posizioni siano state riportate correttamente.

06. Dibattete sul PTOF.

Ogni scuola ha il suo PTOF, anche la vostra. Procuratevi una copia del PTOF della scuola e controllate cosa prevede in materia di orario, laboratori, visite didattiche, viaggi di istruzione, attività sportive. Lo trovate soddisfacente? Si potrebbe migliorare? Avete proposte da fare? Discutetene. Potreste portare le vostre proposte al Dirigente scolastico.

07. Dibattito sul bullismo.

Che cosa pensate che la scuola debba fare per contrastare fenomeni di bullismo presenti nella scuola? Cercate di individuare i possibili *interventi repressivi* (punizioni individuali e collettive), ma anche *azioni positive* per contrastare la violenza e ricondurre i bulli a comportamenti accettabili.

08. Analizzare un'immagine.

Descrivete l'immagine della campagna ministeriale contro il bullismo a pag. 61 e spiegate quale messaggio vuole trasmettere ai ragazzi.

3. Il lavoro, diritto e dovere

01. Indica se le affermazioni sono vere o false.

a. La Repubblica italiana non è fondata sul privilegio, sulla nobiltà terriera, sulla fatica altrui.	V F
b. Il Mezzogiorno d'Italia è la più grande area depressa economicamente dell'Unione Europea.	V F
c. Il lavoro individuale concorre al progresso materiale o spirituale della società.	V F
d. La Costituzione riconosce la libertà di emigrare.	V F
e. Alle Regioni compete stabilire le linee generali della formazione professionale.	V F
f. Ogni lavoratore ha diritto a una retribuzione proporzionale solo alla quantità del suo lavoro.	V F
g. La retribuzione dei lavoratori viene maggiorata con gli assegni familiari e con le detrazioni fiscali.	V F
h. Gli assegni familiari sono assegnati per il coniuge a carico e per ciascun figlio a carico.	V F
i. La legge 104/1971 prevede per la donna la conservazione del posto di lavoro in caso di maternità.	V F
l. Solo gli operai possono scioperare.	V F

02. Completa.

Con il lavoro l'uomo soddisfa i propri bisogni e quella della sua ....
Lo Stato deve assicurare la realizzazione e la modernizzazione delle ....
La carenza di infrastrutture .... lo sviluppo economico.
Il lavoro non solo è un .... ma anche un .... verso la società.
È necessario garantire la dignità e la .... del lavoro.
All'interno dell'ILO sono presenti i rappresentanti degli .... e quelli dei lavoratori
La Costituzione afferma il diritto al riposo ....e alle ferie ....
La parità tra uomini e ....deve essere assicurata in tutti i ....
Gli scioperi .... sono astensioni improvvise da lavoro.

03. Lessico: spiega il significato delle seguenti parole o espressioni.

Investimenti, aggiornamento, infrastrutture, area depressa, elevazione professionale, competenze, sussidiarietà, colonialismo, assegni familiari, detrazioni, decurtare, demandare.

04. Rispondi sul quaderno alle seguenti domande.

a. Il lavoro è considerato un diritto, ma anche un dovere: perché?
b. Perché il Regime fascista proibiva l'emigrazione?
c. In merito alla retribuzione dei lavoratori, cosa afferma la nostra Costituzione?
d. In cosa consiste la legislazione di vantaggio?
e. In base alla nostra legislazione, a quale dei coniugi spetta il congedo dopo il parto?
f. Com'è regolato lo sciopero nella nostra legislazione?

05. Analizzare e descrivere un'immagine.

▪ Descrivi l'immagine a pag. 66 in tutti i suoi particolari. Chi sono i personaggi impegnati nel tiro alla fune? Quale obiettivo vuole raggiungere ciascun gruppo di persone? Perché l'orologio è fissato sulle otto? In quale ambiente di lavoro operano le persone rappresentate nel manifesto? Qual è il messaggio che vuole trasmettere?
▪ Analizza e descrivi il dipinto di Laermans a pag. 69. Soffermati sui particolari (la massa di persone, la bandiera, le fabbriche, il cielo…) e rispondi: quali sentimenti e riflessioni ti ispira?

06. Scrivere una lettera.

Scrivi una mail a un amico spiegandogli che cosa ti frulla per la mente a proposito della tua futura attività lavorativa. Esprimi i tuoi desideri, le tue riflessioni, le tue perplessità.

07. Dibattito.

Quali sono gli aspetti positivi e negativi legati alla diffusione del computer nel mondo del lavoro e nella vita quotidiana? Discutetene in classe. Riassumete quindi le diverse posizioni emerse e illustratele in un cartellone corredato da foto e disegni.

4. L'economia nella Costituzione

01. Indica se le affermazioni sono vere o false.

a. Il sistema economico disegnato dalla nostra Costituzione è misto.	V F
b. Negli anni Trenta il fascismo ha rilevato e risanato molte imprese fallite o in via di fallimento.	V F
c. Il capitale è un bene comune.	V F
d. Gli imprenditori tendono a massimizzare il profitto.	V F
e. L'attività economica, dice la Costituzione, deve tendere solo al profitto.	V F

f Attualmente la ricchezza è equamente ripartita tra i cittadini italiani.	V	F
g. Non si possono espropriare i beni di un cittadino per un interesse generale.	V	F
h. La *legittima* è una parte di eredità stabilita dalla legge e spettante agli eredi diretti.	V	F
i. Gli italiani non investono in titoli di Stato o in buoni postali.	V	F
l. Le cooperative non hanno come finalità il profitto, ma l'aiuto reciproco tra i soci.	V	F

02. Completa il testo inserendo le seguenti parole al posto giusto.

Costituzione, Stato, Repubblica, lavoratori, riequilibrare, ricchezza, arricchimento, contraddice, concentrata, tendere, capitale, fondamentali, mani, profitto, somma, diseguaglianze, attività, ambienti, benessere.

Il *sistema capitalista* si chiama così perché è fondato sull'uso del .... per produrre .... L'imprenditore investe una .... di denaro per avviare un' .... economica da cui spera di guadagnare un .... L'attività economica, secondo la nostra ...., non può .... solo al profitto. I .... devono svolgere la loro attività in .... sicuri. L'attività economica deve servire non solo all' .... dei singoli, ma per il .... di tutta la società. Negli ultimi tempi, invece, la ricchezza si è .... sempre di più in poche ...., provocando un aumento delle ...., senza che lo .... intervenga per .... la situazione. Questo .... quanto previsto dall'art. 3 della Costituzione, uno dei "principi ...." su cui si fonda la nostra ....

03. Lessico: scegli il significato giusto tra quelli proposti.

a. *Acquirente*
A. ☐ Compratore
B. ☐ Venditore
C. ☐ Produttore

b. *Imprenditore*
A. ☐ Chi fa un lavoro dipendente
B. ☐ Chi avvia un'attività economica
C. ☐ Chi fa un lavoro manuale

c. *Transazione*
A. ☐ Controversia
B. ☐ Contrasto
C. ☐ Compravendita

d. *Stagnazione*
A. ☐ Proseguimento della crescita
B. ☐ Arresto della crescita
C. ☐ Prolungamento della crescita

04. Rispondi alle seguenti domande.

a. Quali lavoratori appartengono al settore secondario?
b. In cosa consiste la legge della domanda e dell'offerta?
c. Cosa sono le attività finanziarie?
d. Quali possono essere i motivi che creano difficoltà economiche a un Paese?
e. Cosa significa che l'economia è in *stagnazione*?
f. Cosa significa che l'economia è in *recessione*?
g. Su quali principi si basa il capitalismo?
h. A chi appartengono i mezzi di produzione nei Paesi socialisti e comunisti?
i. Quali sono le principali caratteristiche del sistema misto?
l. Cosa significa *economia pianificata*?
m. Cosa prevede la nostra Costituzione per la difesa e la sicurezza del lavoratore?
n. Cos'è una privatizzazione?
o. Cosa s'intende per *quarto settore*?

05. Inventare una storia.

Immagina di avere a disposizione una grande somma di denaro. Decidi di investirla in un'impresa. Racconta, spiegando che cosa ti piacerebbe produrre, quanti operai e impiegati avresti alle tue dipendenze, dove costruiresti la tua fabbrica.

06. Riflettere e operare.

Prova a calcolare quanto dovrai restituire a una banca che ti ha prestato la somma di 15.000 euro al tasso d'interesse del 6,5%.

07. Analisi di una pubblicità.

Analizza la pubblicità dei BTP ITALIA a pag. 77. Perché il salvadanaio? Perché c'è la porta USB? Che cosa vuol dire che si tratta di un "risparmio protetto"? Perché si dice che è accessibile da tutte le porte?

Cittadino

1.

Cittadini si nasce e si diventa

Non basta abitare in uno Stato per essere cittadino di quello Stato. Quella di cittadino è infatti una condizione particolare – *status* si dice in linguaggio giuridico – per cui la legge gli riconosce una serie di diritti e gli impone una serie di doveri.

Questa distinzione è molto chiara in francese: *citadin* è chi abita in città, *citoyen* è il cittadino titolare di diritti e doveri. Anche l'inglese distingue tra *townsman*, l'abitante della città, e il *citizen*, persona che ha diritti e doveri. Conseguentemente, la condizione giuridica di cittadino – la cittadinanza – si esprime con il termine *citoyenneté* in francese e con quello di *citizenship* in inglese.

I cittadini di uno Stato formano il *popolo*, che non è solo una massa di persone, ma una comunità che si riconosce in una storia comune e in delle norme condivise. Del popolo non fanno parte gli *stranieri* (i cittadini di altri Stati) e gli *apolidi* (persone prive di cittadinanza).

Siccome alla cittadinanza sono legati diritti e doveri, avere una cittadinanza è uno dei diritti fondamentali, di cui una persona non può essere privata. L'art 15 della *Dichiarazione universale dei diritti dell'uomo* afferma: «Ogni individuo ha diritto a una cittadinanza. Nessun individuo potrà essere arbitrariamente privato della sua cittadinanza, né del diritto di mutare cittadinanza.» Il diritto di cittadinanza ha quindi due aspetti: è un diritto averla, ma è anche un diritto cambiarla.

La Costituzione italiana, all'art. 22, afferma che «nessuno può essere privato, per motivi politici, della cittadinanza», cioè a nessuno può essere tolta o negata la cittadinanza per le sue opinioni politiche.

La *cittadinanza* è uno stato giuridico riconosciuto dalla legge – si può, infatti, chiedere un certificato di cittadinanza – e regolato in modo diverso dalla legge dei diversi Stati. Alla cittadinanza è legato il rilascio della carta di identità e del passaporto, i due documenti che certificano immediatamente l'identità della persona e lo Stato di appartenenza.

La carta di identità elettronica. Nella carta di identità, insieme ai dati personali, è indicata la cittadinanza.

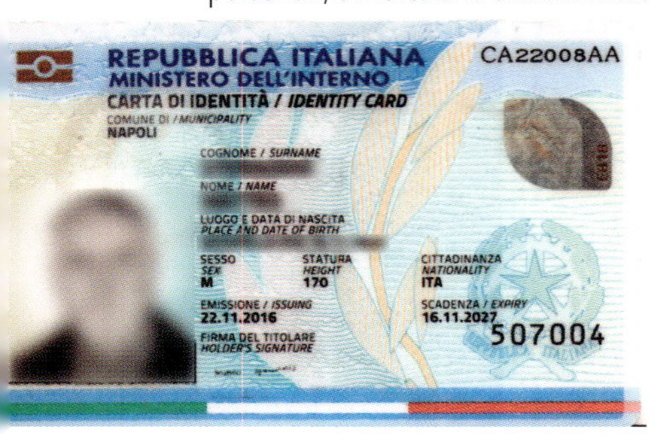

Cittadinanza inclusiva ed esclusiva

La cittadinanza indica un'appartenenza: sono italiano, appartengo allo Stato italiano, sono di nazionalità italiana... Questa idea di appartenenza può essere *inclusiva* o *esclusiva*, tendere cioè a includere gli altri o essere utilizzata per escludere gli altri. Era così già nell'antichità.

Gli antichi greci, gli ateniesi in particolare, avevano un'idea di cittadinanza che tendeva ad escludere: cittadini ateniesi erano solo gli ateniesi maschi liberi. Dalla cittadinanza erano quindi esclusi le donne, gli schiavi, gli abitanti della campagna intorno ad Atene e gli stranieri. Nessuno poteva diventare cittadino di Atene, se non era nato ad Atene da genitori ateniesi.

Al contrario, gli antichi romani avevano un'idea inclusiva della cittadinanza, che veniva concessa ad abitanti di altre città o di altre regioni, anche a popoli lontanissimi, purché fossero fedeli a Roma e osservassero la legge romana.

Echi di questi diversi modi di pensare si ritrovano ancora oggi nel dibattitto sulla cittadinanza. Sono riaffiorati anche in Italia, nel dibattito per decidere se concedere o no la cittadinanza italiana ai bambini nati in Italia da genitori stranieri. Si sono scontrati due modelli di fondo, che sono proprio quelli che abbiamo ritrovato in Grecia e a Roma.

Fascismo e nazismo avevano un'idea della cittadinanza fondata sul vincolo di sangue di una razza superiore che, per non contaminarsi, deve escludere i diversi. Per questo, nella Germania nazista e nell'Italia fascista, sono state promulgate le *leggi razziali* contro gli ebrei, esclusi dalla cittadinanza perché di razza diversa, di sangue diverso. Per lo stesso motivo, in Italia il fascismo avversava i matrimoni misti tra gli italiani e gli abitanti delle colonie africane, la Libia e l'Etiopia.

Diritto di sangue e di cultura

Cittadinanza fondata sullo *ius sanguinis* (diritto fondato sul sangue): si diventa cittadini italiani se figli di genitori italiani. Proprio quello che pensavano gli antichi greci. In base a questo modello, è escluso che possano ottenere la cittadinanza italiana i bambini italiani nati in Italia da genitori stranieri.

Cittadinanza fondata sullo *ius culturae* (diritto fondato sulla cultura): può diventare cittadino di uno Stato chi ha assimilato la cultura di quello Stato, perché è nato in quello Stato, parla la lingua di quello Stato, ha frequentato la scuola di quello Stato. Questo modello di cittadinanza avrebbe permesso di diventare cittadini italiani ai bambini nati in Italia da genitori stranieri, ma una proposta di legge in tal senso non è stata approvata dal Parlamento.

Cittadinanza fondata sullo *ius soli* (diritto fondato sul territorio): è una variante dello *ius culturae*: cittadino di uno Stato è chiunque nasce sul territorio di quello Stato, indipendentemente dalla nazionalità dei genitori. È diffuso soprattutto nel continente americano segnato dall'immigrazione. Negli Stati Uniti è stato introdotto per concedere la cittadinanza agli afroamericani, a lungo considerati e trattati come schiavi.

Le leggi sulla cittadinanza, in genere, mettono insieme questi tre criteri: si può, quindi, diventare cittadino di uno Stato *per diritto di sangue* (si è figli di cittadini di quello Stato), *per diritto di territorio* (si è nati sul territorio di quello Stato), *per scelta* accettando di soddisfare le condizioni poste dallo Stato di cui si aspira a diventare cittadino. È così anche per la legislazione italiana. Le legge sulla cittadinanza attualmente in vigore in Italia è la n. 91/1992 e successive modificazioni.

La legge italiana sulla cittadinanza

In Italia si diventa cittadini italiani *per nascita*, quando almeno uno dei genitori è italiano.

Si diventa cittadino italiano *per estensione*, in caso di matrimonio e in caso di adozione. Se un bambino viene adottato da genitori italiani, diventa cittadino italiano. Se uno straniero o una straniera sposa un italiano o un'italiana, diventa cittadino italiano dopo due anni dal matrimonio, se risiede in Italia; dopo tre anni, se risiede all'estero.

Un bambino nato da genitori italiani è cittadino italiano dalla nascita; un bambino nato in Italia da genitori stranieri lo potrà diventare, se vuole, a diciotto anni.

Si può diventare cittadino italiano, *per beneficio di legge*, cioè perché è previsto dalla legge. È una scelta perché richiede la presentazione di una domanda da parte dell'interessato. Ecco i casi.

Stranieri nati in Italia: possono chiedere la cittadinanza italiana, i figli di stranieri nati in Italia, quando raggiungono i diciotto anni di età, purché siano vissuti ininterrottamente in Italia; la richiesta deve essere presentata entro un anno dal raggiungimento della maggiore età.

Stranieri residenti in Italia: la cittadinanza può essere richiesta da stranieri residenti da un certo numero di anni in Italia. Il numero di anni cambia in base alla provenienza dello straniero: se proviene da uno Stato della UE (*cittadino comunitario*) può presentare domanda dopo quattro anni; se è un *apolide* può presentare domanda dopo cinque anni; se proviene da un Paese che non fa parte dell'Unione Europea (*cittadino extracomunitario*) dopo dieci anni. La domanda va presentata al Ministero dell'Interno.

La concessione della cittadinanza è discrezionale, cioè l'amministrazione può accettare o respingere la domanda: vengono valutati la conoscenza della lingua, il grado di integrazione, la disponibilità di reddito, la mancanza di condanne penali e meriti particolari.

Secondo le ultime disposizioni, la domanda deve essere trattata dall'amministrazione, entro quattro anni. Mediamente, per ottenere la cittadinanza italiana, ne passavano quattro-cinque dal momento della domanda. Ora ne passeranno ancora di più. Se la domanda viene accettata, la prefettura comunica il decreto all'interessato, che entro sei mesi si deve presentare al Comune di residenza per prestare giuramento di fedeltà alla Repubblica italiana.

Stranieri naturalizzati: la naturalizzazione viene concessa dal presidente della Repubblica agli stranieri che abbiano reso particolari servigi allo Stato italiano. Per esempio, abbiano prestato servizio militare nelle forze armate italiane o abbiano prestato servizio alle dipendenze dello Stato italiano, anche all'estero.

Applicazione dello ius soli: solo in caso di bambini abbandonati sul territorio italiano da genitori ignoti, di bambini nati in Italia da genitori apolidi, di bambini nati in Italia da genitori che non possono trasmettere loro la cittadinanza dello Stato di provenienza perché non previsto dalla legge

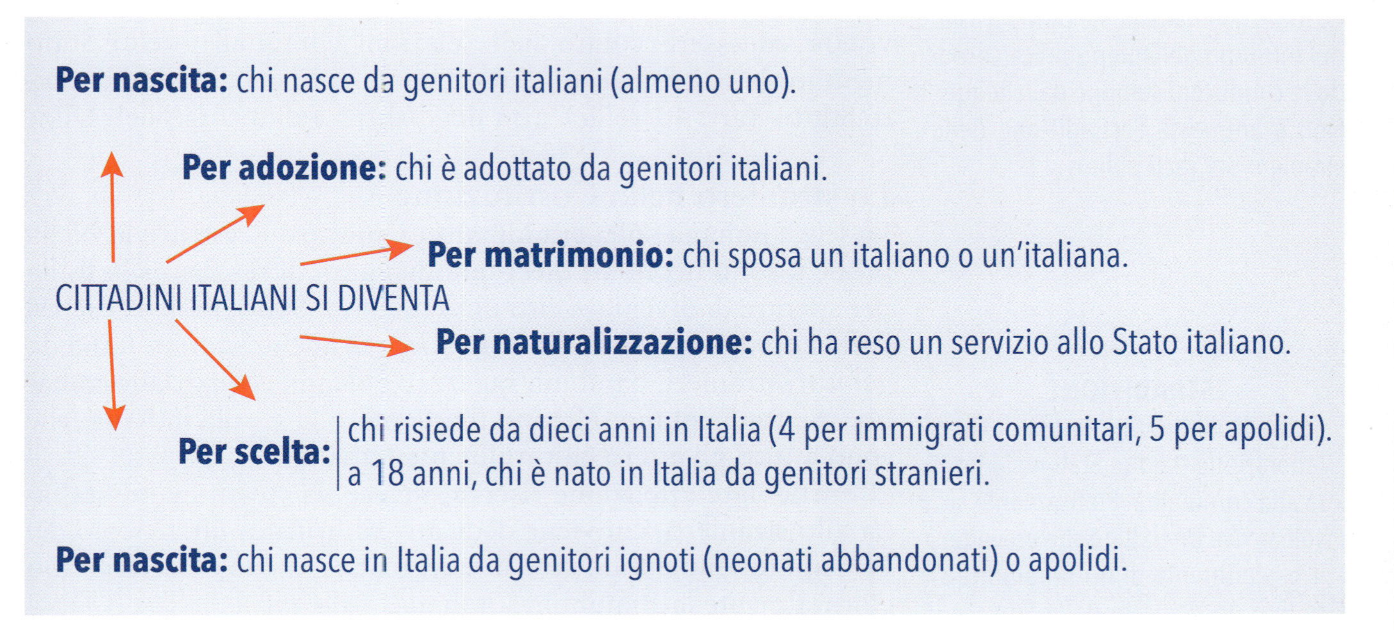

La doppia cittadinanza

La legge italiana prevede la *doppia cittadinanza,* cioè gli stranieri che ottengono la cittadinanza italiana possono conservare la cittadinanza dello Stato di provenienza se è prevista dalla legislazione del Paese di origine.

La cittadinanza può essere perduta e alla cittadinanza si può rinunciare.

I cittadini italiani perdono la cittadinanza italiana se prestano servizio nell'esercito di un altro Stato e nell'amministrazione di un altro Stato, giurando fedeltà. Il giuramento a un altro Stato annulla quello reso tacitamente allo Stato italiano accettandone la cittadinanza.

Alla cittadinanza italiana si può rinunciare, quando si diventa cittadino di un altro Stato. Si può, non si deve, perché l'Italia prevede la doppia cittadinanza. Per esempio, si può essere, contemporaneamente, cittadino italiano e cittadino francese, perché ambedue gli Stati prevedono il diritto alla doppia cittadinanza.

COSTITUZIONE ITALIANA
art. 10 c.2,3 e 4

La condizione giuridica dello straniero è regolata dalla legge in conformità delle norme e dei trattati internazionali.
Lo straniero, al quale sia impedito nel suo paese l'effettivo esercizio delle libertà democratiche garantite dalla Costituzione italiana, ha diritto d'asilo nel territorio della Repubblica secondo le condizioni stabilite dalla legge.
Non è ammessa l'estradizione dello straniero per reati politici.

La cittadinanza europea

I cittadini degli Stati che fanno parte dell'Unione Europea godono della doppia cittadinanza, sono cioè contemporaneamente cittadini dello Stato di provenienza e cittadini dell'Unione Europea.

I cittadini europei possono circolare liberamente nel territorio dell'Unione (basta la carta di identità) e possono stabilirsi liberamente in uno Stato dell'Unione, per lavorare o studiare, godendo degli stessi diritti dei cittadini dello Stato membro in cui si trovano.

In caso di elezioni europee, possono votare ed essere votati nello Stato in cui si trovano. Inoltre, il cittadino europeo può votare ed essere votato nelle elezioni comunali «nello Stato membro in cui risiede, alle stesse condizioni dei cittadini di detto Stato» (art. 40 della Carta dei diritti fondamentali dell'UE).

Lo straniero nella Costituzione

La legge italiana sulla cittadinanza è piuttosto restrittiva. Nella pratica, sono necessari dieci-quindici anni di residenza in Italia per sperare di diventare cittadino italiano. Sono, inoltre, esclusi dalla cittadinanza fino alla maggiore età anche i nati in Italia da genitori stranieri: bambini, ragazzi e giovani, che parlano italiano, che frequentano o hanno frequentato la scuola italiana, che sono a tutti gli effetti culturalmente italiani.

Particolare attenzione riserva, invece, la Costituzione italiana allo straniero, cui viene dedicato addirittura un articolo dei Principi fondamentali, cioè di quegli articoli che caratterizzano culturalmente la Repubblica italiana.

Il comma 2 dell'art. 10 precisa che la condizione dello straniero in Italia dipende dagli accordi tra lo Stato italiano e lo Stato di provenienza dello straniero. Abbiamo visto come, anche per la concessione della cittadinanza, è determinante il Paese di provenienza: solo quattro anni per i cittadini comunitari, dieci anni per i cittadini extracomunitari.

Gli accordi con lo Stato di provenienza dello straniero sono importanti anche per le espulsioni e i rimpatri degli immigrati indesiderati o clandestini, perché sono possibili solo se c'è un accordo – un trattato – con lo Stato di provenienza. Il quarto comma precisa che lo Stato italiano non può firmare trattati che prevedano l'estradizione per motivi politici.

ESTRADIZIONE

L'estradizione è una forma di collaborazione tra due Stati nella lotta alla criminalità. Praticamente si sottoscrive un trattato che prevede il trasferimento di un pregiudicato o di un ricercato dallo Stato in cui è stato arrestato a quello in cui è stato avviato un procedimento o addirittura è stata emessa una sentenza contro di lui.
Per esempio, se un condannato in Italia fugge dal carcere e viene arrestato in un altro Paese, l'Italia può chiedere che venga estradato, cioè rimandato in Italia, solo se ha firmato un trattato di estradizione con l'altro Stato.

L'aumento del numero degli immigrati in Italia ha riacceso il dibattito sulla cittadinanza. Un tentativo di introdurre un *ius culturae*, sebbene molto limitato, non ha trovato la necessaria maggioranza parlamentare.

Diritto d'asilo e rifugiati

Il terzo comma si occupa del *diritto di asilo*: le persone che nel proprio Paese non godono delle libertà garantite dalla Costituzione italiana hanno diritto a restare in Italia, acquisendo lo *status di rifugiati*.

Se la condizione è quella di godere «delle libertà democratiche garantite dalla Costituzione italiana», è chiaro che rientrano tra quelli che hanno diritto all'asilo le persone che provengono da Paesi dittatoriali e quelle che provengono da Paesi in guerra. In ambedue i casi, infatti, non vengono garantiti i diritti fondamentali – per esempio, la libertà e il diritto alla vita – garantiti dalla nostra Costituzione.

Notate che la Costituzione parla di «effettivo esercizio», quindi, dovrebbe essere assicurato l'asilo anche a persone che provengono da un Paese formalmente democratico, ma in cui l'esercizio dei diritti è limitato o impedito ad alcune minoranze.

Laboratorio pag. 108
ESERCIZI INTERATTIVI
www.medusaeditrice.it

Per estensione, può essere considerato richiedente asilo e aspirare a ottenere lo status di rifugiato anche chi fugge da epidemie e carestie, perché è in discussione il diritto più importante di tutti, quello alla vita. In questi casi, ma anche in caso di grave malattia o di pericolo immediato per la vita, in Italia viene concessa anche *la protezione umanitaria*, cioè una protezione temporanea che permetta alla persona di superare un momento di grave difficoltà.

I casi meritevoli di protezione umanitaria sono stati ridotti dalla legge n. 113/2018 che la prevede solo in pochi casi speciali: in caso di violenza domestica sulle donne, in caso di impellente bisogno di cure mediche, in caso di calamità naturali. Si tratta di un permesso di soggiorno temporaneo che potrà essere concesso anche a chi si sia distinto per atti di particolare valore civile.

Agli stranieri regolarmente presenti in Italia – con permesso o carta di soggiorno – sono riconosciuti anche i *diritti sociali*, cioè i diritti sul lavoro, il diritto all'unità della famiglia, la tutela della salute, il diritto all'istruzione, il diritto ad avere un'abitazione.

La tendenza è quella di equiparare gli stranieri regolarmente presenti in Italia ai cittadini italiani per quanto riguarda il godimento dei diritti umani e sociali (non quelli politici). Naturalmente, gli stranieri hanno anche dei doveri, prima di tutto quello di rispettare le leggi italiane, anche quelle di natura fiscale (pagare le tasse).

Migliaia di persone, negli ultimi anni, sono morte nel Mediterraneo, nel tentativo di raggiungere l'Europa.

Cittadino

2.

I diritti civili

Come abbiamo visto nel primo capitolo, i diritti civili sono nati per tutelare le persone dall'invadenza e dalla violenza dello Stato, governati allora da sovrani assoluti.

Sono detti anche *diritti naturali* e vanno garantiti sia ai cittadini che alle altre persone presenti temporaneamente in uno Stato. Sono diritti che spettano dalla nascita agli uomini e alle donne in quanto esseri umani.

Uno dei passi decisivi, come abbiamo visto, fu la codificazione dell'*habeas corpus*, che eliminava gli arresti arbitrari e tutelava il "corpo" della persona, garantendo la sua incolumità fisica e un regolare processo in base alla legge.

La tutela di questo diritto ha attraversato i secoli e la ritroviamo in tutte le costituzioni, compresa la nostra, che ne parla all'art. 13, subito dopo i principi fondamentali. Si tratta di un diritto particolarmente importante, perché l'arresto arbitrario, la carcerazione e la tortura possono compromettere il diritto più importante, quello alla vita.

COSTITUZIONE ITALIANA
art. 13 c. 1 e 2

La libertà personale è inviolabile.
Non è ammessa forma alcuna di detenzione, di ispezione o perquisizione personale, né qualsiasi altra restrizione della libertà personale, se non per atto motivato dell'autorità giudiziaria e nei soli casi e modi previsti dalla legge.

La libertà personale

La libertà personale non può essere violata da nessuno, né da altri cittadini (sarebbe un reato gravissimo, quello di sequestro di persona) né dallo Stato. La persona può essere arrestata o perquisita solo per disposizione scritta di un giudice (atto giudiziario), che deve spiegare perché lo dispone e in base a quale legge.

Come si vede dal grafico, negli anni Settanta i sequestri di persona a scopo di estorsione, cioè per ottenere soldi dalla famiglia della vittima, erano frequentissimi in It alia. Era un reato grave nei confronti della persona. È stato stroncato bloccando i beni dei rapiti.

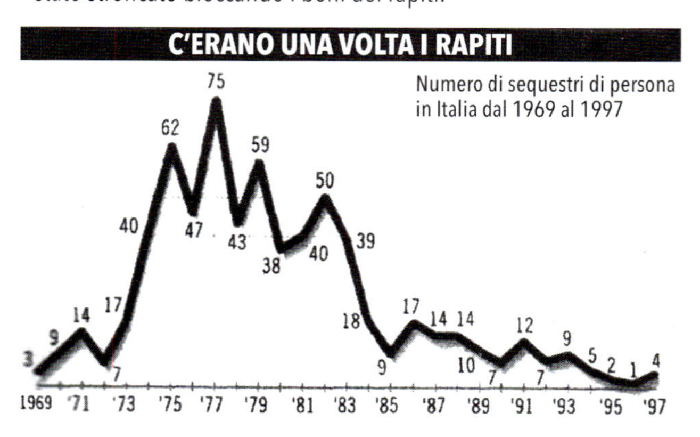

Il fermo di polizia

Nei due commi seguenti si parla del fermo di polizia e della tortura.

La Costituzione dispone che, in casi particolari indicati uno per uno (tassativamente) dalla legge, una persona può essere fermata per due giorni dalle forze di polizia, che però devono comunicare immediatamente all'autorità giudiziaria che la persona è stata fermata e trattenuta e perché.

Il fermo di polizia si trasforma in arresto solo se il giudice conferma entro due giorni che il provvedimento di fermo è motivato, altrimenti la persona deve essere rilasciata immediatamente.

In questi quattro giorni, la persona è affidata alla tutela dello Stato, che risponde della sua incolumità fisica e psicologica. Il fermato, quindi, non può essere oggetto né di violenze fisiche né di pressioni psicologiche.

Purtroppo, in questi settant'anni di democrazia costituzionale repubblicana, non sono mancati casi di violazione dei diritti della persona. Fortunatamente si tratta di casi rari e prontamente perseguiti dalla magistratura.

Il caso più grave è avvenuto nella notte dopo il G8 di Genova nel 2001, quando le forze dell'ordine fecero irruzione nella scuola Diaz, provocando molti feriti. *Amnesty International* lo ha definito «la più grave sospensione dei diritti democratici in un Paese occidentale dopo la seconda guerra mondiale». Un altro caso che continua a scuotere l'opinione pubblica è quello di Stefano Cucchi, morto durante un fermo di polizia. Il processo sulla vicenda è ancora in corso.

In questi casi, oltre all'attenzione della stampa e dei mezzi di comunicazione, è molto importante la divisione dei poteri, perché solo una magistratura indipendente garantisce il cittadino dalla violenza di apparati dello Stato.

Nonostante le numerose sollecitazioni dell'Unione Europea, solo nel 2017 il Parlamento ha approvato una *legge sulla tortura* (lg. 110/2017), che introduce nel Codice penale i reati di tortura (art. 613-bis) e di istigazione alla tortura (art. 613-ter). Il reato di tortura è punito con il carcere da quattro a dieci anni.

COSTITUZIONE ITALIANA
art. 13 c. 3 e 4

In casi eccezionali di necessità ed urgenza, indicati tassativamente dalla legge, l'autorità di pubblica sicurezza può adottare provvedimenti provvisori, che devono essere comunicati entro quarantotto ore all'autorità giudiziaria e, se questa non li convalida nelle successive quarantotto ore, si intendono revocati e restano privi di ogni effetto.
È punita ogni violenza fisica e morale sulle persone comunque sottoposte a restrizioni di libertà.

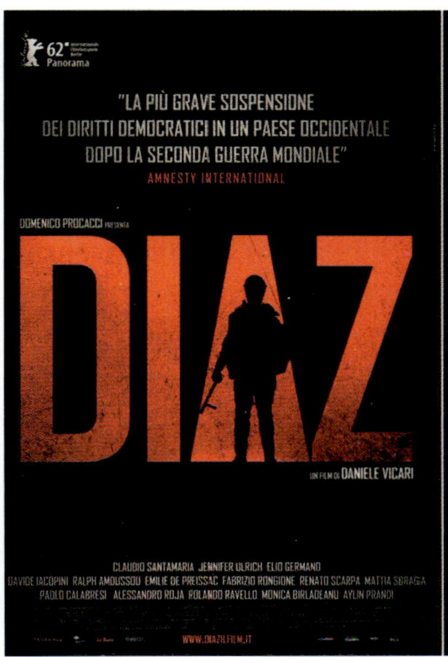

Il film *Diaz* ricostruisce i fatti avvenuti dopo il G8 di Venova, nel 2001.

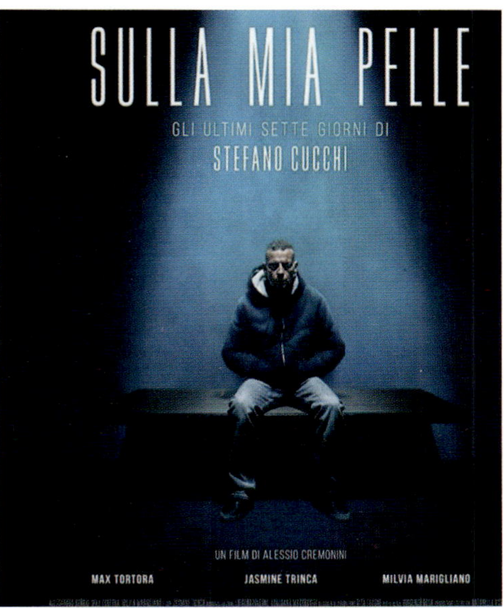

Il film *Sulla mia pelle* ricostruisce l'ultima settimana di vita di Stefano Cucchi.

Numerose associazioni e organizzazioni non governative si battono a livello internazionale per il rispetto dei diritti umani e per l'abolizione della pena di morte. *Amnesty International* ha come obiettivo primario quello di denunciare casi di maltrattamenti e di tortura.
Denunce come quelle della *Croce rossa* e di *Amnesty International* sono molto importanti non solo per frenare la violenza delle dittature, ma anche per eventuali eccessi negli Stati democratici.

Una *casa circondariale*. È un carcere in cui sono detenute persone in attesa di giudizio o condannate con pene fino a cinque anni. Per pene superiori a cinque anni, si va in una *"casa di reclusione"*. *Carceri speciali* sono riservati a condannati per delitti di criminalità organizzata.

La carcerazione preventiva

L'ultimo comma di questo articolo rinvia alla legge ordinaria il compito di stabilire «i limiti massimi della carcerazione preventiva».

La *carcerazione preventiva* – prima cioè di una sentenza di condanna – può essere disposta dal giudice in caso di gravi indizi di colpevolezza, cioè nel caso che gli investigatori ritengano che sia molto probabile che il fermato abbia commesso un reato.

Il codice di procedura penale stabilisce che la durata della carcerazione preventiva sia "ragionevole", non deve quindi essere prolungata eccessivamente. Stabilisce, inoltre, i casi in cui il giudice la può disporre. Sono solo tre: 1) pericolo di *inquinamento delle prove* (se è in libertà, l'indiziato ha la possibilità di far scomparire elementi di prova del suo reato); 2) scongiurare il *pericolo di fuga* dell'indiziato; 3) evitare che l'indiziato possa ripetere lo stesso reato (*reiterazione del reato*).

La carcerazione preventiva o *custodia cautelare* viene disposta dal pubblico ministero con atto motivato, ma deve essere confermato dal giudice per le indagini preliminari, che valuta se gli indizi sono sufficienti, se la richiesta di custodia cautelare è giustificata e se ci sono gli elementi per continuare l'indagine.

Dopo il pronunciamento del giudice per le indagini preliminare, l'indiziato che ritiene immotivato il provvedimento di carcerazione preventiva può rivolgersi al *Tribunale della libertà* o *Tribunale del riesame*, che valuta di nuovo le accuse, gli indizi e i motivi che giustificano la carcerazione.

Il sistema giudiziario italiano è quindi molto *garantista* nei confronti di chi è sospettato e accusato di aver commesso un reato.

Nonostante questo, i giudici italiani sono stati spesso criticati di abusare della carcerazione preventiva, per fiaccare la resistenza degli indiziati e indurli a confessare.

Invece della carcerazione, il giudice può disporre gli *arresti domiciliari*: l'indiziato resta a casa, ma non può avere rapporti con l'esterno.

Il domicilio come la persona

La Costituzione considera il domicilio un prolungamento della persona e dispone che «ispezioni e perquisizioni» avvengano «secondo le garanzie prescritte per la tutela della libertà personale», quindi solo nei casi prescritti dalla legge e con un mandato motivato del giudice.

Sono sicuramente fuorvianti le scene di molti serial televisivi, anche italiani, che mostrano ispettori e poliziotti disinvolti che si introducono furtivamente nelle case, addirittura forzando le porte. Nella realtà non lo fanno, perché i poliziotti reali sono ben consapevoli che in questo caso commetterebbero un reato. Inoltre, le prove raccolte non avrebbero alcun valore.

Per la Costituzione la casa è "inviolabile" come la persona. Le irruzioni e le perquisizioni domiciliari devono essere autorizzate dal giudice con un provvedimento scritto (mandato).

La responsabilità penale

L'affermazione che la responsabilità di un crimine è solo personale rappresenta un rafforzamento delle garanzie alla libertà della persona. Esclude infatti che ci possano essere reati collettivi di cui è responsabile una famiglia, un gruppo, una comunità. Anche in presenza di reati associativi, come quelli della delinquenza organizzata, ciascuno risponde dei reati che gli sono imputati.

Il rispetto dovuto alla persona si ritrova anche nel comma successivo, che esclude pene che prevedano «trattamenti contrari al senso di umanità»: anche i carcerati hanno diritto a veder rispettata la propria dignità di uomini, anche quando si siano macchiati di reati gravi, come l'omicidio.

Certo, la pena è una punizione e non si può evitare che abbia una componente "afflittiva", che porta dolore e sofferenza alla persona. Basterebbe per questo anche la sola limitazione della libertà. La Costituzione aggiunge, però, che «le pene devono tendere alla rieducazione del condannato», cioè al suo recupero ai valori di convivenza civile e al suo reinserimento nella società.

Da questo punto di vista, alcuni giuristi contestano che la *pena dell'ergastolo* sia coerente con questo articolo della Costituzione. Che non sia prevista una fine della pena elimina infatti alla radice ogni possibilità di rieducazione e di reinserimento sociale del condannato.

È uno degli argomenti che Cesare Beccaria utilizzava per contestare la legittimità della pena di morte, esclusa ormai nettamente dalla Costituzione.

L'art. 27 è stato modificato dalla legge 1/2007. Prima di que-

COSTITUZIONE ITALIANA
art. 27

La responsabilità penale è personale.
L'imputato non è considerato colpevole sino alla condanna definitiva.
Le pene non possono consistere in trattamenti contrari al senso di umanità e devono tendere alla rieducazione del condannato.
Non è ammessa la pena di morte.

Per favorire il recupero dei detenuti, la legge prevede che possano godere di brevi periodi di permesso o di un *regime di semilibertà* (il giorno escono dal carcere per lavorare e la sera ritornano in carcere). In caso di buona condotta, sono previste anche sostanziose *riduzioni della pena*. Queste leggi sono perfettamente in linea con lo spirito della Costituzione, ma provocano frequenti attacchi ai giudici nei casi (in realtà, piuttosto rari) in cui il detenuto in semilibertà scappa o delinque.

sta modifica costituzionale, la pena di morte era ammessa «nei casi previsti dalle leggi militari di guerra».

Il diritto di "agire" in giudizio

Per far valere i propri diritti o per difendersi da eventuali accuse, a tutti è riconosciuto il diritto di "agire" in giudizio, cioè di rivolgersi a un giudice per veder ristabilito un diritto o per difendersi davanti a un giudice se accusato di un reato. A tutti, quindi non solo ai cittadini, ma a chiunque si trovi sul territorio italiano.

La Costituzione aggiunge che tutti hanno diritto alla difesa legale, cioè ad avere un avvocato. Ai non abbienti ne sarà quindi assegnato uno d'ufficio, in ogni grado di giudizio.

In caso di errore giudiziario, la persona condannata ingiustamente ha diritto a un *indennizzo* stabilito dalla legge

A tutela delle persone coinvolte in procedimenti giudiziari, la Costituzione aggiunge che «nessuno può essere distolto dal giudice naturale», cioè dal giudice a cui spetta giudicare quel reato nel territorio dove è stato commesso il fatto.

Altra cosa importantissima: la Costituzione stabilisce che una persona può essere punita solo in base a una legge entrata in vigore «*prima* del fatto commesso», precisa cioè che le leggi non possono avere *valore retroattivo*.

Inoltre, la persona può essere arrestata solo nei casi previsti dalla legge.

COSTITUZIONE ITALIANA

art. 24

Tutti possono agire in giudizio per la tutela dei propri diritti e interessi legittimi.
La difesa è diritto inviolabile in ogni stato e grado del procedimento.
Sono assicurati ai non abbienti, con appositi istituti, i mezzi per agire e difendersi davanti ad ogni giurisdizione.
La legge determina le condizioni e i modi per la riparazione degli errori giudiziari

art. 25

Nessuno può essere distolto dal giudice naturale precostituito per legge.
Nessuno può essere punito se non in forza di una legge che sia entrata in vigore prima del fatto commesso.
Nessuno può essere sottoposto a misure di sicurezza se non nei casi previsti dalla legge.

La privacy

Grande sensibilità mostra la Costituzione nei confronti dei temi della privacy. Anche qui, per tutelare «la libertà e la segretezza della corrispondenza», viene usato l'aggettivo "inviolabile", lo stesso usato per la tutela della libertà personale e del domicilio.

La Costituzione mostra anche lungimiranza perché aggiunge «e di ogni altra comunicazione», espressione che può comprendere le telefonate, ma anche i moderni mezzi di comunicazione interpersonale, come la posta elettronica, la messaggistica digitale e gli scambi sui social.

Anche qui limitazioni possono essere disposte solo dal giudice in base alle disposizioni di legge.

Oggi con i nuovi mezzi di comunicazione a distanza (telefono, cellulare, fax, modem), di conservazione e di elaborazione dei dati (computer) e di registrazione e videoregistrazione di suoni e immagini, la situazione è profondamente cambiata, rispetto a quando è stata scritta la Costituzione.

Per questo il Parlamento ha approvato la lg. 675/1996, che tutela la riservatezza del cittadino, che potrà pretendere da enti o associazioni in possesso dei suoi dati di conoscerne la fonte e di chiederne la rettifica o la cancellazione.

In pratica, il cittadino è diventato il titolare di un *nuovo diritto*, quello di controllare l'utilizzo dei dati personali contenuti nelle banche elettroniche. Potrà così arginare l'uso che ne viene fatto da parte di operatori commerciali e finanziari.

La legge ha istituito anche un *Garante* a cui il cittadino può rivolgersi se ritiene che sia stato leso il suo diritto alla privacy. Il *Garante della privacy* è un'autorità indipendente, perché le intrusioni e le violazioni della privacy potrebbero provenire anche dal governo e dalla pubblica amministrazione.

La libertà di movimento

La Costituzione garantisce la più ampia libertà di movimento ai cittadini, che possono muoversi liberamente sul territorio nazionale, possono soggiornare dove vogliono e possono lasciare l'Italia e ritornarvi, senza alcuna limitazione.

Tale libertà di movimento è stata ampliata dall'appartenenza dell'Italia all'Unione Europea. I cittadini europei possono muoversi e soggiornare liberamente in tutti i Paesi dell'Unione, godendo degli stessi diritti dei cittadini residenti.

Mentre il domicilio può essere cambiato senza nessun obbligo particolare, la volontà di risiedere stabilmente in una località deve essere comunicata al Comune. Il domicilio di *residenza* viene infatti registrato sui documenti di identità e serve per poter accedere ai servizi comunali e a quelli del Servizio sanitario nazionale.

La libertà religiosa

Alla libertà religiosa la Costituzione dedica due articoli (7 e 8) dei Principi fondamentali e gli articoli 19 e 20, includendola quindi tra i diritti civili, i diritti fondamentali di una persona.

La Costituzione non garantisce solo la *libertà religiosa* come libertà di pensiero, come fatto intimo e personale, ma anche la *libertà di culto*, cioè di professare in pubblico la propria religione, partecipando ai culti previsti e a eventuali azioni di propaganda e di proselitismo.

Anche se non viene detto esplicitamente, la libertà di religione comprende anche quella di non professare alcuna religione. La tutela della libertà religiosa non ha presentato aspetti critici particolari nel periodo repubblicano, anche se la Costituzione riserva un'attenzione particolare alla religione cattolica. Ai rapporti tra Stato e Chiesa è infatti dedicato un articolo (art. 7) dei Principi fondamentali, che accoglie nella Costituzione anche i *Patti lateranensi*, firmati nel 1929 tra Chiesa e Stato italiano, durante il regime fascista.

In base a questo accordo, rinnovato nel 1984, il cattolicesimo è anche l'unica religione insegnata nella scuola italiana. L'IRC (*Insegnamento della religione cattolica*) è impartita dalla scuola elementare fino al completamento delle scuole superiori. Gli insegnanti di religione vengono pagati dallo Stato, ma scelti dalla Chiesa cattolica. I genitori possono chiedere l'esonero dall'insegnamento della religione cattolica per i loro figli.

COSTITUZIONE ITALIANA

art. 15

La libertà e la segretezza della corrispondenza e di ogni altra forma di comunicazione sono inviolabili.
La loro limitazione può avvenire soltanto per atto motivato dell'autorità giudiziaria con le garanzie stabilite dalla legge.

art. 16

Ogni cittadino può circolare e soggiornare liberamente in qualsiasi parte del territorio nazionale, salvo le limitazioni che la legge stabilisce in via generale per motivi di sanità o di sicurezza. Nessuna restrizione può essere determinata da ragioni politiche. Ogni cittadino è libero di uscire dal territorio della Repubblica e di rientrarvi, salvo gli obblighi di legge.

La libera circolazione delle persone nell'Unione Europea è regolata dal *Trattato di Schengen*, sottoscritto da ventisei Paesi europei.

COSTITUZIONE ITALIANA
art. 19

Tutti hanno diritto di professare liberamente la propria fede religiosa in qualsiasi forma, individuale o associata, di farne propaganda e di esercitarne in privato o in pubblico il culto, purché non si tratti di riti contrari al buon costume.

L'INSEGNAMENTO DELLA RELIGIONE

In *Francia*, per garantire la laicità dello Stato, a scuola non è previsto alcun tipo di insegnamento religioso.
In *Germania* l'insegnamento della religione è obbligatorio e viene impartito per due ore a settimana. Le religioni insegnate a scuola sono cinque: cattolica, evangelica, ortodossa, neoapostolica ed ebrea. Sono state avviate sperimentazioni per l'insegnamento della religione islamica.
In Inghilterra l'insegnamento religioso è obbligatorio dai cinque ai sedici anni, ma si può chiedere l'esonero.

Questa situazione sbilanciata a favore della religione cattolica viene giustificata dal fatto che il cattolicesimo è la religione della maggioranza della popolazione.

Un'attenzione maggiore alla *laicità dello Stato* sarebbe necessaria ora che, con l'immigrazione, le minoranze religiose, non solo cristiane, sono diventate più corpose. *Laicità dello Stato* vuol dire che lo Stato tratta i cittadini allo stesso modo, qualunque sia la religione professata.

Per esempio, non depone bene sulla laicità dello Stato italiano il fatto che si frappongano ostacoli alla costruzione di moschee sul territorio italiano, perché, come avete visto, la Costituzione prevede il diritto di esercitare «in privato e in pubblico il culto», ponendo come unico limite che non «si tratti di riti contrari al buon costume».

La libertà di stampa

La libertà di stampa è fondamentale per la vita democratica, perché, se l'informazione non è libera, i cittadini non potranno essere informati correttamente e non potranno formarsi un'opinione sui vari problemi, cosa indispensabile per votare in modo libero e consapevole.

Per questo la Costituzione, oltre a garantire il diritto di esprimere liberamente il proprio pensiero «con la parola, lo scritto e ogni altro mezzo di diffusione», aggiunge che «la stampa non può essere soggetta ad *autorizzazioni* e *censure*».

Autorizzazione e censura erano stati i due mezzi attraverso i quali il fascismo aveva di fatto eliminato la libertà di stampa in Italia. Infatti, i giornali dovevano richiedere l'autorizzazione ogni anno e sapevano quindi che, se avessero criticato il regime, non l'avrebbero più ottenuta. Inoltre, il regime aveva istituito la censura preventiva sulla stampa e potevano essere pubblicati solo i libri e i giornali che avevano ottenuto il via libera dal *Minculpop*, cioè dal *Ministero della cultura popolare*, che controllava anche la stampa periodica.

I contribuenti possono destinare l'otto per mille dell'Irpef allo Stato oppure a una confessione religiosa, scelta tra quelle che hanno firmato un'intesa con lo Stato italiano ai sensi dell'art. 8 c. 3 della Costituzione.

LA SCELTA DELLA DESTINAZIONE DELL'OTTO PER MILLE, DEL CINQUE PER MILLE E DEL DUE PER MILLE DELL'IRPEF NON SONO IN ALCUN MODO ALTERNATIVE FRA LORO. PERTANTO POSSONO ESSERE ESPRESSE TUTTE E TRE LE SCELTE

SCELTA PER LA DESTINAZIONE DELL'OTTO PER MILLE DELL' IRPEF (in caso di scelta FIRMARE in UNO degli spazi sottostanti)

Stato	Chiesa cattolica	Unione Chiese cristiane avventiste del 7° giorno	Assemblee di Dio in Italia
Chiesa Evangelica Valdese (Unione delle Chiese metodiste e Valdesi)	Chiesa Evangelica Luterana in Italia	Unione Comunità Ebraiche Italiane	Sacra arcidiocesi ortodossa d'Italia ed Esarcato per l'Europa Meridionale
Chiesa Apostolica in Italia	Unione Cristiana Evangelica Battista d'Italia	Unione Buddhista Italiana	Unione Induista Italiana

AVVERTENZE Per esprimere la scelta a favore di una delle nove istituzioni beneficiarie della quota dell'otto per mille dell'IRPEF, il contribuente deve apporre la propria firma nel riquadro corrispondente ad una di dette istituzioni. La scelta deve essere fatta esclusivamente per una delle istituzioni beneficiarie.
La mancanza della firma in uno dei nove riquadri previsti costituisce scelta non espressa da parte del contribuente. In tal caso, la ripartizione della quota d'imposta non attribuita è stabilita in proporzione alle scelte espresse. La quota non attribuita spettante alle Assemblee di Dio in Italia e alla Chiesa Apostolica in Italia è devoluta alla gestione statale.

Oltre al dovere di informare correttamente il lettore, la stampa libera ha anche il compito di controllare e criticare il potere e quello di permettere la diffusione di opinioni diverse, anche contrastanti, per arricchire il dibattito pubblico e favorire la formazione di un'opinione pubblica critica e consapevole.

Spesso si parla della stampa come del *quarto potere*. L'espressione è particolarmente calzante perché indica che la stampa esercita un controllo sugli altri poteri e che è necessario che resti indipendente dagli altri poteri.

In democrazia è quindi normale che i giornalisti critichino i potenti – è il loro compito – non è, invece, normale che i politici critichino la stampa, perché denota un'insofferenza per i diritti di libertà garantiti dalla Costituzione. Un politico che critichi o addirittura minacci la stampa, denota una mentalità autoritaria, contraria allo spirito liberale della Costituzione.

A garanzia della correttezza dell'informazione, la Costituzione prevede che la legge possa rendere obbligatoria la pubblicazione dei «mezzi di finanziamento della stampa periodica». Conoscere infatti la *proprietà dei giornali* può essere importante per valutare criticamente una notizia. Anche assicurando un'informazione corretta, può darsi che il giornale della Confindustria sia più sensibile agli interessi degli industriali e che un giornale vicino al sindacato lo sia a quelli degli operai. È giusto che il lettore abbia questa informazione per attivare il suo spirito critico.

Un punto critico dell'informazione in Italia è costituito dalla RAI, che dovrebbe svolgere un *servizio pubblico*, perché è finanziata anche con i soldi del *canone* pagato dai cittadini. Purtroppo, la RAI finisce per essere controllata sempre dai partiti al governo, che nominano il direttore generale, i direttori di rete e i direttori dei vari telegiornali. Sulla RAI vigila una commissione parlamentare, che dovrebbe garantire il *pluralismo* dell'informazione.

Su tutto il settore della comunicazione vigila l'AGCOM, l'*Autorità per le garanzie nelle comunicazioni*. Si tratta di un'autorità indipendente che vigila su tutto il settore dell'informazione e della comunicazione, per evitare che ci siano concentrazioni editoriali (troppi giornali e televisioni che fanno capo a uno stesso proprietario o a una stessa società) mettendo in pericolo il *pluralismo* dell'informazione. Il garante riferisce al parlamento due volte all'anno, segnalando disfunzioni o squilibri nell'informazione. Il garante viene nominato dai presidenti di Camera e Senato e dura in carica cinque anni.

COSTITUZIONE ITALIANA
art. 21 c. 1 e 2

Tutti hanno diritto di manifestare liberamente il proprio pensiero con la parola, lo scritto e ogni altro mezzo di diffusione.
La stampa non può essere soggetta ad autorizzazioni o censure.

Laboratorio pag. 109
ESERCIZI INTERATTIVI
www.medusaeditrice.it

Uno studio della sede regionale RAI di Napoli.

I doveri del cittadino

Il primo dovere di un cittadino è quello «di svolgere, secondo le proprie possibilità e la propria scelta, un'attività o una funzione che concorra al progresso materiale o spirituale della società». Lo afferma l'art. 4 della Costituzione, che già aveva ricordato il lavoro nell'art. 1, definendo lo Stato italiano «una repubblica fondata sul lavoro». Siamo quindi nel cuore della Costituzione, in quei principi fondamentali, che definiscono la cultura della Repubblica.

Ne abbiamo già parlato nel capitolo su "La cultura della Repubblica" e in quello dedicato specificamente al lavoro.

COSTITUZIONE ITALIANA
art. 52

La difesa della Patria è sacro dovere del cittadino.
Il servizio militare è obbligatorio nei limiti e modi stabiliti dalla legge. Il suo adempimento non pregiudica la posizione di lavoro del cittadino, né l'esercizio dei diritti politici.
L'ordinamento delle forze armate si informa allo spirito democratico della Repubblica.

La difesa della patria

La difesa della patria è stata a lungo identificata con la *difesa militare* e, quindi, con il dovere del cittadino italiano a prestare servizio nelle forze armate: l'Esercito Italiano, la Marina Militare, l'Aeronautica Militare, il cui compito è di difendere lo Stato in caso di aggressione straniera.

L'aggettivo "sacro" ha un sapore risorgimentale: durante il Risorgimento, nel XIX secolo, la patria era considerata sacra e l'amore per la patria, il *patriottismo*, portava i patrioti a mettere in conto anche la morte – «siam pronti alla morte» dice l'inno nazionale – per combattere per la libertà e l'unità dell'Italia.

Notate però che nel primo comma la Costituzione non parla di difesa militare, ma solo di "difesa della Patria", scritta con l'iniziale maiuscola in segno di rispetto e di amore. La Corte costituzionale ha chiarito che l'espressione costituzionale "difesa della Patria" ha un significato più ampio di quello militare e che ci possono essere molteplici modi per difendere l'Italia.

I gagliardetti delle forze armate italiane.

La Corte ha specificato che la difesa della patria si può adempiere anche con «impegno sociale non armato», quindi anche adempiendo a quei «doveri inderogabili di solidarietà politica, economica e sociale», di cui si parla nell'art. 2 della Costituzione.

Uno dei modi di difendere la patria può essere svolgere attività di volontariato nella protezione civile.

Il servizio militare obbligatorio

Nel comma successivo, dove si parla del servizio militare, si dice che è obbligatorio, ma «nei limiti e nei modi previsti dalla legge», aggiungendo che lo svolgimento del servizio militare non deve pregiudicare il lavoro del cittadino (non può essere licenziato durante l'espletamento del servizio) né l'esercizio dei diritti politici (non gli può essere impedito, per esempio, di votare). Quindi è la legge a stabilire se, quando e per chi il servizio militare è obbligatorio.

Il servizio militare è stato a lungo obbligatorio per i maschi maggiorenni italiani – praticamente dall'unità d'Italia (1861) fino al 2004 – e la *renitenza alla leva* (il rifiuto di fare il servizio militare) era considerato un reato punito con il carcere.

Servizio militare e servizio civile

Nel 1972, la legge n. 772 aveva riconosciuto il diritto all'*obiezione di coscienza* non solo per motivi religiosi, ma anche per altri motivi, come il pacifismo, l'antimilitarismo e il rifiuto di usare le armi. Fu istituito allora il *servizio civile obbligatorio* per gli obiettori, considerato alternativo e sostitutivo di quello militare. Negli anni, il numero degli obiettori arrivò quasi a uguagliare quello dei giovani in servizio di leva e questo portò all'istituzione del *Servizio civile nazionale* (lg. 64/2001).

Attualmente, il servizio militare è obbligatorio solo in caso di guerra dichiarata ai sensi dell'art. 78 della Costituzione e in caso di crisi internazionale che coinvolga direttamente l'Italia. Due casi abbastanza remoti.

Rimane il *servizio militare volontario*, che può diventare ferma permanente per chi vuole intraprendere la carriera militare; rimane anche *il servizio civile volontario* di un anno, per chi vuole svolgere un servizio utile socialmente.

Le forze armate italiane ora sono quindi formate da professionisti e da professioniste – dal 1999 le forze armate sono aperte anche alle donne – che scelgono la carriera militare.

Si discute spesso dell'opportunità di rendere obbligatorio il servizio civile. Potrebbe servire per educare i giovani al senso civico e alla solidarietà sociale e anche per risolvere alcuni problemi annosi dell'Italia, come la cura del territorio e del patrimonio artistico e culturale.

L'ultimo comma è stato a lungo discusso nella Costituente,

SERVIZIO CIVILE NAZIONALE

Il servizio civile si può svolgere anche presso un'associazione riconosciuta. La domanda di servizio civile può essere fatta dai giovani tra i diciotto e i ventisei anni; i giovani impegnati negli studi universitari possono presentare la domanda anche dopo i ventisei anni.

perché alcuni deputati ritenevano che accennare allo "spirito democratico" delle forze armate potesse indebolire la disciplina su cui è fondata l'organizzazione gerarchica militare. Il comma fu approvato dopo che fu chiarito all'assemblea che non si intendeva mettere in discussione le gerarchie militari, ma sottolineare che, con la nascita della repubblica democratica, anche le forze armate dovevano aderire ai valori costituzionali di rispetto delle istituzioni e delle procedure democratiche.

Il modello F24 serve a versare somme di denaro dovute per tasse, imposte e contributi. L'operazione si può fare anche on line dal sito dell'Agenzia delle entrate oppure, se si dispone di un conto bancario, dal sito della propria banca. Il sistema è molto semplice.

Agenzia Entrate

Mod. F24

MODELLO DI PAGAMENTO UNIFICATO

DELEGA IRREVOCABILE A:

AGENZIA PROV.

PER L'ACCREDITO ALLA TESORERIA COMPETENTE

CONTRIBUENTE

CODICE FISCALE

DATI ANAGRAFICI — cognome, denominazione o ragione sociale; nome; data di nascita; sesso (M o F); comune (o Stato estero) di nascita; prov.

DOMICILIO FISCALE — comune; prov.; via e numero civico

CODICE FISCALE del coobbligato, erede, genitore, tutore o curatore fallimentare — codice identificativo

SEZIONE ERARIO

IMPOSTE DIRETTE – IVA
RITENUTE ALLA FONTE
ALTRI TRIBUTI ED INTERESSI

codice tributo; rateazione/regione/prov./mese rif.; anno di riferimento; importi a debito versati; importi a credito compensati

codice ufficio; codice atto; TOTALE A; B; +/– SALDO (A-B)

SEZIONE INPS

codice sede; causale contributo; matricola INPS/codice INPS/filiale azienda; periodo di riferimento da mm/aaaa a mm/aaaa; importi a debito versati; importi a credito compensati

TOTALE C; D; +/– SALDO (C-D)

SEZIONE REGIONI

codice regione; codice tributo; rateazione/mese rif.; anno di riferimento; importi a debito versati; importi a credito compensati

TOTALE E; F; +/– SALDO (E-F)

SEZIONE IMU E ALTRI TRIBUTI LOCALI — IDENTIFICATIVO OPERAZIONE

codice ente/codice comune; Ravv.; Immob. variati; Acc.; Saldo; numero immobili; codice tributo; rateazione/mese rif.; anno di riferimento; importi a debito versati; importi a credito compensati

detrazione; TOTALE G; H; +/– SALDO (G-H)

SEZIONE ALTRI ENTI PREVIDENZIALI E ASSICURATIVI

INAIL — codice sede; codice ditta; c.c.; numero di riferimento; causale; importi a debito versati; importi a credito compensati

TOTALE I; L; +/– SALDO (I-L)

codice ente; codice sede; causale contributo; codice posizione; periodo di riferimento da mm/aaaa a mm/aaaa; importi a debito versati; importi a credito compensati

TOTALE M; N; +/– SALDO (M-N)

FIRMA

SALDO FINALE — EURO +

ESTREMI DEL VERSAMENTO (DA COMPILARE A CURA DI BANCA/POSTE/AGENTE DELLA RISCOSSIONE)

DATA (giorno, mese, anno); CODICE BANCA/POSTE/AGENTE DELLA RISCOSSIONE — AZIENDA; CAB/SPORTELLO

Pagamento effettuato con assegno bancario/postale; circolare/vaglia postale; n.ro; tratto / emesso su; cod. ABI; CAB

Autorizzo addebito su conto corrente codice IBAN IT; firma

Tasse e imposte

Prima di vedere che cosa la Costituzione dispone a proposito di tasse e imposte, cerchiamo di chiarire il significato di alcuni termini ed espressioni.

Le *imposte* o *tributi* sono versamenti obbligatori di denaro da parte dei cittadini nelle casse dello Stato, perché possa affrontare le spese di pubblica utilità e quelle per il funzionamento della pubblica amministrazione. Le principali imposte sono l'IRPEF (Imposta sul reddito delle persone fisiche) e l'IRES (Imposta sul reddito delle società); la prima è pagata dai singoli cittadini, la seconda dalle imprese. Praticamente, si calcola annualmente qual è il reddito di una persona o di un'impresa, che versano allo Stato la cifra stabilita dalla legge per quella fascia di reddito.

Le *tasse*, invece, sono versamenti di denaro dei cittadini per usufruire di un servizio. Esempi: la TARI (Tassa sui Rifiuti), le tasse scolastiche e universitarie, i ticket sanitari. I soldi delle tasse vengono spesi per organizzare il servizio per il quale vengono pagate.

Le imposte sono pagate da tutti, le tasse solo da quelli che usufruiscono di uno specifico servizio.

Le imposte possono essere

dirette e indirette. Le *imposte dirette* gravano sul reddito di una persona o di un'impresa, come l'IRPEF e l'IRES citate prima. Le *imposte indirette* gravano, invece, sui consumi.

La più famosa imposta indiretta è l'IVA (*Imposta sul valore aggiunto*), che è inglobata nel prezzo di un bene di consumo. Per esempio, se compro un oggetto del valore di un euro su cui è prevista l'IVA al 20%, pagherò 1,20 euro; se compro un bene del valore di mille euro su cui è prevista l'IVA al 22%, pagherò 1220 euro. Praticamente, quando acquistiamo un bene di consumo (cibo, vestiti, libri, elettrodomestici, mezzi di trasporto...) paghiamo una cifra in più (il 4%, il 18%, il 20% a seconda dei beni), che poi il commerciante verserà allo Stato.

Le imposte dirette sono proporzionali al reddito, le imposte indirette sono uguali per tutti. La tassazione indiretta è considerata ingiusta perché viene pagata da tutti, ricchi e poveri, allo stesso modo; anzi, siccome è applicata sui beni di largo consumo, colpisce più i poveri che i ricchi.

L'IVA su alcuni prodotti – per esempio, i libri – è bassa per non deprimerne il consumo; bassa è anche sui beni di prima necessità.

Tasse e solidarietà economica

Chi deve pagare le imposte? Tutti, anche gli stranieri che abitano in Italia, infatti qui non si parla solo dei cittadini italiani, ma di chiunque viva e lavori in Italia. Perché bisogna pagare le imposte? Per «concorrere alle spese pubbliche», cioè per partecipare insieme agli altri a pagare le spese che sono fatte per tutti. Quanto bisogna pagare? In proporzione alla proprie capacità economiche: chi è più ricco paga di più, chi ha meno paga di meno, chi ha troppo poco non paga niente. Poche parole, ma chiare: questo dice la Costituzione sulle imposte.

Tutti sono tenuti a concorrere alle spese pubbliche in ragione della loro capacità contributiva.
Il sistema tributario è informato a criteri di progressività.

Le imposte servono a pagare le spese per mantenere in piedi l'organizzazione dello Stato e a pagare servizi pubblici come la scuola, il Servizio sanitario nazionale, le forze armate, le forze di polizia, i trasporti pubblici... Pensate alle spese per gli edifici scolastici, per gli ospedali, per il personale, per le attrezzature... Di questi servizi usufruiscono gratuitamente sia chi paga molto perché ha un reddito alto, sia chi paga poco o non paga affatto perché ha un reddito basso o addirittura nessun reddito.

È chiaro che qui gioca un ruolo importante la *solidarietà* – quella che durante la Rivoluzione francese chiamavano "fratellanza" – che è uno dei valori fondamentali della Costituzione italiana, che parla di «doveri inderogabili di solidarietà economica» (art. 2). "*Inderogabili*" vuol dire che si tratta di doveri a cui non ci si può sottrarre.

Qui non conta l'uguaglianza che fa parti uguali, ma l'uguaglianza che rende uguali, facendo parti uguali fra diseguali, cioè offrendo servizi uguali indipendentemente dalle tasse pagate. Anzi, pensate all'assistenza, offrendo addirittura di più a chi non paga niente.

Anche gli stranieri, che lavorano o svolgono attività economiche in Italia, pagano le tasse nel nostro Paese.

Anni fa suscitò molto stupore una frase del ministro dell'e-

Liberté • Égalité • Fraternité

RÉPUBLIQUE FRANÇAISE

La *fraternité*, cioè la solidarietà, è uno dei valori fondamentali della rivoluzione francese, che ritroviamo nella Costituzione italiana.

conomia Tommaso Padoa Schioppa che affermò: «Pagare le imposte è bello». Se teniamo conto di quello che abbiamo appena detto, forse possiamo capire quello che a prima vista appare un'affermazione paradossale, visto che nessuno paga volentieri tasse e imposte. Pagare le imposte è bello, se pensiamo che quei soldi serviranno a costruire una scuola, a riparare una strada, a curare un malato, che altrimenti non si sarebbe curato... Pagare le imposte è bello perché ci fa sentire utili socialmente, ci fa sentire parte di una comunità solidale. È significativo che chi paga le imposte sia chiamato "*contribuente*", proprio perché contribuisce a rendere possibile qualcosa che è frutto del contributo di tutti.

La progressività

Il secondo comma rafforza questo concetto ribadendo che il sistema tributario deve essere *progressivo*, cioè le imposte devono essere più alte man mano che cresce il reddito e devono diminuire man mano che il reddito decresce.

Chi ha di più deve dare di più allo Stato e in questo modo diventa un po' meno ricco. Chi ha di meno, paga di meno, senza compromettere la propria posizione economica. Chi non ha niente, non paga niente, ottenendo anzi assistenza e servizi gratuiti. La progressività serve quindi a far diminuire le disuguaglianze, creando una società più giusta.

I cittadini possono registrarsi e accedere al sito dell'Agenzia delle entrate per effettuare tutte le operazioni fiscali.

È possibile rendere progressive tutte le imposte?

No. Per esempio, le imposte indirette non possono essere progressive perché sono legate ai beni di consumi: chi compra un bene di consumo paga automaticamente l'imposta, che è uguale sia per i ricchi che per i poveri. Al contrario, le imposte dirette possono essere progressive, perché sono legate al reddito: reddito alto imposta alta, reddito basso, imposta bassa.

Questo problema era ben presente ai deputati della Costituente, che hanno scelto l'espressione «*sistema tributario*» proprio per indicare che non è richiesto che la singola imposta sia progressiva, ma che lo sia il sistema nel suo insieme.

Prendiamo come esempio un caso limite, la "*flat tax*", di cui si discute da un po' di tempo in Italia, ma non solo. L'espressione vuol dire "*tassa piatta*", quindi uguale per tutti: non si impenna per i redditi alti e non si abbassa per i redditi bassi. Per esempio, se è fissata al 15%, è per tutti al 15%. È chiaro che la flat tax, se considerata da sola, non è progressiva, favorisce i ricchi ed è anticostituzionale, perché non risponde a "criteri di progressività". Il sistema può essere però equilibrato prevedendo una cifra su cui non si pagano tasse, prevedendo sgravi per figli a carico, prevedendo sgravi per l'affitto, servizi gratuiti solo per chi ha un reddito basso... Insomma, anche un sistema fondato su una tassa piatta diventerebbe progressivo, se corretto da altri provvedimenti fiscali.

ELUSIONE FISCALE

Un tipo particolare di evasione fiscale è l'elusione, praticata da contribuenti molto ricchi con l'aiuto di professionisti. Consiste nel pagare di meno, rispettando solo apparentemente la legge, ma di fatto aggirandola.

L'evasione fiscale

Evadere tasse e imposte vuol dire non pagare (*evasione totale*) o pagare di meno del dovuto (*evasione parziale*), nascondendo una parte del reddito allo Stato. Per farlo, naturalmente, bisogna occultare una parte della propria attività economica, non rilasciando fatture o rilasciando fatture più basse della cifra realmente riscossa. È quella che viene definita *economia sommersa* o *economia in nero*, in cui i passaggi di denaro e i passaggi di merci sono nascosti al fisco per non pagare le imposte previste. È un fenomeno presente in tutte le economie, ma particolarmente diffuso in Italia, in cui le cifre dell'evasione fiscale sono molto alte.

Spesso, a giustificazione degli evasori, si dice che le imposte vengono evase perché il livello di tassazione è troppo alto e, quindi, gli evasori... si difendono da uno Stato troppo esoso. È vero che la tassazione in Italia è troppo alta, ma è anche vero che è così alta proprio perché la parte di cittadini che non paga tasse e imposte o paga meno del dovuto è troppo alta. Se tutti pagassero il dovuto, il livello di tassazione sarebbe destinato ad abbassarsi. Con un facile slogan, si potrebbe dire: pagare tutti per pagare meno.

La Guardia di finanza è un corpo specializzato per perseguire i reati fiscali e valutari.

Condoni fiscali

Le imposte dirette in Italia vengono pagate in due modi diversi.

Ai lavoratori dipendenti le imposte vengono detratte mese per mese dallo stipendio direttamente dal datore di lavoro, che poi le versa allo Stato. In questo caso, il datore di lavoro svolge la funzione di *sostituto d'imposta*, cioè versa le tasse al posto del lavoratore.

I lavoratori autonomi (commercianti, artigiani, liberi professionisti...) presentano ogni anno una dichiarazione sul proprio reddito con il calcolo dell'imposta da pagare. Versano poi allo Stato la somma calcolata in base alle leggi in vigore.

I lavoratori dipendenti non hanno alcuna possibilità di sfuggire al fisco, a meno che non si tratti di lavoratori pagati in nero.

Al contrario, i lavoratori autonomi possono cercare di eludere o di evadere il fisco, non presentando la dichiarazione dei redditi o presentandone una con cifre inferiori a quelle realmente guadagnate.

Gli evasori fiscali sono dei cattivi cittadini, perché non contribuiscono alle spese comuni, perché fanno aumentare il carico fiscale degli altri cittadini e perché usufruiscono di servizi pagati da altri.

L'evasione fiscale è un reato, che può essere punito con multe anche molto alte e, raramente, anche con il carcere.

L'IVA è l'imposta più evasa in Italia.

Purtroppo, più volte lo Stato italiano, negli ultimi anni, ha concesso dei *condoni fiscali*, dando la possibilità agli evasori di rientrare nella legalità pagando solo in parte le imposte e le tasse evase.

Il condono è un provvedimento eccezionale del governo che dà la possibilità ai cittadini di ottenere l'annullamento, totale o parziale, di una pena o di una sanzione, accettando di pagare una somma di denaro.

Il motivo per il quale il governo emana un condono fiscale è quello di fare cassa: il governo cerca di aumentare le entrate dello Stato, chiudendo un occhio su alcuni tipi di illegalità commesse dai cittadini: evasione fiscale, evasione contributiva, abusi edilizi, esportazione illecita di capitali...

Il *condono fiscale* o *tributario* dà la possibilità di sanare i conti con il fisco a cittadini che nel passato hanno presentato dichiarazioni dei redditi incomplete o false o non l'hanno presentata affatto. Il cittadino accetta di pagare una somma prestabilita e il fisco rinuncia a fare accertamenti sull'entità dell'evasione fiscale relativa agli anni per i quali si applica il condono. Se si applica a tutta la situazione precedente, senza limiti di tempo, il condono si dice "*tombale*".

I condoni hanno l'effetto positivo di portare soldi nelle casse dello Stato, ma sono dei provvedimenti ingiusti e diseducativi. Ingiusti perché premiano gli evasori e mortificano i contribuenti onesti; diseducativi perché, soprattutto se ripetuti, abituano i cittadini a pensare che evadere le tasse conviene, perché si finisce per pagare di meno.

Essere fedeli alla Repubblica

Tutti i cittadini hanno il dovere di essere fedeli alla Repubblica e di osservarne la Costituzione e le leggi.

Quando è entrata in vigore la Costituzione, erano passati meno di due anni dal referendum istituzionale. La Repubblica aveva vinto, ma la Monarchia aveva comunque ottenuto il consenso del 45,73 per cento degli italiani. Ricordare che tutti gli italiani avevano «il dovere di essere fedeli» al nuovo Stato repubblicano aveva allora un significato particolare. Significava ricordare che, dopo la scelta referendaria, la Repubblica era diventata la nuova casa degli italiani, anche per chi non aveva condiviso la scelta repubblicana, e il buon cittadino aveva l'obbligo di essere leale con il nuovo Stato.

Non era prevista però alcuna sanzione per chi la pensasse diversamente, neanche per chi intendesse ancora battersi per la monarchia, perché la Costituzione ha disegnato davvero uno Stato democratico, cioè uno Stato in cui i cittadini hanno sempre il diritto di opporsi alla situazione politica esistente.

A riprova di questa libertà garantita dalla Costituzione fin dai primi passi della Repubblica, c'è il fatto che i monarchici hanno partecipato ai lavori della Costituente e hanno avuto una loro rappresentanza in Parlamento per tutti gli anni Cinquanta.

Tutti i cittadini hanno il dovere di essere fedeli alla Repubblica. Se un cittadino italiano svolge per uno Stato straniero un servizio che prevede il giuramento di fedeltà, perde la cittadinanza italiana. In questo caso, infatti, è esclusa la possibilità di godere della doppia cittadinanza.

IL TEMPO

DOPO LA LOTTA POLITICA, RICOSTRUIRE IL PAESE

La Repubblica voluta dalla maggioranza dovrà unire, non già dividere gli Italiani

PREMESSE

I Capi dei partiti invitano alla completa distensione degli animi

LA SITUAZIONE DELLA COSTITUENTE

LE GRANDI STRADE DRITTE

GLI ULTIMI RISULTATI UFFICIALI

Un plebiscito per l'Alto Adige

La Regina si è imbarcata sulla nave "Duca degli Abruzzi"

FISIONOMIA DELLA COSTITUENTE

Come si distribuiranno i seggi tra i vari gruppi

I "sostituti„ si confessano incapaci di risolvere il problema giuliano

Il quotidiano *Il Tempo*, all'indomani del referendum istituzionale, sottolinea che la Repubblica deve unire non dividere gli italiani. Anche i leader politici, come riferisce il giornale, erano consapevoli della necessità di pacificare gli animi.

La legalità

«Osservare la Costituzione e le leggi» è anch'esso un dovere dei cittadini, di tutti i cittadini, perché tutti in uno Stato costituzionale sono sottomessi alla legge.

Ma il rispetto della legge non limita la libertà delle persone?

Dobbiamo imparare a distinguere tra libertà e libertà politica. La *libertà* significa poter fare tutto quello che si vuole. *Libertà politica* è quella libertà di cui possiamo godere quando stiamo insieme agli altri, quando stiamo in uno spazio pubblico. La libertà politica è *garantita* dalla legge (pensate a tutti i diritti di cui abbiamo parlato) ed è *limitata* dalla legge (pensate ai divieti per garantire la sicurezza dei cittadini). Può essere esercitata quindi nel perimetro della legge, che concede delle libertà e impone dei limiti.

Laboratorio pag. 110
ESERCIZI INTERATTIVI
www.medusaeditrice.it

Montesquieu – uno dei padri dello Stato liberale – scriveva: «Nelle democrazie sembra che il popolo faccia tutto ciò che vuole, ma la libertà politica non consiste affatto nel fare ciò che vuole. In uno Stato, vale a dire in una società dove ci sono delle leggi, la libertà è il diritto di fare tutto quello che le leggi permettono. Se un cittadino potesse fare quello che le leggi proibiscono, non vi sarebbe più libertà, perché tutti gli altri avrebbero del pari questo potere».

Il vantaggio di vivere in uno Stato liberale, uno Stato in cui sono garantiti i diritti di libertà, è che il perimetro disegnato dalle leggi è così ampio che sembra davvero che «il popolo faccia tutto ciò che vuole».

Che cosa succede, però, se viene approvata una legge che il cittadino ritiene ingiusta? La deve rispettare. Può però battersi da solo o associandosi con gli altri per obbligare il Parlamento a cambiare la legge. A disposizione dei cittadini c'è anche la possibilità per raccogliere le firme per un referendum abrogativo.

Il vantaggio di vivere in uno Stato libero e democratico è proprio questo: al cittadino viene garantito uno spazio pubblico in cui può muoversi liberamente per far valere, magari associandosi con gli altri, i propri interessi, le proprie idee e i propri ideali.

Un manifestino di propaganda a favore del "SÌ" nel referendum abrogativo sullo stop alle trivelle per le ricerche petrolifere nei mari italiani.

LABORATORIO

01. La cittadinanza

01. Indica se le affermazioni sono vere o false.

a. In inglese il *townsman* è l'abitante della città.	**V F**
b. Il cittadino ha diritti, ma non doveri.	**V F**
c. È un diritto avere la cittadinanza, ma è anche un diritto cambiarla.	**V F**
d. A nessun cittadino italiano può essere tolta la cittadinanza per le sue idee politiche.	**V F**
e. Il rilascio del passaporto e della carta d'identità non è legato alla cittadinanza.	**V F**
f. Nell'antica Atene solo gli ateniesi maschi liberi, nati da genitori ateniesi, godevano della cittadinanza.	**V F**
g. Anche presso gli antichi romani la cittadinanza veniva intesa in modo esclusivo.	**V F**
h. La cittadinanza fondata sul diritto di sangue (*ius sanguinis*) prevede che si diventa cittadini italiani se nati da genitori italiani.	**V F**
i. Un bambino adottato da genitori italiani non diventa cittadino italiano.	**V F**
l. A sei anni possono chiedere la cittadinanza italiana i figli di stranieri nati in Italia.	**V F**

02. Scegli l'opzione corretta.

a. *Citoyen* in francese vuol dire
A. ☐ abitante della campagna
B. ☐ abitante della città
C. ☐ titolare di diritti

b. *Apolide* vuol dire
A. ☐ persona priva di cittadinanza
B. ☐ persona con due cittadinanze
C. ☐ persona con una cittadinanza

c. La cittadinanza greca era
A. ☐ inclusiva
B. ☐ esclusiva
C. ☐ paritaria

d. "*Ius sanguinis*" vuol dire
A. ☐ diritto fondato sulla cultura
B. ☐ diritto fondato sul sangue
C. ☐ diritto fondato sul territorio

e. La cittadinanza si ottiene per estensione
A. ☐ in caso di un atto di eroismo
B. ☐ In caso di trasferimento
C. ☐ in caso di matrimonio o di adozione

03. Lessico: spiega sul quaderno il significato dei seguenti termini o espressioni.

Popolo, arbitrariamente, esclusivo, inclusivo, assimilare una cultura, nazionalità, apolide, discrezionale, servigio, dittatura.

04. Completamento: inserisci correttamente nel testo le seguenti parole.

Cittadinanza, asilo, esclusiva, privi, chiunque, matrimonio, previste, norme, adottato, Stati, diritto, genitori, sangue, altro, popolo, stranieri, italiana.

I cittadini di uno Stato formano il ...., che non è solo una massa di persone, ma una comunità che si riconosce in una storia comune e in delle .... condivise. Del popolo non fanno parte gli ...., cioè i cittadini di altri .... e gli apolidi, cioè coloro che sono .... di qualsiasi cittadinanza.
Gli antichi Greci avevano un'idea di cittadinanza ....; i Romani di .... inclusiva.
In base al diritto fondato sul .... si diventa cittadini italiani se si è figli di .... italiani. Il .... fondato sul territorio riconosce la cittadinanza a .... nasce sul territorio di un determinato Stato. Si diventa cittadino italiano per estensione in caso di .... con uno straniero e nel caso in cui un bambino viene .... da genitori italiani.
Alla cittadinanza ....si può rinunciare se si diventa cittadino di un .... Stato.
Hanno diritto di .... le persone che nel proprio paese non godono delle libertà .... dalla Costituzione italiana.

05. Rispondi alle seguenti domande.

a. Chi non poteva avere la cittadinanza ateniese?
b. In cosa consiste la cittadinanza fondata sullo *ius soli* (diritto fondato sul territorio)?
c. Quando possono richiedere la cittadinanza italiana gli stranieri nati in Italia?
d. A chi va presentata la domanda di cittadinanza?
e. Uno straniero proveniente da un Paese che non fa parte dell'unione Europea dopo quanti anni può chiedere la cittadinanza italiana?

f. Quando e da chi viene concessa la naturalizzazione di uno straniero?
g. In quali casi in Italia viene applicato lo *ius soli* per gli stranieri?
h. Chi può ottenere la doppia cittadinanza in Italia?
i. Di quali diritti godono i cittadini europei?
l. Chi beneficia dello status di rifugiato?
m. Chi ha diritto alla protezione umanitaria?

06. Dibattito.

- Nella scorsa legislatura il Parlamento ha discusso ma non approvato una legge per dare la cittadinanza alle persone nate in Italia da genitori stranieri. Voi che cosa ne pensate? Ritenete giusto dare immediatamente la cittadinanza a questi ragazzi che hanno frequentato la scuola in Italia, parlano italiano e hanno assimilato la cultura italiana? O ritenete che sia preferibile lasciare la legislazione vigente, che permette loro di chiedere la cittadinanza italiana al compimento dei diciotto anni? Durante il dibattito, cercate di argomentare le vostre posizioni.

- Cittadinanza che tende ad escludere in Grecia, cittadinanza che tende a includere nell'antica Roma: quale dei due modelli vi convince di più?

- Che cosa cambiereste e che cosa lascereste invariato nella legislazione italiana sulla cittadinanza? Discutetene tra voi e, in caso di cambiamenti, provate a formularli in forma di articoli di legge.

07. Racconta.

Stampa e televisione danno molto spazio a storie che riguardano gli immigrati. Racconta una fatto di cronaca che ti ha colpito in modo particolare, evidenziando anche quali sentimenti ha fatto scattare dentro di te.

08. Rifletti e rispondi.

Oltre che cittadini italiani, siamo anche cittadini europei. Quali vantaggi ci offre la cittadinanza europea? Credi che sia vantaggioso per te essere cittadino dell'Unione Europea? Perché?

02. I diritti del cittadino

01. Indica se le affermazioni sono vere o false.

a. Il sequestro di persona è una violazione del diritto alla libertà personale.	V F
b. Il fermo di polizia deve essere subito comunicato all'autorità giudiziaria.	V F
c. Il fermo di polizia non può durare più di sei giorni.	V F
d. Uno dei casi in cui il giudice può disporre la carcerazione preventiva riguarda il pericolo di fuga dell'indiziato.	V F
e. Il domicilio non è considerato un prolungamento della persona.	V F
f. La responsabilità penale è personale.	V F
g. La Costituzione non prevede la rieducazione del condannato.	V F
h. La nostra legislazione tutela la riservatezza dei dati del cittadino.	V F
i. La libertà di movimento non è prevista per i cittadini dei paesi dell'Unione Europea.	V F
l. La libertà religiosa comporta non solo la libertà di scegliere il tipo di religione, ma anche la libertà di professare in pubblico la propria religione.	V F

02. Completa le seguenti frasi.

Nei casi di reati associativi ciascuno risponde dei .... che gli sono imputati.
La pena è una .... che porta dolore e .... alla persona.
La Costituzione tutela la libertà e la .... della corrispondenza.
Il Garante della privacy è un'autorità ....
I cittadini possono muoversi liberamente sul .... nazionale.
I cittadini possono lasciare l'Italia senza alcuna ....
Libertà di culto significa essere liberi di .... la propria religione in ....
Se l'informazione non è ...., i cittadini non potranno formarsi un'................................ sui vari problemi.
I politici che criticano la .... dimostrano un'insofferenza per il diritto alla libertà di stampa.
La stampa non può essere soggetta alla ....

03. Scegli l'opzione corretta.

a. La carcerazione preventiva può essere disposta
A. ☐ dopo una sentenza di condanna
B. ☐ prima di una sentenza di condanna
C. ☐ durante il processo di secondo grado

b. Una pena è afflittiva
A. ☐ quando provoca una sofferenza
B. ☐ quando provoca sollievo
C. ☐ quando riduce la pena

c. Tutelare la privacy vuol dire
A. ☐ tutelare la cultura
B. ☐ tutelare i dati personali
C. ☐ tutelare la proprietà privata

d. La libertà di culto permette di
A. ☐ professare in privato la propria religione
B. ☐ pregare in modo intimo e personale
C. ☐ professare in pubblico la propria religione

04. Lessico: spiega sul quaderno il significato delle seguenti parole o espressioni.

Arbitrario, tassativamente, incolumità, inquinamento delle prove, fiaccare, reati associativi, ritorsione, pena afflittiva, lungimiranza, ledere.

05. Rispondi alla seguenti domande.

a. In quali casi una persona può essere arrestata o perquisita?
b. Quali sono le caratteristiche del fermo di polizia?
c. In quali casi il giudice può stabilire la carcerazione preventiva per un indagato?
d. La Costituzione tutela la libertà e la segretezza della corrispondenza e di ogni altra forma di espressione: cosa significa?
e. Cosa prevede la Costituzione a proposito della libertà di religione?
f. Perché la libertà di stampa è fondamentale per la vita democratica?
g. In che maniera il fascismo limitava la libertà di stampa?
i. In democrazia è normale che i giornalisti critichino i politici, ma non che i politici critichino la stampa: perché?
l. Da chi sono nominati i direttori delle reti RAI e dei vari telegiornali?

06. Ricerca e relaziona.

Fai una ricerca su *Amnesty International* e sull'associazione *Antigone* e riassumi brevemente le informazioni trovate in dieci righi per ciascuna associazione. Soffermati in particolare sui loro interventi in difesa dei diritti umani. Di che cosa in particolare si interessano? In che cosa consiste la loro attività? Per raccogliere notizie, visita anche i loro siti on line.

07. Dibattito

- La pena di morte è stata definitivamente cancellata dal nostro ordinamento giuridico dalla legge costituzionale 1/2007, che l'ha esclusa anche per i reati militari. Secondo alcuni, anche l'ergastolo andrebbe contro i principi costituzionali, che prevedono la rieducazione del condannato in previsione del suo ritorno in libertà. A che serve la rieducazione, se per il condannato non c'è alcuna speranza di reinserimento sociale? Voi che cosa ne pensate?

- Sono frequenti i reati commessi da giovanissimi, Inoltre, a volte, i criminali utilizzano minorenni per attività illegali (per esempio, per lo spaccio di droga), proprio perché i minori non sono perseguibili penalmente (ne abbiamo parlato alla fine del capitolo sulla scuola). Di fronte a questi fenomeni, alcuni ritengono che sarebbe giusto abbassare il limite d'età della responsabilità penale, prevedendo l'arresto, il giudizio e anche il carcere per ragazzi e adolescenti che commettano reati. Sareste d'accordo con una legge che introducesse la responsabilità penale anche per ragazzi della vostra età? Motivate le vostre opinioni.

07. Interpretazione di dati e dibattito.

Il rapporto dell'associazione *Antigone* sulle carceri italiane nel 2018 mette in evidenza questi elementi:
- le carceri italiane sono sovraffollate. Ospitano circa 60.000 detenuti, mentre la capienza massima sarebbe di 50.583;
- il 67 per cento dei detenuti nelle carceri è di nazionalità italiana;
- il 12,7% dei detenuti stranieri proviene dall'Albania, il 18,3% dal Marocco, il 12,7% dalla Romania, il 7,1% dalla Nigeria e il 10,3 dalla Tunisia;
- nel 2018 nelle carceri italiane ci sono stati 63 suicidi, uno ogni 900 detenuti, venti volte di più che nella vita libera.

Che ne pensate? Ritenete che i diritti e la dignità dei detenuti siano rispettati? Qual è il dato che vi ha colpito di più? Perché?

03. I doveri del cittadino

01. Indica se le affermazioni sono vere o false.

a. Il termine "politica" deriva dalla parola greca "polis".	**V**	**F**
b. Difendere la patria non è un dovere del cittadino, ma solo dei soldati.	**V**	**F**
c. Difendere la patria significa difenderla militarmente.	**V**	**F**
d. Quando il servizio militare era obbligatorio si correva il rischio di essere licenziati.	**V**	**F**

e. Il diritto all'obiezione di coscienza viene riconosciuto solo per motivi religiosi.	V	F
f. Oggi il servizio militare è obbligatorio solo in caso di guerra.	V	F
g. Nelle nostre forze armate non sono ammesse le donne	V	F
h. Le imposte o tributi devono essere versati obbligatoriamente	V	F
i. Le imposte dirette gravano sul reddito delle persone e delle imprese.	V	F
l. Ogni bene di consumo è gravato dall'IVA.	V	F

02. Scegli l'opzione corretta.

a. L'obiezione di coscienza viene riconosciuta
A. ☐ per motivi religiosi
B. ☐ anche per motivi religiosi
c. ☐ esclusivamente per antimilitarismo

b. Nelle nostre forze armate sono ammessi
A. ☐ solo i maschi
B. ☐ maschi e femmine
C. ☐ solo le donne

c. I tributi vanno versati
A. ☐ obbligatoriamente
B. ☐ volontariamente
C. ☐ solo su richiesta

d. I condoni fiscali servono a
A. ☐ aumentare le entrate dello Stato
B. ☐ tagliare le entrate dello Stato
C. ☐ aumentare le uscite dello Stato

03. Completa il testo con le seguenti parole.

Coscienza, volontario, professionisti, intraprendere, gerarchia, costituzionali, civile, religiosi, rifiuto, licenziato, solidarietà, obbligatorio, reato, militare, politici, carcere, usare, giovani, utile.

Durante il servizio militare obbligatorio il cittadino non poteva essere ...., né perdeva l'esercizio dei suoi diritti .... Fin quando è stato obbligatorio, ... di fare il servizio militare era considerato un grave .... punito con il .... Il diritto all'obiezione di .... veniva riconosciuto, oltre che per motivi ...., per pacifismo, antimilitarismo, rifiuto di .... le armi. Attualmente in Italia rimane il servizio militare .... che può diventare ferma permanente per chi vuole .... la carriera ....; rimane anche il servizio .... volontario per chi vuole svolgere un servizio .... socialmente. Oggi si discute molto se rendere il servizio civile .... per educare i .... al senso civico e alla .... sociale. Oggi il nostro esercito è formato da .... L'organizzazione militare è basata sulla .... e aderisce anch'essa ai valori democratici e ....

04. Lessico: Spiega il significato delle seguenti parole ed espressioni.

Pregiudicare, antimilitarismo, obiezione di coscienza, senso civico, gerarchia, reddito, contribuente, progressività, sistema tributario, evadere, fattura, esoso, carico fiscale, condono, condono tombale, sgravi fiscali.

05. Rispondi sul quaderno alle seguenti domande.

a. Quali sono i doveri dei cittadini?
b. Cosa sono le imposte?
c. Che differenza c'è tra imposte dirette e imposte indirette?
d. Com'è considerata da molti studiosi la tassazione diretta?
e. A cosa servono le imposte?
f. In Italia chi deve pagare le imposte?
g. Chi svolge la funzione di sostituto d'imposta?
h. Cosa sono i condoni fiscali?
i. Perché lo Stato ricorre ai condoni fiscali?
l. Quali sono gli aspetti negativi dei condoni?

06. Dibattito.

- Che cosa ne pensate della proposta di rendere obbligatorio il servizio civile? Potrebbe durare un anno e coinvolgere tutti i giovani. Motivate il vostro consenso e il vostro dissenso.

- Gli evasori fiscali sono dei pessimi cittadini: cosa ne pensate di questa affermazione? Perché evadere le tasse nuoce agli altri cittadini? Perché pagarle significa essere socialmente solidale? Discutetene fra voi, cercando di individuare anche quali potrebbero essere i rimedi per convincere tutti a pagare il dovuto.

- I condoni fiscali sono antieducativi per i cittadini: condividete questa affermazione? Ritenete che pagare le tasse sia davvero qualcosa che caratterizza il buon cittadino?

Società civile

1.

I diritti di riunirsi e associarsi

Il diritto di riunione e quello di associazione sono dei diritti civili, cioè dei diritti che permettono ai cittadini di stare liberamente insieme.

Nella nostra società le occasioni di socializzare per un cittadino sono molteplici: può entrare a far parte di un'associazione culturale, diventare socio di una polisportiva, collaborare con un'associazione di difesa dell'ambiente, impegnarsi in un movimento per la pace del mondo, passare parte della giornata a discutere con gli amici al bar, viaggiare... In realtà non ci sono limiti, se non quelli che il cittadino stesso si dà in base ai propri valori, alle proprie scelte, alla propria disponibilità di tempo.

La società civile

Quando esce dallo spazio privato della famiglia, il cittadino entra in uno spazio molto ampio, ricco di sollecitazioni culturali, ricreative, economiche e politiche concorrenti, a volte contrastanti, spesso opposte e inconciliabili. Il cittadino decide a quali aderire e quali respingere, in base ai propri valori, alle proprie convinzioni, alle proprie simpatie.

Questo spazio pubblico in cui si muovono, si esprimono e si organizzano i cittadini viene definito società civile. La *società civile* è formata, quindi, dai cittadini e dalle loro associazioni.

La Costituzione garantisce che i cittadini possano esprimersi liberamente non solo come persone, ma anche come membri di associazioni e organizzazioni sociali: «La Repubblica riconosce e garantisce i diritti inviolabili dell'uomo, sia come singolo sia nelle *formazioni sociali* ove si svolge la sua personalità» (art. 2).

COSTITUZIONE ITALIANA
art. 17

I cittadini hanno diritto di riunirsi pacificamente e senz'armi.
Per le riunioni, anche in luogo aperto al pubblico, non è richiesto preavviso.
Delle riunioni in luogo pubblico deve essere dato preavviso alle autorità, che possono vietarle soltanto per comprovati motivi di sicurezza o di incolumità pubblica.

La libertà di riunione

La Costituzione si limita a riconoscere che i cittadini hanno diritto a riunirsi, senza specificare altro. Pone un'unica condizione: che lo facciano «pacificamente e senza armi».

Riunirsi non è casuale: ci si ritrova insieme per un motivo preciso – per giocare, per assistere a uno spettacolo, per bere un aperitivo, per uscire insieme la sera – magari dopo un giro di telefonate o un messaggio sulla chat. Nessun obbligo e nessuna limitazione sono previsti per uscire e andare in giro con gli amici.

Nessun obbligo neppure per riunirsi in *luoghi chiusi aperti al pubblico*, come bar, supermercati, cinema, teatri, stadi... In questi casi, né i frequentatori né i gestori dei locali hanno l'obbligo di avvisare la pubblica sicurezza. I gestori dei locali sono però obbligati a rispettare le norme per la sicurezza e l'incolumità pubblica: presenza di estintori, uscite di sicurezza, addetti alla sorveglianza, ecc.

Per le riunioni in un «*luogo pubblico*» – strade e piazze – la Costituzione prevede che gli organizzatori avvisino le autorità di pubblica sicurezza tre giorni prima. Si tratta di un avviso, non di una richiesta di autorizzazione, per permettere alla questura, ai carabinieri o alla polizia municipale di predisporre l'opportuna vigilanza per impedire incidenti.

Le autorità di pubblica sicurezza possono vietare una riunione solo se ci sono oggettivi e verificabili pericoli di sicurezza e di incolumità pubblica.

Naturalmente, non ci sono obblighi e limitazioni per riunirsi in luoghi privati (in casa propria, in ufficio, sul luogo di lavoro, ecc.).

Il diritto di riunione è indispensabile ai cittadini per vivere la propria dimensione sociale, per godere di momenti di gioia collettiva, per partecipare a eventi sportivi e culturali, per confrontarsi con gli altri, per far sentire la propria voce, per manifestare il proprio assenso e il proprio dissenso... È quindi utile – anzi, indispensabile – per difendere e rendere pubbliche le proprie idee politiche.

Il fascismo proibiva perfino gli *assembramenti*, cioè quei raggruppamenti casuali di persone, che formano crocchi magari solo perché incuriosite da qualcosa di insolito. Interveniva immediatamente la forza pubblica – la polizia, i carabinieri, la milizia fascista – e invitava oppure obbligava i cittadini a disperdersi.
Durante la dittatura erano proibite anche tutte le associazioni. Dopo il concordato del 1929, erano tollerate solo quelle cattoliche. Il regime si preoccupava di organizzare anche il tempo libero dei cittadini attraverso *l'Opera Nazionale Dopolavoro.*

Per motivi di sicurezza, in alcuni casi, per esempio durante la movida del sabato sera, possono essere imposti dei limiti alla vendita di alcolici dopo una certa ora o alla vendita di bevande in contenitori di vetro.

In occasione delle partite di calcio vengono predisposte spesso imponenti e costose misure di sicurezza. Ai tifosi violenti può venire inflitto il DASPO (**D**ivieto di **A**ccedere alle manifestazioni **SPO**rtive).

Alcune delle associazioni più conosciute in Italia.

COSTITUZIONE ITALIANA
art. 18

I cittadini hanno diritto di associarsi liberamente, senza autorizzazione, per fini che non sono vietati ai singoli dalla legge penale.
Sono proibite le associazioni segrete e quelle che perseguono, anche indirettamente, scopi politici mediante organizzazioni di carattere militare.

Una delle espressioni tipiche del diritto di riunione è la manifestazione. Manifestare serve per far conoscere agli altri le proprie idee, sperando di convincerli e di coinvolgerli in una protesta o nella rivendicazione di un diritto. È uno dei mezzi per scuotere e orientare l'opinione pubblica, perché vengono riprese dai mezzi di comunicazione che ne amplificano il messaggio

Diritto di associarsi

A differenza della riunione, che può essere sporadica e casuale, l'associazione crea un rapporto duraturo tra i soci, tant'è vero che si parla di *vincolo associativo*, cioè di un legame che li tiene insieme e ne rinsalda il rapporto.

Anche i motivi per cui associarsi possono essere i più diversi: si può costituire un comitato per organizzare una festa, si può mettere su una società sportiva amatoriale, si può organizzare un club culturale, si può creare un movimento per salvaguardare un territorio dalla speculazione, si può creare un gruppo per assistere i barboni o per aiutare i tossicodipendenti... Naturalmente, si può aderire anche ad associazioni consolidate e di respiro nazionale, come l'ARCI, la protezione civile, le associazioni per la difesa dell'ambiente, quelle per la ricerca scientifica...

Anche per associarsi non sono previste autorizzazioni. Non solo: non viene dettata alcuna regola su come costituire o organizzare i rapporti tra i soci. Il cittadino gode non solo della *libertà di associarsi*, ma anche della *libertà nell'associazione*, cioè i soci sono liberi di regolare come vogliono i rapporti interni. Non c'è, per esempio, l'obbligo di rispettare il metodo democratico e neppure quello di garantire l'uguaglianza tra i soci. Ci sono ancora, ad esempio, associazioni sportive che non ammettono le donne e, naturalmente, ci sono associazioni femministe che non ammettono i maschi. Per assurdo, nella vita associativa, il socio potrebbe perfino rinunciare al godimento di alcuni diritti fondamentali.

Associarsi è un diritto non un obbligo. Nessuno può cioè obbligare un cittadino a entrare in un'associazione, neanche lo Stato. Inoltre, come è libero di aderire a un'associazione, così il cittadino è libero di recedere in ogni momento dal vincolo associativo. Se il socio non rispetta gli obblighi associativi, cioè gli impegni presi nel momento in cui ha aderito all'associazione, gli altri soci possono al massimo disporne l'esclusione dall'associazione.

Le associazioni proibite

Sono tre: quelle vietate dal codice penale, le associazioni segrete, le associazioni armate che si propongono fini politici.

Quelle vietate dal codice penale sono le *associazioni a de-*

linquere, cioè quelle associazioni che si propongono di commettere dei reati. In Italia sono numerose e alcune – la mafia, la camorra, la 'ndrangheta – hanno alle spalle una storia lunga quanto quella dello Stato italiano. In genere, le associazioni a delinquere hanno una storia più effimera: i delinquenti si mettono insieme per fare un colpo e poi si sciolgono.

Le *organizzazioni segrete* sono quelle che tengono nascosti i fini e i nomi dei soci, oppure si conoscono i fini ma non i soci. Alcune, come la massoneria, sono molto antiche e hanno avuto un ruolo rilevante nei movimenti politici che hanno portato all'unità d'Italia. All'epoca però non c'era libertà e si poteva fare politica solo clandestinamente; con le libertà costituzionali, non c'è più motivo di agire segretamente.

Sono proibite anche le associazioni che utilizzano le armi per raggiungere «anche indirettamente» obiettivi politici. Purtroppo, l'Italia ha sofferto a lungo di questo problema, perché negli anni Settanta e Ottanta del secolo scorso, hanno operato in Italia *organizzazioni terroristiche* di destra e di sinistra, che utilizzavano la violenza per mettere in crisi lo Stato democratico. Il terrorismo è stato sconfitto grazie alla determinazione delle forze dell'ordine, ma anche grazie alla mobilitazione e alla vigilanza dei cittadini, che hanno sostenuto con forza le istituzioni democratiche.

CORRIERE DELLA SERA

UNA STRAGE CHE NON HA PRECEDENTI IN ITALIA. DUE IPOTESI: ATTENTATO O SCIAGURA

Scoppio apocalisse a Bologna 76 morti, 147 feriti in stazione

Pertini accorre - Nella notte prende corpo il sospetto di una bomba al plastico

UN'OMBRA NERA SUL RIPOSO DEGLI ITALIANI

Roma attende che si sciolga il tragico rebus: ordigno o disgrazia?

Il capostazione: «Come la guerra, corpi dilaniati fin sotto le carrozze»

Il 2 agosto 1980 nella stazione di Bologna c'è stata una delle più gravi stragi provocate dal terrorismo nero.

Le forme associative

Le forme associative sono molte, probabilmente tante quante sono le associazioni, perché ogni associazione si propone scopi diversi e ogni associazione si può dare lo statuto che preferisce. Ecco, comunque, un breve elenco delle forme associative più diffuse e frequenti.

Associazioni: il Codice civile distingue tra associazioni riconosciute e associazioni non riconosciute.

Le *associazioni non riconosciute* operano nell'ambito della legge senza alcuna autorizzazione preventiva e senza nessun riconoscimento da parte dello Stato.

Le *associazioni riconosciute* chiedono un'autorizzazione preventiva per operare, ottenendo così alcuni benefici e riconoscimenti legali. In genere, svolgono attività che hanno anche un risvolto economico (raccolta fondi, sostegno ad alcune attività o ad alcune categorie di persone, tipo portatori di handicap, ecc.) In caso di debiti, l'associazione riconosciuta risponde solo con il suo patrimonio e non anche con quello dei soci e dei dirigenti.

Per costituire un'associazione bastano solo tre persone. La costituzione di un'associazione non riconosciuta non costa niente. La costituzione di un'associazione riconosciuta costa poco e si può fare presso un apposito ufficio comunale o presso un notaio (soluzione più costosa). In genere, l'associazione ha un proprio statuto e propri organi di gestione (presidente, segreteria, tesoriere ecc.). Nello statuto, in genere, viene specificata la *ragione sociale*, cioè lo scopo per cui l'associazione viene costituita.

Comitati: sono temporanei e nascono per uno scopo specifico: organizzazione di una festa, promozione di una sagra, raccolta di firme... Se il comitato raccoglie dei fondi, li può spendere solo per lo scopo per cui sono stati raccolti. In genere, un comitato si scioglie quando ha raggiunto lo scopo. Di un comitato possono far parte sia persone fisiche che associazioni.

I comitati per organizzare feste civili e religiose sono una delle forme più frequenti di associazione temporanea per il raggiungimento di uno scopo. Nella foto, la sagra de "I Misteri", tradizionale festa che si celebra in occasione del Corpus Domini a Campobasso, in Molise.

Campagna: è la mobilitazione di un gruppo di individui e di associazioni per raggiungere un obiettivo specifico e concreto (chiedere l'abolizione di una tassa, stimolare l'introduzione di un servizio, chiedere la tutela di un territorio o di un bene comune). La campagna punta molto sull'informazione e serve a focalizzare l'attenzione della società su una tematica o su un problema ritenuto importante per il bene comune. Ha, in genere, una durata limitata nel tempo.

Movimento: è l'aggregazione spontanea e scarsamente strutturata di persone che condividono interessi e obiettivi comuni e che per raggiungerli mettono in atto azioni di protesta e di proposta (movimenti per la pace, per la salvaguardia ambientale, ecc.).

Onlus: l'acronimo vuol dire «*Organizzazione non lucrativa di utilità sociale*». Sono state istituite con la legge n. 460/1997, che riconosceva alle onlus un regime fiscale favorevole. Le *organizzazione no profit* – così vengono definite le onlus – operano

I contribuenti possono sostenere un'associazione locale o nazionale destinandole il cinque per mille dell'IRPEF. Basta indicare il codice fiscale dell'associazione nell'apposito spazio e firmare. Al contribuente non costa niente.

SCELTA PER LA DESTINAZIONE DEL CINQUE PER MILLE DELL' IRPEF (in caso di scelta FIRMARE in UNO degli spazi sottostanti)

Sostegno del volontariato e delle altre organizzazioni non lucrative di utilità sociale, delle associazioni di promozione sociale e delle associazioni e fondazioni riconosciute che operano nei settori di cui all'art. 10, c. 1, lett a), del D.Lgs. n. 460 del 1997

FIRMA ....

Codice fiscale del beneficiario (eventuale) | | | | | | | | | | | |

Finanziamento della ricerca scientifica e dell'università

FIRMA ....

Codice fiscale del beneficiario (eventuale) | | | | | | | | | | | |

Finanziamento della ricerca sanitaria

FIRMA ....

Codice fiscale del beneficiario (eventuale) | | | | | | | | | | | |

Sostegno delle attività, di tutela, promozione e valorizzazione dei beni culturali e paesaggistici

FIRMA ....

Sostegno delle attività sociali svolte dal comune di residenza del contribuente

FIRMA ....

Sostegno alle associazioni sportive dilettantistiche riconosciute ai fini sportivi dal CONI a norma di legge, che svolgono una rilevante attività di interesse sociale

FIRMA ....

Codice fiscale del beneficiario (eventuale) | | | | | | | | | | | |

AVVERTENZE Per esprimere la scelta a favore di una delle finalità destinatarie della quota del cinque per mille dell'IRPEF, il contribuente deve apporre la propria firma nel riquadro corrispondente. Il contribuente ha inoltre la facoltà di indicare anche il codice fiscale di un soggetto beneficiario. La scelta deve essere fatta esclusivamente per una delle finalità beneficiarie.

negli stessi settori in cui operano le associazioni di volontariato, ma hanno alcune caratteristiche precise: 1) sono costituite legalmente, hanno cioè uno statuto preciso e sono registrate; 2) sono rigorosamente private, cioè non dipendono dallo Stato; 3) sono autonome, cioè hanno propri organismi di autogoverno; 4) non hanno fini di lucro, cioè non possono distribuire profitti ai soci e ai dirigenti; 5) utilizzano una quota di lavoro volontario e gratuito.

Una campagna contro la dispersione della plastica nell'ambiente promossa dai *Carabinieri* e dalla *Guardia costiera*.

Ong: l'acronimo vuol dire "Organizzazione non governativa". Operano nel settore della cooperazione allo sviluppo dei Paesi poveri e possono per questo accedere a fondi nazionali e internazionali. In genere, le ong operano a livello internazionale; alcune sono riconosciute anche dall'Organizzazione delle Nazioni Unite (ONU). In Italia, sono state istituite dalla legge n. 49/1987.

L'organizzazione degli interessi

La Costituzione nomina esplicitamente solo due forme di associazioni: i partiti (art. 49, rapporti politici) e i sindacati (art. 39, rapporti economici). Partiti e sindacati hanno per questo un'importanza particolare, perché si tratta di forme associative tutelate dalla Costituzione.

Che cosa hanno in comune queste due forme associative? Che rappresentano *interessi di parte*. I sindacati rappresentano gli interessi dei lavoratori dipendenti; i partiti – lo dice la parola stessa – rappresentano gli interessi di una parte più o meno grande della società.

I sindacati sono nati perché il singolo lavoratore si trovava in una condizione di estrema debolezza nei confronti del datore di lavoro e non sarebbe mai riuscito a far valere i propri diritti, senza la solidarietà e il sostegno dei propri compagni di lavoro. Si tratta, quindi, di associazioni nate per difendere gli interessi di una categoria di lavoratori.

Sull'esempio dei sindacati, anche altre parti della società – sui giornali si parla di *parti sociali* – si organizzano, dando vita ad associazioni di categoria finalizzate a difendere i propri interessi. In comune con il sindacato hanno che assistono i propri iscritti e tutelano gli interessi della categoria che rappresentano.

Le associazioni di categoria sono moltissime e spesso si uniscono in confederazioni, proprio come i sindacati dei la-

I loghi di alcune delle principali organizzazioni di categoria italiane.

CONFINDUSTRIA

AREE TEMATICHE AMMINISTRAZIONE LE MUNICIPALITÀ VIVERE LA CITTÀ

Il sito del Comune di Napoli.

voratori. Per esempio, c'è la *Confindustria*, che rappresenta le grandi imprese, la *Confcommercio* e la *Confesercenti*, che rappresentano i commercianti, l'*Assoturismo*, che rappresenta gli imprenditori del settore turistico, la CNA, che rappresenta gli artigiani e le piccole e medie imprese, la *Coldiretti*, che rappresenta i coltivatori diretti, il *Codacons*, che rappresenta i consumatori, ecc.

Allo stesso modo, i professionisti sono in genere organizzati in *associazioni professionali*, che rappresentano la categoria e cercano di tutelarne gli interessi.

Le reti associative sono molto importanti perché fanno sentire meno soli i cittadini e li aiutano a far sentire la loro voce. Le associazioni, inoltre, svolgono spesso delle funzioni e offrono dei servizi che lo Stato non riesce a garantire.

Questa rete di rapporti, di associazioni e di organizzazioni rende molto complessa la nostra società. La rende anche molto conflittuale, perché ciascuno cerca di tutelare i propri interessi mettendosi insieme con chi ha interessi simili e opponendosi a chi ha interessi contrastanti. Il confronto può, a volte, diventare molto aspro e diventare uno *scontro sociale*.

A conciliare tutti questi interessi contrastanti e a proporre delle soluzioni condivisibili dalla maggioranza della popolazione dovrebbero essere le forze politiche, cioè i partiti, di cui si parla nel prossimo capitolo.

La sussidiarietà

Il principio di sussidiarietà, già presente nelle normative dell'Unione Europea, è stato introdotto nella Costituzione italiana con la legge costituzionale n. 3/2001, che ha modificato l'intero Titolo quinto della nostra carta costituzionale.

Il *principio di sussidiarietà* prevede che le azioni per perseguire il bene comune spettano ai cittadini – singoli oppure organizzati – e alle amministrazioni pubbliche a loro più vicine (in Italia sono i Comuni).

In pratica, questo vuol dire che se, per esempio, è necessario organizzare un servizio di assistenza per gli handicappati, il servizio può essere organizzato da un cittadino, da un'associazione, oppure dal Comune.

Il diritto di intervenire spetta a chi è più vicino al cittadino e, quindi, ai cittadini stessi, perché nessuno è più vicino ai cittadini degli stessi cittadini. Se un cittadino o un'associazione hanno organizzato un servizio a favore di altri cittadini, il Comune si asterrà dall'offrire lo stesso servizio, ma *sussidierà*, cioè sosterrà, il cittadino o l'associazione, perché possano continuare a organizzare e assicurare il servizio.

In pratica, il Comune ha l'obbligo di intervenire solo nel caso non siano già intervenuti singoli cittadini o associazioni. Il principio di sussidiarietà permette ai cittadini di esercitare direttamente la sovranità popolare, assumendo in prima persona iniziative per il bene comune.

Questo tipo di sussidiarietà, che si sviluppa tra un'istituzione locale e i cittadini, viene definita *orizzontale*.

Ma che cosa succede se né i cittadini né le associazioni, né le istituzioni più vicine ai cittadini attivano un servizio o garantiscono un diritto? Può, anzi deve, intervenire l'istituzione di grado immediatamente più alto: nell'ordine la Provincia, la Regione, lo Stato, l'Unione Europea. Questo tipo di sussidiarietà viene definito *verticale*.

COSTITUZIONE ITALIANA
art. 118 c. 4

Stato, Regioni, Città metropolitane, Province e Comuni favoriscono l'autonoma iniziativa dei cittadini, singoli e associati, per lo svolgimento di attività di interesse generale, sulla base del principio di sussidiarietà.

Laboratorio pag. 132
ESERCIZI INTERATTIVI
www.medusaeditrice.it

I patti di collaborazione

Un'applicazione particolare del principio di sussidiarietà sono i «Regolamenti sulla collaborazione tra cittadini e amministrazione per la cura e la rigenerazione dei beni comuni urbani», adottati da molti Comuni italiani negli ultimi anni.

I cittadini, che vogliono prendersi cura di un bene comune, propongono la loro idea all'amministrazione comunale e danno la loro disponibilità a realizzarla. Il Comune predispone un regolamento e rilascia un'autorizzazione. Da quel momento in poi, i cittadini possono realizzare l'idea proposta nell'ambito delle regole concordate.

I patti di collaborazione hanno permesso di curare aree verdi, di recuperare strutture abbandonate, di aprire ludoteche per i bambini, di utilizzare beni sequestrate alle mafie, di aprire centri di primo soccorso, di tutelare monumenti, di aprire centri estivi per i bambini...

Bologna è stata una delle prime città a darsi un regolamento per i patti di collaborazione.

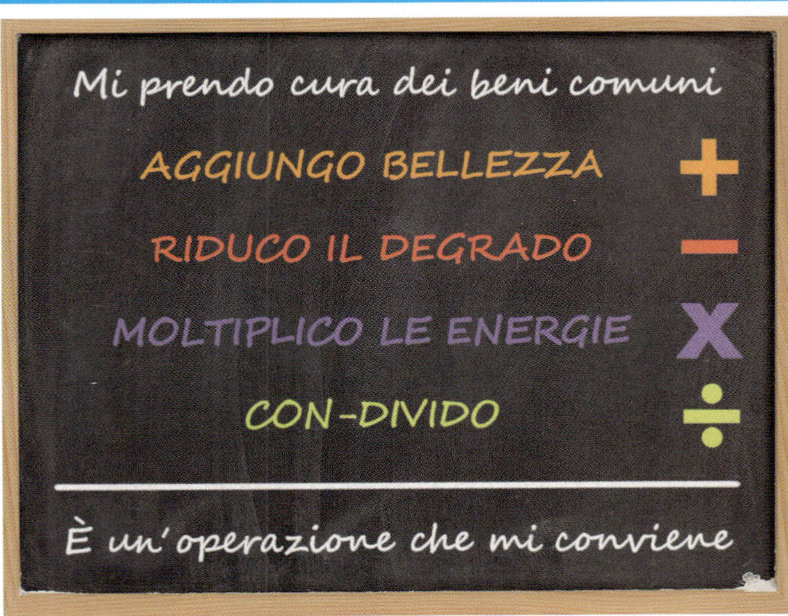

I diritti politici

Sappiamo già che la parola "politica" deriva dal greco antico e vuol dire "arte di governare lo Stato", ma *chi* ha diritto a governare lo Stato e *come* si governa lo Stato?

Secondo la Costituzione questo diritto (la *sovranità*) «appartiene al popolo» che lo «esercita nelle forme e nei limiti della Costituzione» (art. 1 c. 2). "Nelle forme" vuol dire rispettando delle regole precise contenute nella Costituzione; "nei limiti" vuol dire che neanche il popolo può fare tutto, ma solo quello che è previsto nella Costituzione e con le modalità previste dalla Costituzione.

Siccome il potere appartiene al popolo, l'Italia è una "Repubblica *democratica*".

COSTITUZIONE ITALIANA
art.48 c. 1, 2 e 4

Sono elettori tutti i cittadini, uomini e donne, che hanno raggiunto la maggiore età.
Il voto è personale ed eguale, libero e segreto. Il suo esercizio è dovere civico.
Il diritto di voto non può essere limitato se non per incapacità civile o per effetto di sentenza penale irrevocabile o nei casi di indegnità morale indicati dalla legge.

Il diritto di voto

Il popolo non esercita direttamente il potere, ma eleggendo i propri rappresentanti. Per questo il *diritto di voto* è il diritto politico più importante, riconosciuto a tutti i cittadini, senza alcuna limitazione. L'unico requisito richiesto è aver raggiunto la maggiore età, che in Italia è fissata a diciotto anni.

Al comma quattro, si aggiunge che «il diritto di voto non può essere limitato», cioè non può essere tolto a nessuno, neppure temporaneamente. La Costituzione indica solo tre eccezioni: 1) "*incapacità civile*": non possono votare persone interdette per infermità mentale; questa eccezione è stata eliminata dalla lg. 180/1978; 2) "*sentenza penale irrevocabile*": non può più votare una persona che ha subito una condanna penale definitiva, dopo i tre gradi di giudizi previsti dalla Costituzione; 3) "*indegnità morale*": non può votare chi ha subito una condanna penale che preveda l'*interdizione dai pubblici uffici* (la possibilità di ricoprire cariche pubbliche).

Tutti i cittadini possono votare (*elettorato attivo*) ed essere votati (*elettorato passivo*). Anche per l'elettorato passivo, l'unico requisito indicato dalla Costituzione è l'età: venticinque anni per candidarsi alla Camera dei deputati (art. 56), quaranta per candidarsi al Senato (art. 58).

Il voto è "personale" e, quindi, non può essere delegato a nessuno. Gli elettori possono richiedere assistenza per essere accompagnati al seggio o possono chiedere di votare a casa, se sono impossibilitati a muoversi. La domanda va presentata alla propria municipalità.

Il voto è "eguale" perché uguali sono i cittadini: ogni testa un voto.

Al secondo comma si dice che l'esercizio del voto è un «dovere civico», cioè un dovere del cittadino. Questo non vuol dire che votare sia obbligatorio o che sia prevista qualche forma di sanzione se ci si astiene dal voto. Non votare è una manifestazione di volontà politica come il voto.

Per garantire che il voto sia "libero", lo Stato ha il dovere di garantire un clima sereno e ordinato durante lo svolgimento delle operazioni elettorali; deve inoltre garantire che non ci siano brogli elettorali. Per questo, è ammessa la presenza nei seggi elettorali di *rappresentanti delle liste* che si sono presentate alle elezioni.

La segretezza del voto garantisce la libertà del voto, perché libera l'elettore da ogni pressione e controllo, che lo possano condizionare.

I partiti

Visto lo spazio che i partiti occupano nella vita pubblica e anche la loro invadenza nella vita dello Stato, ci si aspetterebbe che

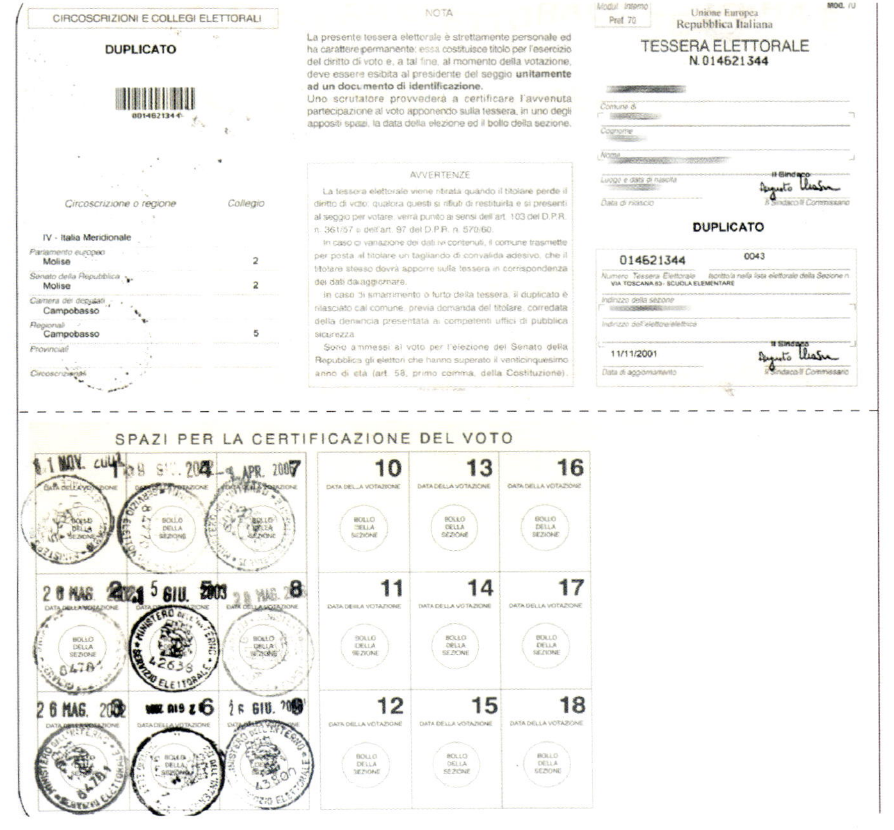

CIRCOSCRIZIONI E COLLEGI ELETTORALI

DUPLICATO

001462134

Circoscrizione o regione	Collegio
IV - Italia Meridionale	
Parlamento europeo: Molise	2
Senato della Repubblica: Molise	2
Camera dei deputati: Campobasso	
Regionali: Campobasso	5
Provinciali	
Circoscrizionali	

NOTA

La presente tessera elettorale è strettamente personale ed ha carattere permanente: essa costituisce titolo per l'esercizio del diritto di voto e, a tal fine, al momento della votazione, deve essere esibita al presidente del seggio **unitamente ad un documento di identificazione.**
Uno scrutatore provvederà a certificare l'avvenuta partecipazione al voto apponendo sulla tessera, in uno degli appositi spazi, la data della elezione ed il bollo della sezione.

AVVERTENZE

La tessera elettorale viene ritirata quando il titolare perde il diritto di voto: qualora questi si rifiuti di restituirla e si presenti al seggio per votare, verrà punito ai sensi dell'art. 103 del D.P.R. n. 361/57 e dell'art. 97 del D.P.R. n. 570/60.
In caso di variazione dei dati ivi contenuti, il comune trasmette per posta al titolare un tagliando di convalida adesivo, che il titolare stesso dovrà apporre sulla tessera in corrispondenza dei dati da aggiornare.
In caso di smarrimento o furto della tessera, il duplicato è rilasciato dal comune, previa domanda del titolare, corredata della denuncia presentata ai competenti uffici di pubblica sicurezza.
Sono ammessi al voto per l'elezione del Senato della Repubblica gli elettori che hanno superato il venticinquesimo anno di età (art. 58, primo comma, della Costituzione).

Modul. Interno Pref. 70 — MOD. /U

Unione Europea
Repubblica Italiana

TESSERA ELETTORALE
N. 014621344

Comune di

Cognome

Nome

Luogo e data di nascita

Data di rilascio — Il Sindaco/Il Commissario

DUPLICATO

014621344 — Numero Tessera Elettorale
0043 — iscritto/a nella lista elettorale della Sezione n.
VIA TOSCANA 63 - SCUOLA ELEMENTARE — Indirizzo della sezione
Indirizzo dell'elettore/elettrice
11/11/2001 — Data di aggiornamento — Il Sindaco/Il Commissario

SPAZI PER LA CERTIFICAZIONE DEL VOTO

1	4	7	10	13	16
11 NOV. 2001	9 GIU. 2004	9 APR. 2006	DATA DELLA VOTAZIONE	DATA DELLA VOTAZIONE	DATA DELLA VOTAZIONE
BOLLO DELLA SEZIONE	BOLLO DELLA SEZIONE	BOLLO DELLA SEZIONE	BOLLO DELLA SEZIONE	BOLLO DELLA SEZIONE	BOLLO DELLA SEZIONE
2	**5**	**8**	**11**	**14**	**17**
26 MAG. 2002	5 GIU. 2003	29 MAG.	DATA DELLA VOTAZIONE	DATA DELLA VOTAZIONE	DATA DELLA VOTAZIONE
BOLLO DELLA SEZIONE		BOLLO DELLA SEZIONE	BOLLO DELLA SEZIONE	BOLLO DELLA SEZIONE	BOLLO DELLA SEZIONE
3	**6**	**9**	**12**	**15**	**18**
26 MAG. 2002		16 GIU. 2009	DATA DELLA VOTAZIONE	DATA DELLA VOTAZIONE	DATA DELLA VOTAZIONE
	BOLLO DELLA SEZIONE		BOLLO DELLA SEZIONE	BOLLO DELLA SEZIONE	BOLLO DELLA SEZIONE

Per votare bisogna esibire la tessera elettorale e un documento di riconoscimento valido.
La tessera elettorale viene recapitata a casa a cura dell'ufficio elettorale del Comune di residenza.
In caso di mancanza o di smarrimento delle tessera elettorale, se ne può fare richiesta all'ufficio elettorale che la rilascia immediatamente per dare al cittadino elettore la possibilità di votare.
Ogni volta che si va a votare, un timbro attesta la partecipazione del cittadino al voto. Quando tutti gli spazi sono stati utilizzati, si riceve una nuova tessera elettorale.

IL VOTO DEGLI ITALIANI ALL'ESTERO

Il terzo comma è stato aggiunto con la legge costituzionale n. 1/2000 per permettere di votare agli italiani all'estero. Il numero di oriundi italiani nel mondo è quasi equivalente a quello degli italiani residenti in Italia. È il frutto di cento anni di emigrazione, dagli Settanta dell'Ottocento agli anni Settanta del Novecento.

COSTITUZIONE ITALIANA
art. 48 c. 3

La legge stabilisce requisiti e modalità per l'esercizio del diritto di voto dei cittadini residenti all'estero e ne assicura l'effettività. A tale fine è istituita una circoscrizione Estero per l'elezione delle Camere, alla quale sono assegnati seggi nel numero stabilito da norma costituzionale e secondo criteri determinati dalla legge.

Tutti i cittadini hanno diritto di associarsi liberamente in partiti per concorrere con metodo democratico a determinare la politica nazionale.

I simboli di alcune liste presenti alle elezioni politiche del 2018.

Durante il regime fascista, l'iscrizione al Partito nazionale fascista era obbligatorio per i dipendenti pubblici. Il fascio littorio è un simbolo tipico del fascismo preso dalla storia di Roma.

la Costituzione dedichi loro molto spazio. Invece, ai partiti è dedicato un solo articolo di un solo comma.

Si dice che «tutti i cittadini hanno diritto di associarsi liberamente in partiti per concorrere con metodo democratico a determinare la politica nazionale».

I partiti sono quindi delle associazioni e vale per loro quanto detto sulle associazioni nel capitolo precedente: associarsi è un diritto, ma non è un obbligo. Ai partiti ci si iscrive "liberamente".

I partiti servono «per concorrere a determinare la politica nazionale», cioè i partiti devono lavorare insieme (concorrere) per individuare con precisione (determinare) quali sono le scelte migliori per governare lo Stato. Queste scelte devono essere fatte «con metodo democratico», cioè confrontandosi pubblicamente e sottomettendosi al voto dei cittadini.

In che modo i partiti "concorrono" a determinare la politica nazionale?

In due modi, elaborando proposte e individuando persone in grado di realizzarle.

Ciascun partito elabora un *programma* e lo sottopone agli elettori. È come se dicesse ai cittadini: queste sono le cose che vogliamo fare e questo è il modo in cui noi vogliamo risolvere i problemi, se lo condividete, votateci.

Ciascun partito sceglie anche i *candidati* da presentare agli elettori. È come se dicesse: noi riteniamo che queste persone siano in grado di realizzare il programma che noi proponiamo, votateli.

I partiti svolgono, quindi, due funzioni altrettanto importanti: *orientare le scelte politiche e selezionare la classe dirigente*.

L'obiettivo di tutti i partiti è quello di vincere le elezioni e governare. Per questo, i partiti non si rivolgono mai a una o a poche categorie di persone, ma cercano di convincere la maggior parte della popolazione che il loro programma è il più conveniente per tutti e che i propri candidati sono i migliori.

Il metodo democratico

L'espressione «con metodo democratico» si riferisce alla regola di base di tutte le democrazie: per qualunque decisione, vale la *regola della maggioranza*.

Chi dispone della metà più uno dei voti vince e diventa *maggioranza*. La maggioranza ha diritto di governare, la *minoranza* quello di fare opposizione. Chi perde le elezioni ha il diritto e il dovere di controllare quello che fa il governo e di criticarlo pubblicamente, sperando in questo modo di vincere le elezioni successive e di poter a sua volta governare.

Insieme al principio di maggioranza, perché un sistema sia democratico, è necessario che l'esercizio del potere sia *temporaneo* e che siano garantite le condizioni perché il potere resti *contendibile*. Devono cioè essere garantite le condizioni – libertà personale, libertà di espressione, libertà di stampa, libertà di riunione e di associazione, dibattiti parlamentari pubblici... – perché la minoranza possa aspirare realisticamente a diventare maggioranza.

Per questo, l'*alternanza* al potere di partiti e di uomini diversi è il segno che la democrazia di un paese gode di buona salute: vuol dire che le regole democratiche sono rispettate da tutti.

Il risultato di una votazione alla Camera dei deputati. La maggioranza viene calcolata sul numero dei presenti. Per essere approvato, il provvedimento deve ottenere la metà più uno dei voti espressi.

La democrazia interna

Le regole democratiche valgono anche per la vita interna di un partito? I partiti sono cioè obbligati a rispettare le regole democratiche per scegliere i propri dirigenti, per stilare il programma e per scegliere i candidati alle elezioni?

La Costituzione non lo dice. Durante i lavori della Costituente si discusse dell'opportunità di specificare che il metodo democratico doveva valere anche all'interno dei partiti, ma l'emendamento non passò. Imporre l'obbligo della democrazia interna voleva infatti dire che lo Stato poteva disporre controlli sulla vita interna dei partiti. I deputati della Costituente votarono contro perché, dopo la lunga dittatura, erano diffidenti nei confronti dello Stato.

Sarebbe stato possibile farlo anni dopo, quando la democrazia in Italia era ormai consolidata, ma il Parlamento non l'ha fatto, nonostante siano state presentate numerose proposte di legge per democratizzare e rendere più trasparente la vita interna dei partiti.

Così il problema della democrazia interna resta affidata alla buona volontà dei partiti e i cittadini non possono sindacare sul come si è arrivati a una decisione o alla scelta di una persona piuttosto che di un'altra. I partiti hanno degli statuti o dei regolamenti interni e il rispetto delle regole è affidato solo alla sensibilità degli iscritti.

Il finanziamento della politica

Per svolgere il loro compito, i partiti affrontano molte spese, soprattutto durante le campagne elettorali. Devono, infatti fare uno sforzo propagandistico per far conoscere i loro programmi, per far sentire la loro presenza, per elaborare proposte, per farle conoscere ecc.

Dove trovano i soldi? Spesso sono gli iscritti a tassarsi, altre volte sono i simpatizzanti e gli elettori a offrire contributi finanziari.

Purtroppo è successo spesso che i partiti accettassero di nascosto grossi contributi da imprese e imprenditori in cambio di provvedimenti legislativi a loro favore o in cambio di appalti o di concessioni pubbliche.

Per evitare questi fenomeni di corruzione, negli anni Settanta del Novecento è stata approvata una legge per il *finanziamento pubblico* dei partiti. Il ragionamento era semplice: se i partiti ricevono i soldi dallo Stato, non hanno più motivo per cedere ai tentativi di corruzione.

SCELTA PER LA DESTINAZIONE DEL DUE PER MILLE DELL' IRPEF (in caso di scelta FIRMARE nello spazio sottostante)

PARTITO POLITICO

CODICE FIRMA ....

AVVERTENZE Per esprimere la scelta a favore di uno dei partiti politici beneficiari del due per mille per mille dell'IRPEF, il contribuente deve apporre la propria firma nel riquadro, indicando il codice del partito prescelto. La scelta deve essere fatta esclusivamente per uno solo dei partiti politici beneficiari.

In aggiunta a quanto indicato nell'informativa sul trattamento dei dati, contenuta nelle istruzioni, si precisa che i dati personali del contribuente verranno utilizzati solo dall'Agenzia delle Entrate per attuare la scelta.

Finanziamento dei partiti. Bisogna inserire il codice fiscale del partito e firmare. Al contribuente non costa niente.

Purtroppo i fenomeni corruttivi non sono scomparsi ed è stata avanzata la richiesta di referendum abrogativo della legge sul finanziamento pubblico ai partiti. Gli elettori hanno votato a favore e la legge è stata abrogata.

In seguito, i partiti hanno ottenuto finanziamenti dallo Stato sotto forma di rimborso per le spese elettorali. Anche questa forma di finanziamento è cessata nel 2014.

Ora i contribuenti possono destinare al partito che preferiscono il due per mille delle imposte pagate. È l'ultima forma di finanziamento pubblico previsto per i partiti. Nonostante non costi niente ai contribuenti, sono pochi gli italiani che destinano il due per mille ai partiti.

Le cariche pubbliche

Tutti i cittadini sono uguali e perciò tutti possono aspirare a ricoprire incarichi pubblici e cariche elettive. L'espressione «in condizioni di uguaglianza» vuol dire che le regole devono essere uguagli per tutti.

Alle cariche elettive si accede presentandosi alle elezioni. Agli «impieghi nelle pubbliche amministrazioni si accede mediante concorso», come dispone l'art. 97 della Costituzione. Per le cariche elettive il *titolo di legittimità* (ciò che gli dà per legge il diritto di ricoprirle) è il *voto popolare*, per le cariche pubbliche il titolo di legittimità è il *concorso*, ambedue previsti dalla Costituzione. Un funzionario pubblico ha quindi la stessa legittimità a prendere una decisione che gli compete di un politico eletto dal popolo. Un giudice, ad esempio, esercita legittimamente la sua importante funzione perché ha vinto un concorso, perché così prevede la Costituzione.

Con la legge costituzionale n 1/2003, è stato aggiunto il secondo periodo del primo comma che ha introdotto il tema delle «*pari opportunità*» tra uomini e donne nella Costituzione. Il numero delle donne che ricoprivano cariche pubbliche e, soprattutto, cariche elettive appariva infatti del tutto sproporzionato a favore dei maschi. Questa modifica costituzionale permette di legiferare a favore delle donne per ristabilire una condizione di uguaglianza (*legislazione di vantaggio*). Sono state così introdotte le "*quote rosa*" nelle leggi elettorali (una parte delle candidature devono essere riservate alle donne) oppure è stato previsto l'obbligo di alternare un maschio e una femmina negli elenchi delle liste elettorali.

Nonostante questo, solo meno di un terzo degli eletti al Senato

Tutti i cittadini dell'uno o dell'altro sesso possono accedere agli uffici pubblici e alle cariche elettive in condizioni di eguaglianza, secondo i requisiti stabiliti dalla legge. A tale fine la Repubblica promuove con appositi provvedimenti le pari opportunità tra donne e uomini.
La legge può, per l'ammissione ai pubblici uffici e alle cariche elettive, parificare ai cittadini gli italiani non appartenenti alla Repubblica.
Chi è chiamato a funzioni pubbliche elettive ha diritto di disporre del tempo necessario al loro adempimento e di conservare il suo posto di lavoro.

e alla Camera sono donne. Nella carica di giudice, che si ricopre invece per concorso, le donne hanno superato gli uomini.

Disciplina e onore

I cittadini che svolgono una funzione pubblica – sia quelli che ricoprono una carica elettiva che quelli che ricoprono una carica pubblica per concorso – devono svolgerla «con disciplina e onore».

La parola "disciplina" richiama idee come il rispetto delle regole, il senso della misura, la capacità di autocontrollo, l'equilibrio, il decoro, la compostezza.

La parola "onore" fa appello a qualcosa di intimo e personale, il rispetto di sé che rende intollerabile fare qualcosa di cui ci si possa anche minimamente vergognare. È per questo che i deputati e i senatori sono interpellati con l'appellativo di "onorevole". L'origine della parola "onore" è la stessa della parola "onesto", dal latino *honestus*, che si dice di chi è degno di onore, cioè di chi si comporta in modo ineccepibile, in modo che nessuno abbia niente da ridire.

Nel dibattito politico, da anni, si dà a questa parola un significato troppo ristretto, come se l'onestà di un politico si misurasse solo dal fatto che ruba o non ruba soldi. In realtà, la moralità di una persona – e a maggior ragione di un politico – è qualcosa che riguarda tutto il suo modo di agire. È onesto, cioè è degno di onore, un politico che, per esempio, mente al Parlamento, mente agli elettori, aggredisce gli avversari politici con accuse false e infamanti, fa false promesse, mantiene rapporti compromettenti pur di raccogliere più voti?

L'identikit costituzionale per chi ricopre cariche pubbliche ed elettive è quello di una persona composta e onorevole. Sarebbe da tener presente quando si decide di dare il proprio voto a qualcuno.

Giuramento

Il giuramento è previsto per il Presidente della Repubblica, per il Presidente del Consiglio e per i ministri.

Non è invece previsto per i parlamentari, perché in Parlamento siedono i rappresentanti del popolo e potrebbero esserci rappresentanti di partiti contrari alla Repubblica italiana, come per esempio i monarchici, o contrari a ogni forma di Stato, come gli anarchici.

Il giuramento era previsto, invece, nel Regno d'Italia, quando si giurava fedeltà al re. Questo metteva in forte imbarazzo i repubblicani. Per esempio, Carlo Cattaneo, eletto al Parlamento nel 1867, rinunciò al mandato perché si rifiutava di giurare fedeltà al re.

In seguito, deputati repubblicani, socialisti e comunisti decisero di giurare, ma con "riserva mentale", giurando cioè solo a parole.

Molti costituenti conoscevano bene questo dissidio di coscienza e decisero consapevolmente di escludere il giuramento per i parlamentari, perché «i rappresentanti della Nazione non debbano fare nessuna riserva mentale quando vengono in Parlamento» (Atti Costituente, pag. 4071).

COSTITUZIONE ITALIANA
art. 54 c. 2

I cittadini cui sono affidate funzioni pubbliche hanno il dovere di adempierle con disciplina ed onore, prestando giuramento nei casi stabiliti dalla legge.

Laboratorio pag. 133
ESERCIZI INTERATTIVI
www.medusaeditrice.it

La bandiera del Regno d'Italia.
Il giuramento dei parlamentari al re era obbligatorio durante la monarchia.

Società civile

3.

Le elezioni

Le elezioni sono un momento particolarmente importante nella vita di un Paese democratico. È infatti il momento in cui il potere ritorna nelle mani del popolo chiamato a votare per scegliere i propri rappresentanti.

Gli Italiani sono chiamati spessissimo alle urne: per le elezioni europee, per quelle politiche, per quelle regionali, per quelle amministrative (provinciali, comunali, circoscrizionali).

L'appuntamento più importante è sicuramente quello delle *elezioni politiche*, in cui gli italiani vanno a votare per scegliere i propri rappresentanti in Parlamento, cioè i deputati e i senatori della Repubblica.

La nostra, infatti, è una *repubblica parlamentare*, perché il Parlamento è l'unico organo eletto direttamente dal popolo. Questo lo rende preminente sia rispetto al Governo che al Presidente della repubblica. Il Governo può infatti entrare e restare in carica solo se ha la fiducia del Parlamento e il presidente della repubblica viene eletto dal Parlamento.

Per le politiche si vota ogni cinque anni. Alla scadenza della *legislatura* – così si chiama il periodo tra un'elezione e l'altra – il Presidente della Repubblica scioglie il Parlamento e il Governo indice nuove elezioni. Si vota settanta giorni dopo lo scioglimento del Parlamento.

Durante il periodo delle elezioni e fino alla proclamazione dei nuovi eletti, restano in carica sia il Governo che il Parlamento – non ci possono essere vuoti di potere – ma possono dedicarsi solo all'*ordinaria amministrazione*, cioè garantire il funzionamento dello Stato senza prendere nuove iniziative, sino a quando non entreranno in carica il nuovo Parlamento e il nuovo Governo.

Durante la campagna elettorale, è come se tutto fosse congelato, in attesa che il popolo si pronunci. Da notare che, se esponenti del Governo o del Parlamento si ripresentano alle elezioni, non hanno nessun trattamento di favore, perché tutte le cariche sono azzerate e si concorre tutti come cittadini: gli unici requisiti richiesti sono la cittadinanza (essere cittadini italiani) e l'età.

Le elezioni delle nuove Camere hanno luogo entro settanta giorni dalla fine delle precedenti. La prima riunione ha luogo non oltre il ventesimo giorno dalle elezioni.
Finché non siano riunite le nuove Camere sono prorogati i poteri delle precedenti.

Le liste elettorali

Per presentarsi alle elezioni, un cittadino deve entrare in una lista, cioè in un elenco di persone, che si sottopongono all'esame e al voto degli elettori.

A presentare le liste sono in genere i partiti o i movimenti già presenti in Parlamento, ma lo possono fare anche gruppi di cittadini che si mettono insieme per presentare una propria lista. In questo caso, si parla di *lista civica*.

Per presentare una lista è necessario raccogliere un certo numero di firme stabilito dalla legge elettorale in vigore. Questo serve a evitare che gruppi piccolissimi e poco rappresentativi possano presentarsi alle elezioni provocando una dispersione di voti.

Ogni lista deve presentare al Ministero dell'Interno un simbolo diverso da quello delle altre liste. I *simboli* sono stati introdotti quando il voto è stato esteso a tutti (suffragio universale), per permettere anche agli analfabeti di esprimere il proprio voto.

Un cosa antipatica introdotta dagli Novanta del Novecento in poi sono le cosiddette *liste civetta*, cioè la presentazione di una lista con un simbolo così simile a quello di una lista avversaria da indurre l'elettore in errore. Serve, quindi, solo a far perdere voti all'avversario politico.

Chi si presenta alle elezioni viene chiamato "candidato". Il termine deriva dal fatto che, nell'antica Roma, chi aspirava a essere eletto a una carica pubblica circolava vestito con una tunica completamente bianca, per essere facilmente individuato dagli elettori.

La campagna elettorale

Dura ufficialmente trenta giorni e serve alle liste per presentare un programma e farlo conoscere agli elettori.

Per i candidati e per i sostenitori delle liste è un periodo molto intenso, perché bisogna preparare eventi pubblici per incontrare e convincere il maggior numero di cittadini elettori.

Un ruolo fondamentale svolgono i mezzi di comunicazione di massa – stampa, radio e televisione – e, negli ultimi anni, i social media. Nel periodo della campagna elettorale, i media sono obbligati a garantire pari condizioni (sulla stampa si usa un'espressione latina: *par condicio*) a tutti i contendenti. Nessuna regolamentazione è prevista, invece, per i social e per la pubblicità su Internet.

Per non influenzare gli elettori, è proibito rendere pubblici sondaggi sull'orientamento degli elettori negli ultimi quindici giorni di campagna elettorale. Per garantire una pausa di riflessione, è proibito fare propaganda elettorale il giorno precedente e il giorno delle elezioni (*silenzio elettorale*).

Le operazioni di voto

Si vota di domenica per garantire il diritto di voto a tutti. Le operazioni di voto sono affidate a cittadini, che ne fanno domanda all'ufficio elettorale del Comune di appartenenza.

ALFRED BRAMTOT, *Il suffragio universale,* 1891. Il dipinto rappresenta una scena tipica di un seggio elettorale: il momento in cui l'elettore si appresta a votare. Il diritto di voto è stato a lungo limitato a una parte molto piccola della popolazione e le donne ne sono rimaste escluse a lungo. In Italia, il suffragio è diventato universale solo nel 1946, quando per la prima volta hanno votato anche le donne.

In ogni seggio c'è un presidente, un segretario e vari scrutatori. Il loro compito è quello di controllare il materiale elettorale fornito dal Ministero dell'Interno (schede, urne, cabine, timbri...), di identificare gli elettori che si presentano al seggio, di controllare la correttezza e la segretezza dell'espressione del voto, di verbalizzare tutte le operazioni ed eventuali incidenti, di scrutinare le schede e registrare i risultati dopo la chiusura delle operazioni di voto.

Le operazioni di scrutinio sono pubbliche e allo spoglio possono partecipare i rappresentanti delle varie liste, soprattutto per controllare la correttezza nell'assegnazione delle schede bianche o nulle.

I plichi con tutto il materiale saranno poi inviate all'ufficio elettorale e al tribunale, per eventuali controlli in caso di ricorsi.

I seggi sono sempre presidiati dalle forze dell'ordine per tutta la durata delle operazione di voto e di scrutinio per evitare brogli e incidenti.

Dalla società civile alle istituzioni

Le elezioni sono una specie di rito di passaggio, mediante il quale alcuni cittadini scelti dal popolo – e in quanto scelti dal popolo – acquistano un'autorità particolare che li legittima a legiferare e ad agire in nome del popolo.

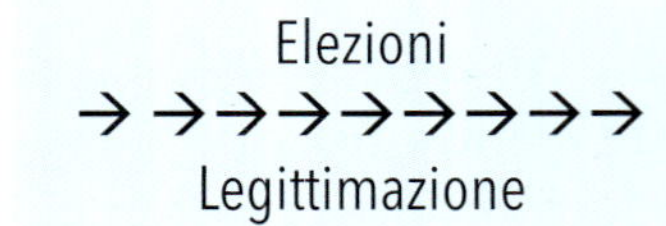

Questa legittimità è *temporanea*: dura cinque anni. Dopo cinque anni, ci saranno nuove elezioni, in cui saranno scelte altre persone o sarà rinnovata la fiducia a persone già presenti in Parlamento. Comunque sia, le elezioni rappresentano un nuovo inizio: ci sarà un nuovo Parlamento e un nuovo Governo. L'unica carica non legata al ciclo elettorale è quella del Presidente della Repubblica, che dura in carica sette anni.

La legge elettorale

La maggior parte delle cose di cui abbiamo parlato finora in questo capitolo non sono scritte nella Costituzione, ma sono contenute nella *legge elettorale*, che è una legge ordinaria, ma particolarmente importante perché regola il diritto di voto, che è tutelato dalla Costituzione.

Le leggi elettorali dovrebbero essere cambiate raramente e soprattutto non dovrebbero essere cambiate a ridosso del voto, perché i cittadini dovrebbero conoscere bene come funziona la legge elettorale e quali effetti produce.

Purtroppo, in Italia la legge elettorale è stata cambiata più volte negli ultimi trent'anni e quasi sempre a ridosso delle ele-

La Camera dei deputati e il Senato della Repubblica sono eletti per cinque anni.
La durata di ciascuna Camera non può essere prorogata se non per legge e soltanto in caso di guerra.

zioni. Inoltre, vengono utilizzate tre leggi elettorali diverse: una per le elezioni politiche, una per le elezioni regionali e una per le elezioni comunali.

Piuttosto che soffermarci a spiegare una singola legge elettorale, cerchiamo di capire alcuni aspetti pratici della legge elettorale e come funzionano i due principali sistemi elettorali, quello proporzionale e quello maggioritario.

Le leggi elettorali sulla stampa vengono indicate con nomi stravaganti: *mattarellum*, *porcellum*, *rosatellum*. In realtà derivano dal nome del deputato che li ha proposte in Parlamento: *mattarellum* da Mattarella, l'attuale Presidente della Repubblica, *rosatellum* dal nome del deputato Rosati.
Fa eccezione il *porcellum*, definito una "porcata" da chi l'ha proposto, perché è stato studiato per non far vincere l'avversario... Alla latina, *porcellum*.

Come si vota

Espressione del voto: si vota mettendo una X sul simbolo della lista elettorale che si intende votare. Non bisogna scrivere o fare altri segni sulla scheda elettorale, altrimenti il voto viene annullato.

Lista bloccata: vuol dire che non possiamo scegliere tra i candidati della lista. In base ai voti ottenuti viene eletto il primo, il secondo e così via. Non sceglie l'elettore, sceglie chi ha preparato la lista. Si vota mettendo una X sul simbolo della lista che vogliamo votare.

Preferenze: se si possono esprimere preferenze, vuol dire che l'elettore può scegliere uno (*preferenza singola*) o più nomi (*preferenza multipla*) tra quelli elencati nella lista. Sceglie l'elettore e non chi ha preparato la lista. Per votare, oltre alla X sul simbolo, bisogna scrivere il nome del candidato o dei candidati scelti.

Lista corta: in questo caso, la legge elettorale dà la facoltà di scegliere tra pochi candidati scritti sulla lista a fianco del simbolo. Basta mettere la X vicino al nome del candidato o della candidata scelta.

Le urne elettorali per le elezioni della Camera dei deputati e del Senato della Repubblica. In genere si vota nelle scuole, dove vengono allestiti i seggi elettorali.

Voto disgiunto: è consentito nelle elezioni comunali e regionali. L'elettore nella stessa scheda può esprimere due voti diversi: uno per il candidato sindaco o per il candidato a presidente regionale, un altro per un candidato di un'altra lista anche non collegata al sindaco o al presidente della regione.

Sistema proporzionale

I sistemi elettorali di base sono due: sistema proporzionale e sistema maggioritario.

Nel *sistema proporzionale* il territorio viene diviso in *circoscrizioni elettorali*, che sono abbastanza grandi. In ogni circoscrizione vengono eletti più candidati. Ciascuna lista può presentare tanti candidati quanti sono i seggi da assegnare. Ciascuna lista ottiene un numero di eletti proporzionale al numero dei voti ottenuti.

Esempio: per semplificare, ipotizziamo che Il Parlamento sia composto da 100 deputati e che, quindi, alle elezioni devono essere assegnati 100 seggi. Potremmo avere questo risultato:

Partito	Voti	Seggi
A	33%	33
B	25%	25
C	19%	19
D	10%	10
E	9%	9
F	3%	3
G	1%	1

SISTEMA PROPORZIONALE
Circoscrizioni elettorali
Liste con più candidati (plurinominale)
Seggi proporzionali ai voti ottenuti
Frantumazione politica
Alleanze **dopo** il voto
Non si sa immediatamente chi governerà

Prima di tutto bisogna sottolineare che è un sistema giusto, perché ogni lista ottiene un numero di eletti perfettamente proporzionale al numero di voti ottenuti. Il risultato rispecchia, quindi, la volontà popolare.

I partiti presenti in Parlamento sono numerosi. La rappresentanza si frantuma perché è rappresentato anche chi ha pochi voti. Questo effetto di frantumazione tipico del sistema proporzionale, può essere ridotto prevedendo uno sbarramento. Alle politiche non si entra in Parlamento se non si supera il 3 per cento, alle europee è previsto uno sbarramento al 4 per cento, in Germania addirittura al 5 per cento.

Nessuno ha vinto in modo che possa governare da solo Per avere la maggioranza, infatti, bisognerebbe disporre di 51 seggi.

C'è un partito che ha la *maggioranza relativa* (33%) e che potrebbe avere la *maggioranza assoluta* alleandosi con il secondo, ma anche alleandosi con altri partiti e lasciando all'opposizione il secondo.

Anche il secondo però potrebbe allearsi con gli altri partiti e lasciare all'opposizione il partito di maggioranza relativa.

Con il sistema proporzionale le alleanze sono possibili *solo dopo il voto* e non sono del tutto prevedibili prima delle elezioni. Potrebbero trovare un'intesa e formare un governo anche partiti che si sono scontrati durante la campagna elettorale.

Sistema maggioritario uninominale

Nel sistema maggioritario, il territorio nazionale viene diviso in *collegi elettorali*, che sono molto più piccoli delle circoscrizioni. In ogni collegio viene eletto un solo candidato: chi ottiene la maggioranza vince. Ogni partito può quindi presentare un solo candidato (un solo nome, perciò si chiama *uninominale*). Siccome vince uno solo, ai partiti conviene allearsi e presentare un candidato comune, sperando così di vincere. In questo modo, il numero dei partiti si riduce.

Esempio: prendiamo in considerazione tre collegi, in cui si confrontano quattro partiti o quattro coalizioni di partiti. Chiamiamo i partiti A, B, C, D e immaginiamo che ogni collegio sia composto da 100 elettori. Abbiamo questi risultati.

Collegio 1	**Collegio 2**	**Collegio 3**
A: 51%	A: 30 %	A: 9%
B: 46%	B: 29 %	B: 49%
C: 1%	C: 22 %	C: 22%
D: 2%	D: 19 %	D: 20%
Eletto il candidato di A	Eletto il candidato di A	Eletto il candidato di B

Ha vinto, quindi, il partito A che si è aggiudicato due collegi su tre e ha conquistato così due seggi in Parlamento.

Guardiamo però al numero complessivo dei voti ottenuti dai quattro partiti: B è al primo posto con 124 voti; A è al secondo posto con 90 voti; C al terzo posto con 45 voti, D al quarto con 41 voti. A governare sarà il partito A che ha vinto le elezioni, anche se ha ottenuto meno voti di B. Ha vinto grazie al sistema elettorale. I partiti C e D, pur avendo ottenuto un numero considerevole di voti, non saranno proprio rappresentati in Parlamento.

Il sistema maggioritario è, quindi, un sistema elettorale iniquo, perché una minoranza può vincere le elezioni e perché non assicura la rappresentanza a tutte le forze in campo.

Ha però tre vantaggi: semplifica il sistema politico riducendo il numero dei partiti, indica chiaramente chi ha vinto le elezioni, obbliga i partiti ad allearsi prima e non dopo il voto. La sera stessa delle elezioni si sa chi ha vinto e chi governerà.

SISTEMA MAGGIORITARIO
Collegi elettorali
Liste con un solo candidato (uninominale)
I seggi non sono proporzionali ai voti ottenuti
Semplifica il quadro politico
Alleanze **prima** del voto
Si sa immediatamente chi governerà

Sistemi misti

È possibile combinare i due sistemi, per eliminarne gli svantaggi e cercare di sfruttarne i vantaggi.

In Italia, per un lungo periodo (dal 1948 al 1993) è stato usato il sistema proporzionale con una leggera correzione maggioritaria per il Senato; poi sono state adottate due leggi a prevalenza maggioritaria, sia per la Camera che per il Senato; nel 2018 si è ritornati a votare con un sistema prevalentemente proporzionale.

Laboratorio pag. 134
ESERCIZI INTERATTIVI
www.medusaeditrice.it

LABORATORIO

01. I diritti di riunirsi e associarsi

01. Indica se le affermazioni sono vere o false.

a. I diritti civili permettono ai cittadini di stare insieme liberamente. V F

b. Essere socio di una polisportiva non offre possibilità di socializzazione. V F

c. La società civile è formata dai cittadini e dalle loro associazioni. V F

d. Il fascismo proibiva perfino gli assembramenti. V F

e. L'unica condizione che pone la Costituzione ai cittadini è che si riuniscano pacificamente senza armi. V F

f. I gestori dei locali chiusi aperti al pubblico non sono tenuti a rispettare le norme per la sicurezza e l'incolumità della persona. V F

g. Il DASPO è un divieto di accedere a tutte le manifestazioni pubbliche. V F

h. Il vincolo associativo crea un rapporto libero e duraturo tra i soci. V F

i. Per costituire un'associazione è prevista l'autorizzazione da parte delle forze di polizia. V F

l. Associarsi è un diritto non un obbligo. V F

02. Scegli l'opzione corretta.

a. La società civile è formato dai
A. ☐ cittadini e dalle loro associazioni
B. ☐ cittadini e dallo Stato
C. ☐ cittadini e dai partiti

b. I cittadini devono riunirsi senza
A. ☐ secondi fini
B. ☐ armi
C. ☐ condizioni

c. Per costituire un'associazione bastano
A. ☐ dieci persone
B. ☐ cinque persone
C. ☐ tre persone

d. Le associazioni segrete tengono nascosti
A. ☐ fini e nomi degli associati
B. ☐ solo i fini
C. ☐ solo i nomi degli associati

5 – Il DASPO non permette di accedere
A. ☐ al cinema
B. ☐ allo stadio
C. ☐ a teatro

03. Completa le frasi che seguono.

I soci di un'associazione sono liberi di regolare i rapporti .... come vogliono.
Sono proibite solo .... associazioni: quelle vietate dal .... penale, le associazioni .... e quelle .... con fini politici.
Le associazioni a .... sono quelle che si propongono di .... reati.
Le associazioni .... tengono nascosti i .... e i nomi dei soci.
Per costituire un'associazione bastano .... persone.
Lo scopo per cui un'associazione viene costituita si chiama .... sociale
Onlus è l'acronimo di "organizzazione non .... di utilità sociale"
Ong è l'acronimo di organizzazione non ....
Molte ong sono riconosciute dall'...............
I partiti e i .... sono forme associative tutelate dalla Costituzione.

04. Lessico: spiega sul quaderno il significato delle seguenti parole o espressioni.

Assembramento, incolumità, casuale, speculazione, protezione civile, delinquere, statuto, lucrativo, solidarietà, sussidiarietà, recedere.

05. Rispondi alle seguenti domande.

a. Quali sono gli obblighi dei gestori di luoghi chiusi aperti al pubblico?
b. In caso di riunioni in luogo pubblico cosa devono fare gli organizzatori?
c. Cosa significa l'espressione "libertà nell'associazione"?
d. Nel caso un socio non rispetti gli impegni presi nel momento in cui ha aderito all'associazione, cosa può succedere?
e. Quali sono le associazioni proibite dalla Costituzione?
f. Negli anni Settanta e Ottanta quali associazioni proibite dalla nostra Costituzione operarono?
g. Quali forme di associazioni nomina esplicitamente la Costituzione?
h. In cosa consiste il principio di sussidiarietà?

06. Racconta la tua esperienza.

- Sei entrato in contatto con qualche associazione o hai fatto parte di un'associazione? Se la risposta è sì, racconta la tua esperienza; se la risposta è no, cerca informazioni su un'associazione presente nel tuo territorio e spiega di cosa si interessa.

- Alla vostra età quasi sempre si pratica uno sport. Racconta la tua esperienza, mettendo in evidenza anche che tipo di rapporto hai sviluppato con i tuoi compagni di squadra o di palestra. Se non fai sport, spiega perché non sei interessato a fare un'attività fisica.

- Qual è la festa tradizionale della tua città o paese? Racconta, soffermandoti anche sul modo come viene organizzata e su chi la organizza.

07. Ricerca collettiva.

Dividetevi i compiti e cercate notizie su tutte le associazioni di cui ci sono i loghi a pag. 114 e 115. Ognuno di voi riassumerà le informazioni raccolte in non più di dieci righi. Riportate poi le notizie su più cartelloni divisi per tipologia – associazioni ambientaliste, di categoria ecc. – arricchendoli con i relativi loghi e con fotografie che illustrino le attività delle varie associazioni.

08. Commentare una regolamentazione.

Ai tifosi coinvolti in episodi di violenza può essere proibito di andare allo stadio, anche per periodi di tempo molto lunghi. Pensi che un provvedimento di questo tipo sia legittimo o ritieni che leda i diritti fondamentali di una persona?
Esprimi il tuo parere anche sul provvedimento di giocare le partite di calcio a porte chiuse. In questo caso la libertà di riunione (andare insieme a lo stadio) è negato a tutti, anche ai tifosi non violenti.
Secondo te, quale bene collettivo o individuale ha voluto tutelare la legge con il provvedimento di restrizione della libertà di riunione?

09. Dibattito.

- Ritenete che il Daspo sia una misura sufficiente per bloccare la violenza negli stadi?

- Secondo voi, gli stranieri presenti in Italia dovrebbero chiedere un permesso per vedersi in luoghi privati (in casa propria o di amici), in luoghi aperti al pubblico (bar, discoteche…) o in luoghi pubblici (per strada, in piazza)? Confrontatevi in classe e cercate di arrivare a una risposta condivisa, tenendo conto di quanto dispone la Costituzione.

10. Conoscere il territorio

- In questa unità sono elencate le principali forme di associazione. Fate un censimento delle associazioni presenti sul territorio, procurandovi anche indirizzo, numero di telefono, indirizzo elettronico, sito web. Contattate quelle che vi sembrano più interessanti, cercando di capire quali obiettivi si propongono di raggiungere e cosa prevedono per ragazzi della vostra età.
Invitate in classe uno o più esponenti di un'associazione presente sul territorio, fate domande e discutete con loro. Potete poi pubblicare i risultati dell'incontro, in forma di cronaca o di intervista collettiva, sul giornalino scolastico o sul sito web della scuola.

11. Un patto di collaborazione.

Informatevi se il vostro Comune ha un regolamento per i patti di collaborazione. Se sì, insieme con uno o più insegnanti, individuate un intervento che potrebbe migliorare il territorio nei pressi della scuola e concordate con il Comune l'affidamento alla vostra classe.

02. I diritti politici

01. Indica se le affermazioni sono vere o false.

a. La parola politica vuol dire arte di governare.	V	F
b. Il diritto di voto non può essere limitato.	V	F
c. Sono previste limitazioni al diritto di voto.	V	F
d. Una di queste eccezioni è rappresentata da una persona che ha subito una sentenza penale irrevocabile.	V	F
e. Può votare chi è stato interdetto dai pubblici uffici.	V	F
f. La maggiore età si raggiunge a venticinque anni.	V	F
g. Per candidarsi al Senato è necessario avere cinquant'anni.	V	F
h. È necessario avere venticinque anni per candidarsi alla Camera dei deputati.	V	F
i. Elettorato attivo ed elettorato passivo sono la stessa cosa.	V	F
l. La segretezza garantisce la libertà di voto.	V	F

02. Scegli l'opzione corretta.

a. Elettorato attivo è il diritto di
A. ☐ essere eletto
B. ☐ poter votare
C. ☐ poter parlare

b. Può chiedere di votare a casa
A. ☐ chi è fisicamente impedito
B. ☐ chi non ha voglia di muoversi
C. ☐ chi ha deciso di non andare a votare

c. La parola *politica* significa arte di
A. ☐ regnare
B. ☐ governare
C. ☐ dominare

d. La maggiore età si raggiunge a
A. ☐ venticinque anni
B. ☐ a ventuno anni
C. ☐ a diciotto anni

e. Per candidarsi al Senato è necessario avere
A. ☐ cinquant'anni
B. ☐ quarant'anni
C. ☐ trent'anni

03. Completa le seguenti frasi.

Il voto è .... quindi non può essere delegato a ....
I partiti sono delle .... a cui ci si iscrive ....
I partiti elaborano .... politiche e individuano .... in grado di realizzarle.
La maggioranza ha il diritto di .... la .... quello di fare opposizione
L'esercizio del potere da parte di qualsiasi maggioranza deve essere ....
L'................................ al potere di partiti e uomini diversi è un segno di buona salute della ....
Il problema della democrazia .... ai partiti resta affidata alla buona .... dei partiti stessi
Soprattutto durante le campagne elettorali i .... devono sostenere molte ....
Alle cariche elettive si accede presentandosi alle ....
Agli .... nella pubblica amministrazione si accede per ....

04. Lessico: spiega sul quaderno il significato delle seguenti parole o espressioni.

Irrevocabile, interdizione dai pubblici uffici, municipalità, sanzione, concorrere, contendibile, autocontrollo, decoro, infamante, riserva mentale.

05. Rispondi alle seguenti domande.

a. Che significa che l'Italia è una *Repubblica democratica*?
b. Cosa significa essere condannato per *indegnità morale*?
c. Cosa s'intende per elettorato attivo?
d. Chi può chiedere di votare a casa?
e. Chi sono i rappresentanti di lista?
f. Come definiresti i partiti?
g. Quali sono gli obiettivi primari dei partiti politici?
h. Cosa significa il termine "contendibile" riferito a un *sistema democratico*?
i. Perché i costituenti non ritennero opportuno imporre il metodo democratico all'interno dei partiti?
l. Perché negli anni Settanta fu approvata una legge per il finanziamento pubblico dei partiti?

06. Dibattito.

- Purtroppo in Italia ci sono stati numerosi casi di corruzione politica e amministrativa. Questo, secondo molti osservatori, ha portato a una disaffezione degli elettori per la vita politica e a un aumento dell'astensionismo alle elezioni. Ritenete che l'astensionismo sia una risposta giusta al problema della corruzione? Cosa potrebbero fare di diverso gli elettori?
- Secondo la Costituzione, chi ricopre cariche pubbliche ed elettive lo deve fare «con disciplina e onore». Discutendone in classe, cercate di determinare quali comportamenti dovrebbero evitare e quali invece praticare i politici, per rispettare questa disposizione della Costituzione. Potreste anche stilare un decalogo del buon politico ed esporlo in classe.
- Siete favorevoli o contrari al finanziamento pubblico dei partiti? Condividete l'ultima forma di finanziamento individuato, quello di destinare il due per mille delle imposte nella dichiarazione dei redditi?

07. Ricerca.

Con l'aiuto di un motore di ricerca e con la guida del tuo insegnante di storia, cerca notizie sullo scandalo battezzato dalla stampa "tangentopoli". Ecco alcuni riferimenti: anno 1992; città: Milano; nome dell'operazione: "Mani pulite".
Dopo aver raccolto le informazioni, scrivi una breve relazione.

03. Le elezioni

01. Indica se le affermazioni sono vere o false.

a. Una legislatura dura sette anni.	V	F
b. Il Presidente della Repubblica è eletto dal Senato.	V	F
c. Per presentare una lista di candidati è necessario raccogliere un certo numero di firme.	V	F
d. La campagna elettorale dura ottanta giorni.	V	F
e. Identificare gli elettori che si presentano a votare è compito dei componenti il seggio elettorale.	V	F

f. Il giorno prima e il giorno delle elezioni non è permesso fare propaganda elettorale. **V F**

g. La legge elettorale italiana non è stata mai cambiata. **V F**

h. In una lista bloccata non si possono esprimere preferenze. **V F**

i. Nel sistema proporzionale le alleanze sono possibili solo dopo il voto. **V F**

l. Nel sistema maggioritario uninominale il territorio viene diviso in collegi elettorali. **V F**

02. Completa le seguenti frasi.

a. Il Parlamento è eletto direttamente dal ....

b. Il Presidente della Repubblica è eletto dal ....

Il Parlamento è formato dalla Camera dei deputati e dal ....

È il Governo a .... nuove elezioni.

Una lista .... è presentata da un gruppo di cittadini.

Ogni lista deve presentare al Ministero dell'Interno un .... diverso dalle altre liste.

Per non influenzare gli elettori è proibito rendere pubblici .... negli ultimi .... giorni di campagna elettorale.

Si vota di .... per garantire il diritto di voto a tutti.

I seggi elettorali sono sempre presidiati dalle .... dell'ordine.

I candidati eletti acquistano la legittimazione a ....

03. Lessico: scegli la definizione corretta.

a. *Plico*

A. ☐ Gruppo di carte sigillate
B. ☐ Gruppo di carte sparse
C. ☐ Gruppo di carte d'ident tà

b. *Requisiti*

A. ☐ Qualità necessarie
B. ☐ Qualità accessorie
C. ☐ Qualità opzionali

c. *Suffragio universale*

A. ☐ Diritto di protestare per tutti i cittadini
B. ☐ Diritto di riunirsi per tutti i cittadini
C. ☐ Diritto di votare per tutti i cittadini

d. *Par condicio*

A. ☐ Pari adesioni
B. ☐ Pari eccezioni
C. ☐ Pari opportunità

e. *Sondaggio*

A. ☐ Vantaggio economico
B. ☐ Messaggio informativo
C. ☐ Indagine sociale

f. *Presidiare*

A. ☐ Difendere
B. ☐ Legittimare
C. ☐ Abilitare

g. *Brogli elettorali*

A. ☐ Raccolta di voti
B. ☐ Espressione di voto
C. ☐ Falsificazione dei risultati elettorali

04. Rispondi alle seguenti domande.

a. Quali sono i compiti del Governo e del Parlamento durante il periodo delle elezioni?
b. Perché ogni lista elettorale deve avere un proprio simbolo?
c. Cosa sono le cosiddette *liste civetta*?
d. Cosa è proibito negli ultimi quindici giorni della campagna elettorale?
e. Cosa sono tenuti a garantire i media durante la campagna elettorale?
f. Perché i seggi elettorali sono presidiati dalle forze dell'ordine?
g. Che autorità particolare acquistano i cittadini eletti?
h. In cosa consiste il sistema elettorale proporzionale
i. E quello maggioritario uninominale?

05. Dibattito.

- Discutete sulla legge elettorale, rispondendo a tre quesiti: **a.** preferite il sistema proporzionale o quello maggioritario? **b.** vorreste essere voi a scegliere il candidato da votare o vi sta bene che lo scelgano i partiti con le liste bloccate? **c.** ritenete opportuno che ci sia una soglia di sbarramento per evitare che ci siano partiti molto piccoli?

- Il costo eccessivo delle campagne elettorali rischia di vanificare il diritto all'elettorato passivo dei cittadini meno ricchi. Cosa si può fare, secondo voi, per superare questo problema che rischia di uccidere le nostre democrazie?

Il Parlamento

Entro venti giorni dalle elezioni, si riuniscono le nuove Camere. Primo atto delle nuove Camere è quello di eleggere i presidenti dei due rami del Parlamento.

È un appuntamento importante perché si tratta della seconda (Presidente del Senato) e della terza carica dello Stato (Presidente della Camera). La prima è naturalmente il Presidente della Repubblica, che, in caso di impedimento, viene sostituito dal Presidente del Senato.

È un momento importante anche per capire come si muovono i vari gruppi parlamentari e quali combinazioni sono possibili per formare un eventuale governo. Abbiamo visto, infatti, che con il sistema proporzionale gli accordi per costituire una maggioranza si fanno dopo e non prima del voto.

Il momento successivo è quello di organizzare i *gruppi parlamentari* con i relativi capigruppo e di scegliere i componenti delle varie *commissioni parlamentari*. Senza questi passaggi preliminari sarebbe infatti impossibile svolgere il lavoro parlamentare.

Sono questi i primi passi che muovono i nuovi eletti delegati dal popolo a rappresentare la "Nazione", cioè tutti i cittadini italiani.

Ogni membro del Parlamento rappresenta la Nazione ed esercita le sue funzioni senza vincolo di mandato.

Gli "onorevoli"

Gli eletti dal popolo vengono appellati con il titolo di "onorevoli", cioè "degni di rispetto", da rispettare per la funzione che svolgono. Il titolo richiama la parola "onore", quasi a sottolineare che, come tutti quelli che ricoprono cariche e uffici pubblici, devono svolgere il loro compito «con disciplina e onore».

La Costituzione ha un'idea alta degli "onorevoli", infatti sottolinea che ciascuno di loro «rappresenta la Nazione», cioè non il proprio partito, non solo i propri elettori e neppure solo quelli del proprio collegio elettorale. Secondo la Costituzione, nello svolgimento del mandato, il parlamentare dovrebbe spogliarsi delle idee e degli interessi della parte che lo ha eletto e sforzarsi di rappresentare gli interessi di tutta la Nazione.

Aggiunge, infatti, che deve esercitare «le sue funzioni senza vincoli di mandato», cioè sentendosi libero sia dalle pressioni del suo partito che da quello dei suoi elettori. La Costituzione disegna così la figura di uno spirito libero che sa ragionare con la propria testa, senza farsi condizionare dalla sua appartenenza politica e dai propri interessi elettorali. Una persona che non si fa ossessionare dai sondaggi e dalla preoccupazione della sua rielezione (se voto così, mi eleggeranno ancora?).

Per assicurare questa indipendenza di giudizio, la Costituzione assicura che i parlamentari non possono essere «chiamati a rispondere delle opinioni espresse e dei voti dati nell'esercizio delle loro funzioni». Il parlamentare può agire in piena libertà, perché sa che nessuno potrà sindacare le sue scelte, di cui si assume la responsabilità davanti al popolo italiano. Saranno gli elettori, dopo cinque anni, a dare un giudizio sul suo comportamento, rinnovandogli o negandogli la fiducia e il voto.

Proprio per garantire al parlamentare il libero e pieno svolgimento delle sue funzioni, la Costituzione dispone che non possa essere perquisito, intercettato o arrestato, senza l'autorizzazione della Camera a cui appartiene. Naturalmente, questa regola non vale se viene arrestato mentre sta commettendo un reato comune (*flagranza di reato*) o se viene condannato in modo definitivo per un reato commesso.

Stesso discorso vale per l'*indennità parlamentare*, cioè per la retribuzione da corrispondere ai membri del Parlamento. Deve essere abbastanza alta per assicurare al parlamentare un tenore di vita adeguato a un rappresentante del popolo e per non essere facilmente corruttibile.

Storicamente l'indennità ai membri del Parlamento è stata introdotta per assicurare che tutti potessero ricoprire cariche elettive; senza l'indennità, infatti, lo potevano fare solo i ricchi, che avevano i mezzi per mantenersi durante il mandato parlamentare.

Camera e Senato

Il Parlamento italiano è composto da due assemblee distinte, la *Camera dei deputati* e il *Senato della Repubblica*.

Ciascuna Camera opera in modo autonomo e in una sede distinta, nel palazzo di Montecitorio la Camera dei deputati, a Palazzo Madama il Senato.

Diversa anche la composizione delle due assemblee: la Camera è composta da 630 deputati, il Senato da 315 senatori. In Senato siedono anche gli ex presidenti della Repubblica (presidenti emeriti) e i senatori a vita nominati dal Presidente della Repubblica.

Dodici deputati e sei senatori vengono eletti nella circoscrizione estera, cioè dai voti degli italiani residenti all'estero, nelle diverse parti del mondo.

I membri del Parlamento non possono essere chiamati a rispondere delle opinioni espresse e dei voti dati nell'esercizio delle loro funzioni.
Senza autorizzazione della Camera alla quale appartiene, nessun membro del Parlamento può essere sottoposto a perquisizione personale o domiciliare, né può essere arrestato o altrimenti privato della libertà personale, o mantenuto in detenzione, salvo che in esecuzione di una sentenza irrevocabile di condanna, ovvero se sia colto nell'atto di commettere un delitto per il quale è previsto l'arresto obbligatorio in flagranza.
Analoga autorizzazione è richiesta per sottoporre i membri del Parlamento ad intercettazioni, in qualsiasi forma, di conversazioni o comunicazioni e a sequestro di corrispondenza.

art. 69

I membri del Parlamento ricevono una indennità stabilita dalla legge.

Robespierre, il rivoluzionario "incorruttibile" della Rivoluzione francese, veniva chiamato "il damerino" per la sua eleganza. Spiegava che vestiva bene per rispetto al Parlamento e alla carica che ricopriva.

SENATO DELLA REPUBBLICA

SENATORI 315

CAMERA DEI DEPUTATI

DEPUTATI 630

Ai 315 senatori eletti dal popolo si aggiungono i senatori a vita nominati dal Presidente della Repubblica e i presidenti emeriti (ex presidenti della Repubblica),

Il Parlamento è l'organo principale dello Stato italiano, perché è l'unico ad essere eletto *direttamente* dal popolo.

Il suo compito principale è quello di scrivere le leggi (potere legislativo), ma la sua funzione non si esaurisce in questo: elegge anche il Presidente della Repubblica e, soprattutto, esercita una funzione di controllo e di indirizzo sul governo, a cui può dare o negare la fiducia. Se non ha la fiducia del Parlamento, il Governo è obbligato a dimettersi.

COSTITUZIONE ITALIANA
art. 70

La funzione legislativa è esercitata collettivamente dalle due Camere.

Bicameralismo perfetto

Anche se articolato in due assemblee diverse, il Parlamento funziona come se fosse un solo organismo. Le due Camere hanno esattamente gli stessi poteri e la stessa importanza: questo vuol dire l'espressione "*bicameralismo perfetto*".

Per entrare in vigore, una legge deve essere approvata dalle due Camere e il Governo resta in carica solo se ha la fiducia di ambedue le Camere. Che il Parlamento sia un solo organo, diventa evidente quando si elegge il Presidente della Repubblica, perché le due Camere si riuniscono "in seduta comune" a Montecitorio.

Il bicameralismo perfetto assicura tempi di riflessione più lunghi e maggiore ponderatezza nell'attività legislativa e questo è sicuramente un vantaggio. I tempi di approvazione rischiano però di diventare eccessivamente lunghi, nel caso che a ogni passaggio ciascuna assemblea modifichi anche un solo particolare della legge in discussione.

Per essere licenziato, dal Parlamento, il testo di legge approvato dalle due Camere deve infatti essere identico, altrimenti deve essere rimandato di nuovo all'altra Camera per l'approvazione.

Si parla di prima *lettura*, di seconda lettura, di terza lettura a seconda che ciascuna Camera l'abbia esaminato una volta, due volte ecc. Con un'espressione colorata utilizzata anche in Francia, si parla di "*navetta parlamentare*" per indicare questa spola delle legge tra una Camera e l'altra, proprio come un traghetto che va avanti e indietro da una sponda all'altra.

Palazzo Montecitorio, sede della Camera dei deputati.

Contrariamente a quanto normalmente si pensa, la maggior parte delle leggi viene approvata in prima lettura. I tempi sono lunghi sulle leggi più controverse, quelle su cui non c'è accordo neppure tra i gruppi parlamentari della maggioranza. Sembrerebbe che la lentezza, più che dal bicameralismo, dipenda dalla mancanza di accordo tra i gruppi parlamentari.

La proposta di legge

La funzione principale svolta dal Parlamento è quella legislativa, ma chi può proporre le leggi da discutere in Parlamento?

Prima di tutto i singoli deputati o senatori; spesso la proposta è sottoscritta da un gruppo di parlamentari anche di partiti diversi.

Il caso più frequente è che la legge venga proposta dal Governo. Negli ultimi anni, questa tendenza si è accentuata. Sembra addirittura che il Parlamento sia al traino dei governi, rinunciando alla propria iniziativa e autonomia.

Possono presentare proposte di legge anche i Consigli regionali e il CNEL (*Comitato Nazionale dell'Economia e del Lavoro*), nei settori di propria competenza.

Lo possono fare anche i cittadini, preparando un testo organizzato in articoli e raccogliendo le firme di cinquantamila elettori (legge di *iniziativa popolare*).

Una legge può essere presentata indifferentemente alla Camera o al Senato. In caso di legge di iniziativa popolare, non c'è l'obbligo del Parlamento a discuterla.

Se c'è urgenza, il governo può svolgere la funzione legislativa, emanando un *decreto* con effetto immediato. Il decreto però decade se non viene approvato dal Parlamento entro sessanta giorni.

Palazzo Madama, sede del Senato della Repubblica

Organizzazione in commissioni

L'immagine più frequente che abbiamo del Parlamento è quella dell'emiciclo, con i deputati impegnati nei loro interventi o nelle operazioni di voto.

In realtà, la presenza in aula durante i dibattiti e durante le votazioni è la parte meno impegnativa del lavoro parlamentare. La maggior parte del lavoro si svolge infatti nelle commissioni, in cui si articola il lavoro parlamentare.

Ogni commissione è formata da un certo numero di parlamentari che rappresentano in modo proporzionale i diversi gruppi presenti in Parlamento.

Alle commissioni sono affidate le leggi prima di essere presentate in aula. Alla commissione può essere affidato il compito di redigere materialmente un legge (scrivere gli articoli), di esaminarla e di riferire in aula, di esprimere un parere su una legge di competenza di un'altra commissione, di approvare direttamente un legge.

In quest'ultimo caso (*funzione legislativa o deliberante*) è la

Un disegno della Camera dei deputati in un opuscolo informativo diretto ai ragazzi a cura della Segreteria generale della Camera

commissione ad approvare la legge, che non sarà quindi mai discussa in aula.

La funzione deliberante è esclusa per le leggi costituzionali, per le leggi elettorali, per la legge di bilancio (*finanziaria*), per le deleghe al Governo e per i trattati internazionali. In questi casi la commissione svolge la funzione referente, cioè quella di riferire in aula.

COMMISSIONE	Funzione redigente	Prepara il testo di legge
	Funzione referente	Riferisce in aula
	Funzione consultiva	Esprime un parere sulla legge
	Funzione legislativa	Delibera l'approvazione della legge

Le principali commissioni parlamentari sono: *Affari costituzionali; Affari esteri e comunitari; Difesa; Bilancio, tesoro e programmazione; Finanze; Cultura, scienza e istruzione; Ambiente, territorio e lavori pubblici.*
La presidenza di alcune commissioni dette "di garanzia" sono attribuite all'opposizione. Le più importanti sono la *Commissione di vigilanza* sulla RAI e quella sui servizi segreti (Copasir).

La regola della maggioranza

Le sedute delle due Camere sono pubbliche, cioè aperte al pubblico. La pubblicità delle sedute delle commissioni è, invece, stabilita dal regolamento delle due Camere. I lavori delle commissioni sono quindi meno trasparenti di quelli svolti in aula.

Le decisioni del Parlamento vengono prese a maggioranza, che è la regola cardine delle democrazie. Alcune volte, su scelte particolarmente importanti, è richiesta una *maggioranza qualificata*, che non può essere raggiunta solo con i voti della maggioranza.

È un caso particolarmente interessante, perché maggioranza e opposizione sono obbligate a confrontarsi e a raggiungere un accordo. Il parlamento – lo dice anche la parola – dovrebbe essere il luogo del confronto, il luogo in cui è possibile arrivare a un accordo anche tra avversari politici. Quando maggioranza e opposizione non riescono a parlarsi più neppure in Parlamento, è un momento buio per la democrazia.

La copertura finanziaria

Con la solita semplicità, la Costituzione prescrive che «ogni legge che importi nuovi o maggiori oneri provvede ai mezzi per farvi fronte». In pratica, se l'applicazione di una legge prevede nuove spese, nella legge stessa deve essere indicata la *previsione di spesa* (quanto costa) e da quali fondi attingere i soldi.

È una disposizione rispettata nella forma, ma spesso disattesa nella sostanza, nel senso che la spesa è sicura, mentre l'entrata non lo è affatto. Per esempio, se viene approvata una legge che prevede l'istituzione di centri di recupero per tossicodipendenti, serviranno i soldi per le strutture, per le attrezzature, per le medicine, per il personale. Spese sicure. Se nella legge viene indicato che le coperture saranno trovate intensificando la lotta all'evasione fiscale, le entrate per coprire le spese non sono affatto sicure, perché non è detto che la lotta agli evasori riesca o che porti molti soldi.

Spese non coperte da entrate fanno aumentare il *deficit*, cioè la differenza tra le entrate e le uscite calcolate alla fine di ciascun anno finanziario.

Se lo Stato non ha i soldi per far fronte alle spese, è costretto a farsi prestare i soldi dai privati, pagando degli interessi. Se questo meccanismo si ripete negli anni, il debito statale crescerà sempre di più e sempre di più cresceranno gli interessi da pagare.

Uno dei più gravi problemi dello Stato italiano è quello di avere un *debito pubblico* enorme, che ha raggiunto il 130 per cento del PIL, cioè della ricchezza complessiva del Paese.

Il pareggio di bilancio in Costituzione

Nel 2012, su sollecitazione dell'Unione Europea, l'art. 81 della Costituzione è stato modificato, introducendo l'obbligo per lo Stato di assicurare "l'equilibrio" tra le entrate e le spese del proprio bilancio.

L'art. 81 aggiunge che il ricorso all'indebitamento è ammesso solo se l'economia va male e si verificano eventi eccezionali.

È una disposizione virtuosa che ha solo il difetto di essere arrivata troppo tardi, quando ormai il debito pubblico era già arrivato alle stelle, e quello di continuare a essere disattesa, perché il debito pubblico ha continuato a salire anche dopo la modifica dell'art. 81.

COSTITUZIONE ITALIANA
art. 64 c. 3

Le deliberazioni di ciascuna Camera e del Parlamento non sono valide se non è presente la maggioranza dei loro componenti, e se non sono adottate a maggioranza dei presenti, salvo che la Costituzione prescriva una maggioranza speciale.

LESSICO PARLAMENTARE MAGGIORANZA

Maggioranza relativa: tra alcune proposte una ottiene il maggior numero di voti.

Maggioranza semplice: la proposta ottiene il voto del 50% + 1 dei presenti.

Maggioranza assoluta: la proposta ottiene il voto del 50% + 1 degli aventi diritto, cioè di tutti i componenti della Camera.

Maggioranza qualificata: la proposta deve ottenere un numero prestabilito di voti, per esempio superare i 2/3 dei componenti della Camera.

COSTITUZIONE ITALIANA
art. 81 c. 1 e 2

Lo Stato assicura l'equilibrio tra le entrate e le spese del proprio bilancio, tenendo conto delle fasi avverse e delle fasi favorevoli del ciclo economico.
Il ricorso all'indebitamento è consentito solo al fine di considerare gli effetti del ciclo economico e, previa autorizzazione delle Camere adottata a maggioranza assoluta dei rispettivi componenti, al verificarsi di eventi eccezionali.

Il Presidente della Repubblica

2.

Quando si insedia il nuovo Parlamento partono anche le trattative per trovare una maggioranza e formare un nuovo Governo. Quello rimasto in carica dopo lo scioglimento delle Camere non ha, infatti, più la legittimità a governare, a meno che il Parlamento non gli rinnovi la fiducia, con un nuovo voto delle due Camere.

In questa occasione, entra sotto i riflettori la figura del Presidente della Repubblica, che in genere rimane defilata, vigilando in modo discreto sulle vicende politiche e sulla vita delle istituzioni democratiche.

Vi entra con l'aspetto di un arbitro, che ascolta il parere della seconda e terza carica dello Stato, riceve i rappresentati dei vari gruppi parlamentari e poi, tenendo conto dei risultati delle *consultazioni*, propone il nome dell'*incaricato* a formare il nuovo governo.

Si presenta come un arbitro particolare, che può contare solo sul potere di persuasione – i giornali usano l'espressione inglese *moral suasion* – perché, contrariamente agli arbitri di calcio, non può né ammonire né espellere i giocatori, perché deve restare rigorosamente al di sopra delle parti, garantendo solo che vengano rispettate la volontà espressa dal popolo e le norme costituzionali.

Al limite, dopo aver verificato che non è possibile alcuna soluzione, potrebbe sospendere la partita e rimandare tutti a casa, cioè sciogliere le Camere e indire nuove elezioni. Sarebbe però una soluzione estrema, perché metterebbe in discussione il voto espresso dal popolo.

Le consultazioni per la formazione di un nuovo governo, ci aiutano a capire un aspetto importante della figura del Presidente della Repubblica: egli

Il palazzo del Quirinale, residenza del Presidente della Repubblica

non può intervenire nelle decisioni politiche, che spettano al Parlamento, ma deve solo garantire che sia rispettata la Costituzione e che sia rispettata la volontà popolare. Allora, se non può decidere, che cosa vuol dire l'espressione "capo dello Stato" utilizzata dalla Costituzione?

Il Presidente della Repubblica è il capo dello Stato e rappresenta l'unità nazionale.

Il capo dello Stato

Il Presidente della Repubblica è il capo dello Stato non nel senso che governa – questa funzione è esclusa sempre, anche nei momenti di emergenza – ma nel senso che occupa il vertice, il punto più alto, delle istituzioni repubblicane.

Molti hanno sottolineato che le funzioni del Presidente della Repubblica sono simili a quelle esercitate dal re prima della nascita della Repubblica italiana.

Apparentemente è vero, ma c'è una profonda differenza, perché il re era contemporaneamente capo dello Stato e capo del Governo, mentre il Presidente è solo capo dello Stato. Nella Monarchia costituzionale, il Governo rispondeva dei suoi atti al re e al parlamento; nella Repubblica italiana, il Governo risponde solo al Parlamento.

Dopo aver detto che il Presidente è il capo dello Stato, la Costituzione aggiunge che «rappresenta l'unità nazionale», rappresenta cioè tutti gli italiani. Lo può fare solo restando al di sopra delle parti, senza mai farsi coinvolgere nella mischia politica. Il Presidente non esprime mai giudizi politici, neanche quando a fine anno rivolge il tradizionale messaggio agli italiani.

Il Presidente della Repubblica, Sergio Mattarella

L'elezione del Presidente

Presidente della Repubblica può diventare qualsiasi cittadino italiano – maschio o femmina – che abbia compiuto i cinquant'anni e che goda dei diritti civili e politici.

Il Presidente viene eletto dalle Camere "in seduta comune"; all'elezione partecipano anche tre delegati per ogni Regione (uno solo per la Val d'Aosta).

Siccome rappresenta l'unità nazionale, per l'elezione del presidente è prevista una maggioranza qualificata dei due terzi dei componenti l'assemblea per le prime tre votazioni e la maggioranza assoluta dei componenti l'assemblea nelle votazioni successive. Questo vuol dire che, almeno nelle prime tre votazioni, è necessario un consenso molto ampio.

Per la scelta si segue una procedura insolita, perché non sono previste né candidature, né autocandidature, né interventi per orientare l'assemblea.

Si vota con voto segreto per appello uninominale – gli aventi diritti vengono chiamati a votare uno dopo l'altro – e poi si procede allo spoglio. Si continua così – voto e spoglio – fino a quando un candidato non raggiunge la maggioranza richiesta.

Si punta su candidati che godano di un'ampia stima e che abbiano dato prova di equilibrio e di fedeltà alla Repubblica.

Il Presidente della Repubblica, prima di assumere le sue funzioni, giura di essere fedele alla Repubblica e di osservare la Costituzione davanti al Parlamento in seduta comune.

Il Presidente eletto resta in carica sette anni. In caso di morte, di impedimento permanente o di dimissioni, il Presidente della Camera convoca entro quindici giorni l'assemblea per eleggere il nuovo presidente.

I poteri del Presidente

I poteri del Presidente sono elencati all'art. 87 della Costituzione.

- Può inviare messaggi alle Camere.
- Rappresenta la Nazione nei rapporti internazionali.
- Può nominare cinque senatori a vita, scegliendoli tra i cittadini che si sono distinti in campo scientifico, letterario, artistico e sociale.
- Nomina funzionari dello Stato, se previsto dalla legge.
- Conferisce le onorificenze della Repubblica.
- Può concedere la grazia o abbreviare il periodo di detenzione a un condannato, per buona condotta o perché versa in condizioni di salute particolarmente gravi. L'istruzione della pratica e la proposta sono compiti del Ministro di Grazia e Giustizia.
- Ha il comando delle forze armate, presiede il Consiglio supremo di difesa e dichiara formalmente la guerra dopo la decisione del Parlamento.
- Presiede il *Consiglio Superiore della Magistratura* (CSM). Lo fa raramente, in genere il CSM è presieduto dal Vice presidente.
- Indice le elezioni e i referendum, se ammessi dalla Corte costituzionale.
- Può sciogliere le Camere (anche una sola), tranne che nel cosiddetto "*semestre bianco*", cioè negli ultimi sei mesi del suo mandato. Questo è il potere più rilevante del Presidente, perché può incidere notevolmente sulla situazione politica.
- Nomina il Presidente del Consiglio e, su sua proposta, i ministri. "Nomina", in questo caso, vuol dire anche che il Presidente può non condividere la scelta e invitare il Presidente del Consiglio a indicare un nome alternativo.
- Firma le leggi con i ministri o con il Presidente del Consiglio. La Costituzione precisa che «nessun atto del Presidente della Repubblica è valido se non è controfirmato dai ministri proponenti, che ne assumono la responsabilità». Anche in questo caso, è come se il Presidente fosse chiamato a ratificare decisioni prese da altri (il Parlamento, il Governo).
- Promulga le leggi e i decreti legislativi.

  Per quanto riguarda quest'ultima funzione, bisogna sottoli-

Il Presidente della Repubblica

↙ presiede ↘

Consiglio Supremo delle Forze armate	Consiglio Superiore della Magistratura

Il Presidente della Repubblica rappresenta l'unità nazionale. Questa funzione è evidente nel fatto che presiede il *Consiglio Supremo delle Forze Armate* e il *Consiglio Superiore della Magistratura*: unisce alle altre istituzioni democratiche queste forze "separate" e "indipendenti" dello Stato.

neare che il Presidente non si limita a firmare, ma esamina attentamente la legge insieme ai suoi collaboratori. Se si trova di fronte a norme di dubbia costituzionalità, il Presidente può rifiutarsi di firmare la legge e rimandarla al Parlamento, per un ulteriore esame. Può anche inviare un messaggio al Parlamento, esplicitando le sue perplessità.

Il Parlamento può tener conto dei rilievi del Presidente oppure ripresentargli la legge nella stessa versione. La seconda volta, il Presidente ha l'obbligo di firmare e promulgare la legge. Questo conferma quanto abbiamo ripetuto più volte: l'organo istituzionale più importante della Repubblica è il Parlamento, l'unico a essere eletto direttamente dal popolo. Anche il Presidente della Repubblica deve sottomettersi alla volontà del Parlamento.

Se, invece, è la Corte costituzionale a bocciare la legge, il Parlamento deve accettare il verdetto, perché anche il Parlamento è sottomesso alle regole costituzionali. La Costituzione è veramente al di sopra di tutto.

La versione on line della *Gazzetta ufficiale*. Solo dopo la firma del Presidente della Repubblica, le leggi sono promulgate e pubblicate sulla Gazzetta ufficiale, perché tutti i cittadini possano conoscerle.

La responsabilità del Presidente

Il Presidente della Repubblica «non è responsabile degli atti compiuti nell'esercizio delle sue funzioni», cioè per le decisioni che prende in quanto presidente. Questo vuol dire che il Presidente non può essere chiamato a giustificarsi o a difendersi davanti al Parlamento per essersi rifiutato di firmare una legge o per non aver nominato un ministro proposto dal Presidente del Consiglio.

Può essere messo in stato di accusa per tradimento dello Stato (per esempio, se ha cospirato contro lo Stato italiano con uno Stato straniero) o per «*attentato alla Costituzione*», cioè per aver fatto consapevolmente qualcosa contro la legalità costituzionale, disattendo volutamente a quanto prescritto dalla Costituzione.

In questi due casi e solo in questi due casi, può essere messo in stato di accusa dal Parlamento in seduta comune, cioè dallo stesso organo che lo ha eletto.

Nel caso il Presidente commettesse un reato penale o amministrativo, sarebbe sottoposto a giudizio come qualunque cittadino.

Fortunatamente, nei settant'anni di vita repubblicana, nessuno di queste ipotesi si è mai verificata.

Il Presidente della Repubblica non è responsabile degli atti compiuti nell'esercizio delle sue funzioni, tranne che per alto tradimento o per attentato alla Costituzione.
In tali casi è messo in stato di accusa dal Parlamento in seduta comune, a maggioranza assoluta dei suoi membri.

Laboratorio pag. 168
ESERCIZI INTERATTIVI
www.medusaeditrice.it

Il Governo

Quando si insedia il nuovo Parlamento partono anche le trattative per trovare una maggioranza che sostenga un nuovo governo. Come abbiamo visto, infatti, quando si vota con il proporzionale, le alleanze si fanno *dopo* il voto. La ricerca di una soluzione è favorita dalle consultazioni del Presidente della Repubblica, che invita i vari gruppi parlamentari a manifestare i propri orientamenti politici (con chi sono disposti ad allearsi, quale tipo di governo vogliono sostenere, a quali condizione, per fare che cosa...).

Nel caso che la situazione si riveli particolarmente difficile – nessun partito o gruppo parlamentare sembra in grado di coagulare intorno a sé una maggioranza – il Presidente della Repubblica può affidare un *incarico esplorativo* a una persona di sua fiducia, in genere alla seconda o alla terza carica dello Stato, cioè al Presidente del Senato o della Camera.

Chi riceve un incarico esplorativo non ha il compito di formare un governo, ma di incontrare le forze politiche, per verificare le possibilità reale di formare un governo. Insomma, ha la funzione di un esploratore e di un facilitatore.

Una volta che si è accertato che ci sono delle forze politiche disposte ad allearsi e che dispongono della maggioranza parlamentare (almeno il cinquanta per cento dei parlamentari più uno, in ciascuna delle due Camere), il Presidente della Repubblica conferisce l'incarico di formare il governo.

Palazzo Chigi è la sede del Governo.

COSTITUZIONE ITALIANA
art. 92

Il Governo della Repubblica è composto del Presidente del Consiglio e dei ministri, che costituiscono insieme il Consiglio dei ministri.
Il Presidente della Repubblica nomina il Presidente del Consiglio dei ministri e, su proposta di questo, i ministri.

Il Presidente incaricato

A chi? In genere, a un esponente indicato dal partito di maggioranza relativa – quello che dispone del maggior numero di deputati in Parlamento – e gradito anche agli altri partiti disposti a entrare nella *coalizione* per sostenere il nuovo governo.

Da notare che l'incaricato di formare il governo non deve essere necessariamente un parlamentare: potrebbe essere chiunque ritenuto in grado di svolgere la funzione di Presidente del Consiglio, purché goda della fiducia del Presidente della Repubblica e delle forze politiche che vogliono dar vita al governo.

Il Presidente incaricato incontra i rappresentanti delle forze politiche disposte a sostenere il governo, stende un programma, stila una lista di ministri e la sottopone al capo dello Stato. Se il Presidente della Repubblica condivide la scelta dei ministri, il Presidente incaricato si può presentare alle Camere per chiedere la fiducia.

Prima di assumere le loro funzioni, il Presidente del Consiglio e i ministri «prestano giuramento nelle mani del presidente della Repubblica».

COSTITUZIONE ITALIANA
art. 93

Il Presidente del Consiglio dei ministri e i ministri, prima di assumere le funzioni, prestano giuramento nelle mani del Presidente della Repubblica.

La fiducia

Entro dieci giorni, il presidente del Consiglio si presenta in una delle due Camere, per illustrare il programma di governo e per ottenere la fiducia. Dopo gli interventi degli esponenti dei vari gruppi parlamentari e dopo la replica del Presidente del Consiglio, si vota per appello uninominale e con voto palese, cioè i parlamentari vengono interpellati uno per uno e devono esprimere pubblicamente il loro voto.

Lo stesso si ripete, in genere il giorno dopo, nell'altra Camera.

Se ottiene la fiducia da ambedue i rami del Parlamento, il Governo entra nel pieno delle sue funzioni e può cominciare

Quelli indicati sono i ministeri principali. Ogni governo può aggiungerne altri per raggiungere obiettivi particolari. In genere, sono affidati a *ministri senza portafogli*, cioè ministri che non dispongono di risorse finanziarie.

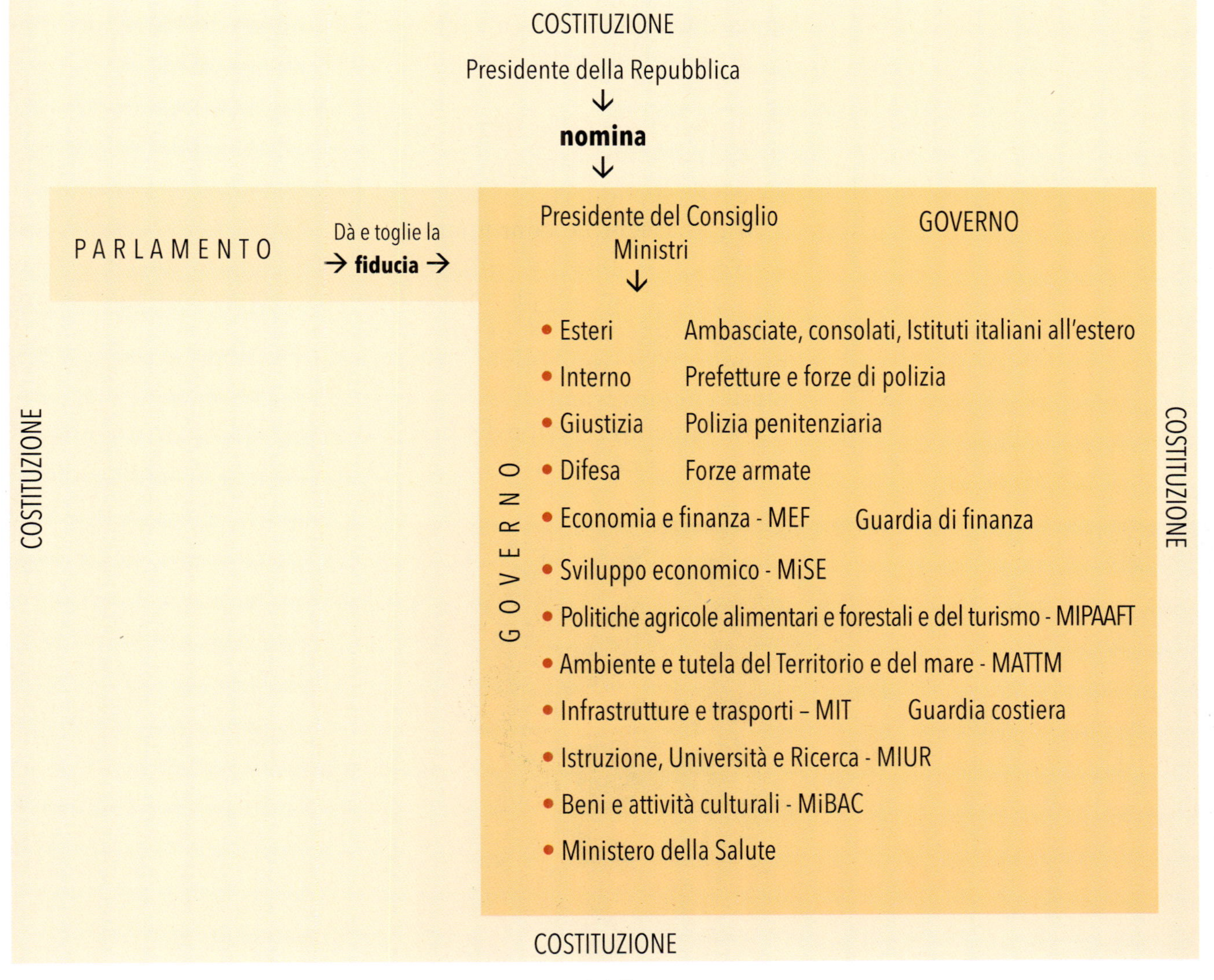

COSTITUZIONE ITALIANA
art. 94

Il Governo deve avere la fiducia delle due Camere.
Ciascuna Camera accorda o revoca la fiducia mediante mozione motivata e votata per appello nominale.
Entro dieci giorni dalla sua formazione il Governo si presenta alle Camere per ottenerne la fiducia.
Il voto contrario di una o d'entrambe le Camere su una proposta del Governo non importa obbligo di dimissioni.
La mozione di sfiducia deve essere firmata da almeno un decimo dei componenti della Camera e non può essere messa in discussione prima di tre giorni dalla sua presentazione.

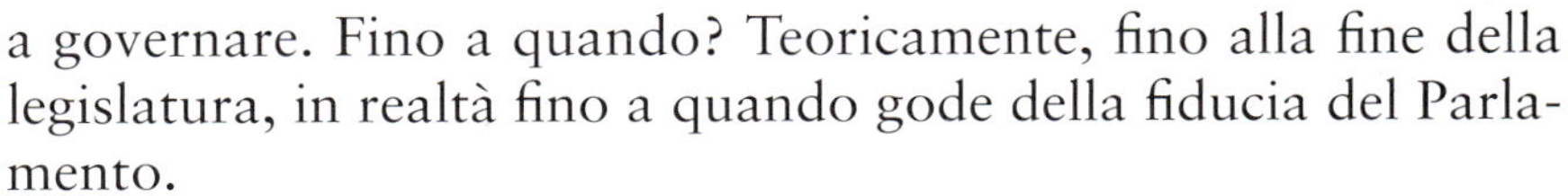

a governare. Fino a quando? Teoricamente, fino alla fine della legislatura, in realtà fino a quando gode della fiducia del Parlamento.

Se la fiducia del Parlamento viene meno – basta che non abbia più la maggioranza in una delle due Camere – il governo cade e si apre la crisi.

In caso di *crisi*, si segue la stessa procedura descritta per l'inizio della legislatura: ci sono le consultazioni del Presidente della Repubblica, il conferimento di un incarico, la formazione di una nuova maggioranza, la stesura di un programma, la scelta dei ministri, il giuramento, la presentazione in Parlamento per la fiducia...

Nei settant'anni di vita repubblicana, l'Italia non ha mai avuto un governo di legislatura, cioè un governo che sia durato in carica per cinque anni. La media di durata dei governi italiani è di due anni e mezzo, ma alcuni sono durati molto meno, addirittura lo spazio di un'estate, per cui i giornali parlavano di "governo balneare".

Per evitare questo problema, in Germania è prevista la "*fiducia costruttiva*", cioè non si può votare la sfiducia a un governo, se non c'è già pronta una maggioranza disposta a sostenere un nuovo governo. Potrebbe essere un'idea introdurla anche in Italia...

I rapporti con il Parlamento

I rapporti tra Parlamento e Governo non si esauriscono nel dare e ricevere la fiducia.

Il Parlamento è continuamente impegnato nel discutere, approvare o respingere i progetti di legge presentati dal Governo. Inoltre, deve approvare o respingere entro sessanta giorni i decreti urgenti del Governo. Abbiamo già sottolineato che la maggior parte dell'attività legislativa del Parlamento avviene su input del Governo.

Parlamento succube del Governo? No, il Parlamento, in ogni momento, può chiedere che il Presidente del Consiglio o singoli ministri riferiscano e rispondano in aula sull'attività del Governo o su singoli provvedimenti governativi.

Anche singoli deputati possono presentare *interpellanze* (quesiti su problemi particolari) pretendendo risposte circostanziate dal ministro competente. Alle interpellanze è dedicato uno spazio specifico – il *question time*, tempo delle domande – trasmesso in Italia dalla Rai.

Parlamentari durante il *question time*, in un video Rai. Il question time della Camera viene trasmesso dalla Rai il mercoledì alle 15,00; quello del Senato il giovedì con cadenza quindicinale, sempre alle 15,00.

È inutile dire che i ministri sono obbligati a dire la verità, perché mentire al Parlamento è considerato molto grave: significherebbe mentire al popolo.

Se sono reticenti o imprecisi, i ministri rischiano di fare brutta figura perché l'interpellante ha immediato diritto di replica, in cui si dichiara soddisfatto o insoddisfatto della risposta e perché.

Insieme a quella legislativa, quella di controllare il Governo è una delle funzioni principali del Parlamento.

L'altro controllo lo fa la *stampa parlamentare* – giornali, radio e televisioni – che assiste alle sedute e ne informa i cittadini.

Il Consiglio dei ministri

Compito del Governo è quello di applicare le leggi approvate del Parlamento e di fare in modo che tutti rispettino la Costituzione e le leggi dello Stato. Esercita cioè il *potere esecutivo*.

Il Governo è un *organo collegiale*, cioè esercita il potere prendendo le decisioni tutti insieme – all'unanimità o a maggioranza – durante le sedute del Consiglio dei ministri.

Per questo assume particolare rilievo la figura del Presidente del Consiglio, che ha il compito di coordinare l'azione dei vari ministri e di stimolarne l'iniziativa. A lui spetta il compito di rendere omogenea l'azione del governo, facendo in modo che i singoli ministri condividano le scelte assunte insieme e le realizzino indirizzando e guidando la pubblica amministrazione.

Più che a una persona che eserciti il comando, la Costituzione sembra delineare la figura di una persona autorevole, che riesce a governare (è cosa diversa dal comandare), mantenendo la compagine governativa unita, compatta e determinata a raggiungere insieme gli obiettivi previsti dal programma di governo presentato al Parlamento.

Ai singoli ministri tocca il compito di fornire il proprio apporto all'azione complessiva del Governo, assicurando il buon funzionamento della branca della pubblica amministrazione legata al proprio ministero. Infatti ciascun ministero dispone di una burocrazia centrale – quella dei ministeri con sede nella capitale – e di una burocrazia periferica dislocata in genere nei capoluoghi di provincia. Questa macchina amministrativa serve

Una seduta del Consiglio dei ministri nel luglio 1946. Era stata da poco proclamata la Repubblica. Presidente del Consiglio era Alcide De Gasperi (è seduto in fondo, sulla poltrona con lo schienale più alto).

COSTITUZIONE ITALIANA art. 95

Il Presidente del Consiglio dei ministri dirige la politica generale del Governo e ne è responsabile. Mantiene l'unità di indirizzo politico ed amministrativo, promovendo e coordinando l'attività dei ministri.
I ministri sono responsabili collegialmente degli atti del Consiglio dei ministri, e individualmente degli atti dei loro dicasteri.
La legge provvede all'ordinamento della Presidenza del Consiglio e determina il numero, le attribuzioni e l'organizzazione dei ministeri.

LE COMPETENZE DEL GOVERNO

- Avanzare proposte di legge al Parlamento.
- Adottare decreti-legge su materie urgenti.
- Adottare decreti legislativi sul delega del Parlamento.
- Approvare i regolamenti di applicazione delle leggi emanate dal Parlamento.
- Mantenere i rapporti internazionali con gli altri Stati e con gli organismi internazionali.
- Nominare e dirigere gli ambasciatori.
- Nominare gli alti funzionari dello Stato.
- Dirigere gli apparati centrali e decentrati della Pubblica amministrazione.
- Dirigere i servizi segreti
- Interagire con le parti sociali e mediare tra i diversi interessi.

a tradurre in azioni e a rendere concreti gli interventi del Governo in tutto il territorio nazionale.
Oltre che sulla struttura della pubblica amministrazione, i ministri possono contare su un certo numero di collaboratori – *sottosegretari* o *viceministri* – a cui possono delegare una parte delle loro competenze.

Lo Stato sul territorio

In caso di assenza o di impedimento del Presidente del Consiglio le sue funzioni vengono svolte dal Ministro dell'Interno.

Il Ministero dell'Interno riveste, infatti, un'importanza particolare perché da esso dipendono la rete delle prefetture, gli uffici territoriali del Governo, e le forze di pubblica sicurezza.

I *prefetti*, uno per ogni provincia, sono i rappresentanti dello Stato sul territorio e hanno delle competenze molto ampie. Il prefetto mantiene i rapporti con gli enti locali (Comune, Provincia e Regione), coordina gli interventi di protezione civile, interviene per sopperire a carenze degli enti locali, è la massima autorità di pubblica sicurezza a livello provinciale.

È attraverso la rete delle prefetture che lo Stato garantisce la sicurezza dei cittadini, che non consiste solo nel mantenimento dell'ordine pubblico attraverso le forze di polizia, ma anche nella prevenzione e nella vigilanza perché la sicurezza e i diritti dei cittadini siano garantiti e tutelati.

La pubblica amministrazione

Oltre alle prefetture sul territorio sono presenti gli uffici decentrati dei vari ministeri: Provveditorati alle opere pubbliche, Intendenza di finanza, Agenzia delle entrate, Uffici scolastici regionali, ecc. È un'attuazione dell'art. 4 della Costituzione: «[la

Il sito del *Ministero dell'Interno*. Una sola schermata basta a capire la complessità delle competenze di questo Ministero.

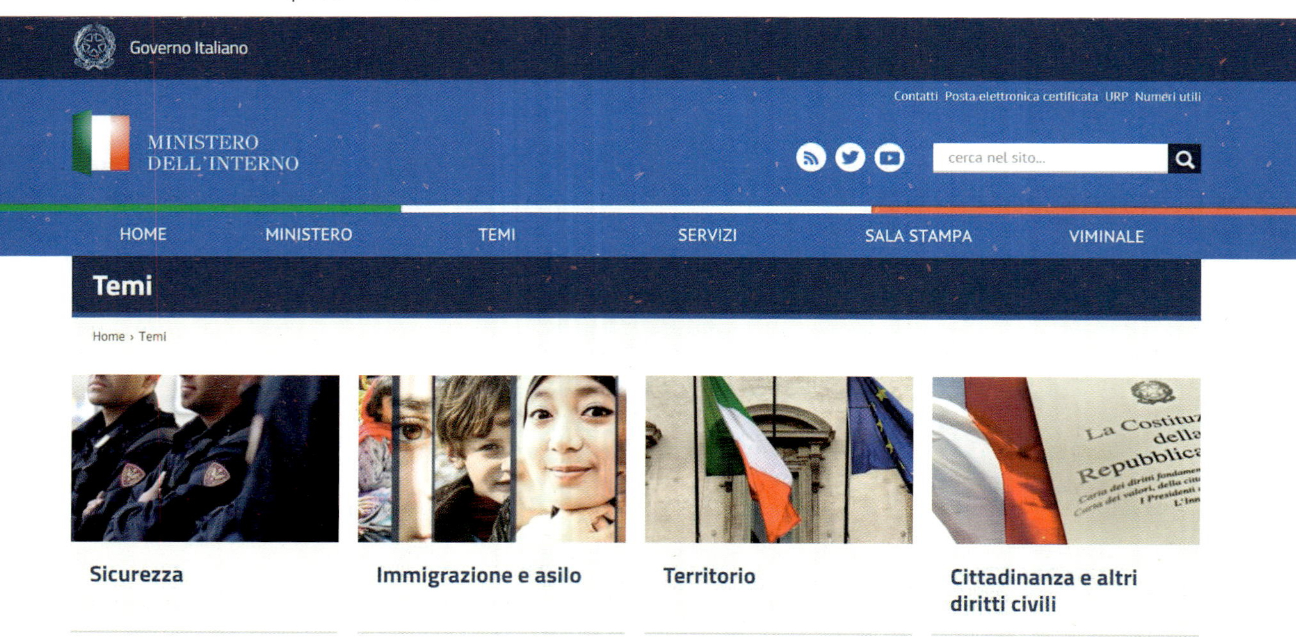

Repubblica] attua nei servizi che dipendono dallo Stato il più ampio decentramento amministrativo».

Alla pubblica amministrazione sono dedicati due articoli della Costituzione.

Nel primo articolo, la Costituzione stabilisce che gli uffici della pubblica amministrazione devono essere organizzati in modo efficiente (buon andamento) e che devono essere "imparziali", cioè offrire i loro servizi in modo uniforme a tutti i cittadini.

Per questo, la Costituzione prescrive che «agli impieghi nelle pubbliche amministrazioni si accede mediante concorso», cioè per merito e non per raccomandazione. Un funzionario pubblico che ricopre un posto di responsabilità perché ha vinto un concorso sarà meno ricattabile e meno malleabile di un funzionario piazzato lì da un politico o da un altro funzionario influente.

La Costituzione sembra quasi voler ribadire questo concetto nell'art. 98, quando afferma solennemente che «i pubblici impiegati sono al servizio esclusivo della Nazione», cioè di tutti i cittadini e solo dei cittadini. Questo vuol dire che essi sono indipendenti dal potere politico, cioè dai partiti che stanno temporaneamente al potere, e che nello svolgimento della loro funzione devono salvaguardare in primo luogo gli interessi dello Stato e del popolo italiano, rispettando rigorosamente le leggi.

E se un dipendente pubblico nell'espletamento delle sue funzioni provoca un danno volutamente o per negligenza? Può essere denunciato dalla persona che ha subito il danno (persona offesa) e chiamato a risponderne in giudizio. Nel caso che alla persona offesa sia riconosciuta un indennizzo, pagherà il responsabile. Può però essere chiamato a pagare anche lo Stato o l'ente pubblico presso cui l'impiegato responsabile lavora.

I pubblici uffici sono organizzati secondo disposizioni di legge, in modo che siano assicurati il buon andamento e l'imparzialità dell'amministrazione.
Nell'ordinamento degli uffici sono determinate le sfere di competenza, le attribuzioni e le responsabilità proprie dei funzionari.
Agli impieghi nelle pubbliche amministrazioni si accede mediante concorso, salvo i casi stabiliti dalla legge.

Iscrizione ai partiti

Imparziali e al servizio di tutti non di una parte: questo è il profilo degli impiegati pubblici disegnato nella Costituzione. Essi non devono essere – e neppure sembrare – di parte nell'espletamento delle loro funzioni.

Per questo la Costituzione prevede che la legge possa proibire ad alcune categorie di funzionari pubblici di iscriversi ai partiti politici.

La Costituzione entra nello specifico ed elenca i magistrati (pubblici ministeri e giudici), i militari in servizio, i funzionari e gli agenti di polizia, i rappresentanti diplomatici italiani all'estero.

Quando un cittadino si trova di fronte a uno di questi funzionari pubblici – il giudice, il militare, il questore, il poliziotto – deve sentire che ha di fronte lo Stato, non una persona di parte. Quando uno straniero entra in contatto con un ambasciatore o un console italiano deve sentire che ha a che fare con lo Stato italiano.

I pubblici impiegati sono al servizio esclusivo della Nazione.
Si possono con legge stabilire limitazioni al diritto d'iscriversi ai partiti politici per i magistrati, i militari di carriera in servizio attivo, i funzionari ed agenti di polizia, i rappresentanti diplomatici e consolari all'estero.

Come si spiega allora che troviamo in Parlamento, ad esempio, dei giudici tra i deputati e senatori? I giudici – vale anche per le altre categorie nominate nell'art. 98 – hanno *diritto all'elettorato passivo*, cioè a presentarsi alle elezioni, proprio come gli altri cittadini. Possono quindi candidarsi ed essere eletti in Parlamento, mettendosi temporaneamente fuori ruolo. La Corte costituzionale ha ribadito che è, comunque, "disdicevole" che un magistrato partecipi attivamente e continuativamente alle attività politiche di un partito.

Efficacia e trasparenza

La pubblica amministrazione non gode di buona stampa e, spesso, neanche della stima dei cittadini. Molti osservatori individuano nel malfunzionamento della pubblica amministrazione una delle cause della scarsa crescita economica dell'Italia. Le lentezze, la farraginosità, la corruzione dell'amministrazione pubblica e la lentezza della giustizia rallenterebbero cioè l'economia e scoraggerebbero gli investimenti esteri in Italia.

Per questo, vari governi sono intervenuti per riformare la pubblica amministrazione. L'obiettivo è di renderla più efficiente e trasparente.

Per assicurare la trasparenza, è stato riconosciuto a tutti i cittadini il *diritto di accesso ai documenti* della pubblica amministrazione.

Tutti gli uffici sono obbligati a rendere pubblica una *carta dei servizi* in cui si specificano modalità e tempi del disbrigo delle pratiche.

Per evitare lungaggini, è stato introdotto il criterio del *silenzio-assenso*: se l'amministrazione non risponde entro sessanta giorni, il cittadino può intraprendere l'attività per la quale aveva richiesto l'autorizzazione, dandone comunicazione all'amministrazione.

È stato istituito lo *sportello unico* per le attività produttive: ci si potrà rivolgere a un unico ufficio per realizzare impianti produttivi o per ampliarli, ristrutturali o riconvertirli.

Invece di presentare dei certificati rilasciati dalla pubblica amministrazione il cittadino può ricorrere all'*autocertificazione*, dichiarando sotto la propria responsabilità di avere certi requisiti.

Da un opuscolo del Governo.

Tutti i certificati che le amministrazioni e i servizi pubblici non possono più chiedere

Le amministrazioni non possono più chiedere ai cittadini, dopo le leggi Bassanini, i certificati relativi a:

- luogo e data di nascita;
- residenza;
- cittadinanza;
- godimento dei diritti civili e politici;
- stato di celibe, coniugato, vedovo o stato libero;
- stato di famiglia;
- esistenza in vita;
- nascita del figlio, morte del coniuge, del genitore, del figlio ecc.;
- tutti i dati a conoscenza dell'interessato contenuti nei registri di stato civile (ad esempio la maternità, la paternità, la separazione o comunione dei beni);
- iscrizione in albi o elenchi tenuti da pubbliche amministrazioni (ad esempio l'iscrizione alla Camera di Commercio);
- appartenenza a ordini professionali;
- titolo di studio, di specializzazione, di aggiornamento, di formazione, di abilitazione, qualifica professionale, esami sostenuti, qualificazione tecnica;
- situazione reddituale o economica, assolvimento di obblighi contributivi;
- possesso e numero del codice fiscale, della partita IVA e qualsiasi dato contenuto nell'anagrafe tributaria;
- stato di disoccupazione, qualità di pensionato e categoria di pensione;
- qualità di studente;
- qualità di legale rappresentante di persone fisiche o giuridiche, di tutore, di curatore e simili;
- iscrizione presso associazioni o formazioni sociali di qualsiasi tipo;
- tutte le situazioni relative all'adempimento degli obblighi militari, comprese quelle attestate nel foglio matricolare dello stato di servizio;
- non aver riportato condanne penali e non essere destinatario di provvedimenti iscritti nel casellario giudiziale;
- non essere a conoscenza di essere sottoposto a procedimenti penali;
- non trovarsi in stato di liquidazione o di fallimento e non aver presentato domanda di concordato;
- vivere a carico.

La sicurezza

Uno dei compiti principali del governo è quello di garantire la sicurezza dei cittadini. Se non si sente sicuro, infatti, il cittadino è costretto a rinunciare a una parte della sua libertà. Per esempio, se ho paura di uscire la sera perché strade e piazze sono insicure, sarà costretto a rinunciare al diritto di stare con gli altri garantito dalla Costituzione.

Gli interventi e la presenza delle forze dell'ordine tendono a tranquillizzare il cittadino e a metterlo in una condizione di fiducia nei confronti degli altri cittadini. Se mi sento protetto, non ho niente da temere dagli altri.

Per garantire la sicurezza, lo Stato è costretto a intervenire per *limitare la libertà* di alcuni cittadini (fermandoli, arrestandoli, incarcerandoli), a *esercitare un controllo* su tutti i cittadini (presenza di agenti o di telecamere in luoghi aperti al pubblico), addirittura *imporre dei divieti* (blocchi stradali, controlli all'accesso di porti e aeroporti, divieto di portare armi, coprifuoco). Lo Stato usa la forza ed esercita dei controlli, per impedire che alcuni cittadini usino la violenza nei confronti di altri cittadini. In questo modo però limita la libertà.

Sembra un circolo vizioso: senza limitazioni della libertà, non c'è sicurezza; senza sicurezza, non c'è libertà.

La difficoltà degli Stati liberaldemocratici è quella di garantire la sicurezza garantendo contemporaneamente la libertà.

Non è possibile risolvere il problema una volta per tutte, perché bisogna trovare un equilibrio tra le esigenze di libertà e le esigenze di sicurezza. Per mantenere un equilibrio accettabile, è necessario che i provvedimenti di restrizione della libertà e i controlli siano *proporzionali* al pericolo reale, siano disposti in base alla legge e siano temporanei.

Insomma, le limitazioni delle libertà devono avere la forma di eccezioni (limito la libertà perché c'è un pericolo reale per la sicurezza), mentre il godimento dei diritti di libertà deve rappresentare la regola.

Laboratorio pag. 169
ESERCIZI INTERATTIVI
www.medusaeditrice.it

Scontri tra manifestanti e polizia.
La Costituzione pone un solo limite alla libertà di riunirsi, quello di non essere armati. Manifestare è un diritto, ma bisogna farlo pacificamente.

Le autonomie locali

La tradizione di autogoverno dei Comuni risale al Medioevo. Città piccole e grandi, soprattutto nell'Italia centrosettentrionale, hanno sviluppato una forte identità culturale fondata sulle tradizioni di autonomia e autogoverno. Nella foto, Siena

«La Repubblica, una e indivisibile, riconosce e promuove le autonomie locali» così dice l'art. 5, uno dei principi fondamentali della Costituzione.

Anche qui contano molto le parole: "riconosce" – ormai lo sappiamo – è il termine usato nella Costituzione quando si parla di un diritto preesistente, di un diritto che esisteva già prima della Costituzione. Qui si parla del diritto delle comunità locali a darsi delle leggi proprie (autonomia: da *autos* = se stesso e *nomos* = legge), del diritto ad autogovernarsi, che gli italiani avevano sperimentato soprattutto con l'esperienza dei liberi Comuni.

La Costituzione non solo riconosce che le comunità hanno diritto ad autogovernarsi, ma aggiunge che questo diritto sarà allargato (promuove).

Nell'VIII disposizione si fissava anche una data ravvicinata per le elezioni regionali: «Le elezioni dei Consigli regionali e degli organi elettivi delle amministrazioni provinciali sono indette entro un anno dall'entrata in vigore della Costituzione».

È una delle tante disposizioni costituzionali disattese a lungo: per le Regioni si è votato la prima volta nel 1970, ventidue anni dopo l'entrata in vigore della Costituzione.

La suddivisione in province fu introdotta anche in Italia da Napoleone Bonaparte, che si era autoproclamato imperatore dei francesi, instaurando una dittatura.

Questo grave ritardo ha portato come conseguenza che, frattanto, è stata consolidata la struttura dello Stato centralizzato fondata sulle prefetture, che risaliva a Napoleone e che non è certamente democratica (i prefetti non sono eletti dal popolo, ma nominati dal Governo).

La spinta federalista

La legge che istituiva le Regioni lasciava loro pochissimi poteri e, a parte qualche interessante esperienza nel centro-nord, non aveva prodotto effetti apprezzabili. Veniva anzi criticata perché le Regioni rappresentavano solo una fonte di spese in più.

La spinta decisiva verso un decentramento politico più incisivo è avvenuta negli anni Novanta con la nascita delle *Leghe* nel nord, che chiedevano con forza il federalismo, minacciando addirittura la *secessione* della Padania, cioè la rottura dell'unità d'Italia, con la formazione di uno Stato indipendente.

La provocazione delle Leghe, che frattanto si erano federate nella *Lega Nord*, ha costretto anche gli altri partiti a discutere del problema e ha portato alla riforma dell'intero Titolo V su "Le Regioni, le Province, i Comuni".

La legge costituzionale 3/2001, approvata in seconda lettura con la maggioranza di un solo voto, è stata confermata dal popolo con voto referendario ed è tuttora in vigore.

Viviamo quindi in uno Stato federale? No. In uno Stato federale i singoli Stati conservano la loro sovranità, delegando allo Stato federale solo la sovranità sulla moneta, sulla politica estera, sulla difesa della patria, sulla pace e la guerra. Niente di tutto questo in Italia: con la nuova legge le Regioni godono davvero di una grande autonomia, ma nell'ambito della Costituzione, che all'art. 5 definisce la Repubblica «una e indivisibile».

La *Lega Nord* negli anni Novanta si è battuta per trasformare l'Italia in uno Stato federale. Successivamente ha parlato di *devoluzione*, cioè di trasferimenti di poteri dallo Stato alle Regioni. Oggi è a favore dell'*autonomia differenziata*, di cui si parla alla fine di questo capitolo.

Non di federalismo si tratta, quindi, ma di un regionalismo molto spinto, in cui alle Regioni viene riconosciuta un'autonomia molto vasta.

Non vi stupirete, quindi, se parlando delle Regioni vi sembrerà che stiamo parlando di piccoli Stati: hanno un territorio definito, hanno uno Statuto autonomo (costituzione), hanno un parlamento che fa le leggi (Consiglio regionale), hanno un governo (Giunta regionale) e un capo del governo (il Presidente della giunta regionale o "governatore").

Le istituzioni regionali

Il *Consiglio regionale* esercita la funzione legislativa (fa le leggi) e approva gli atti amministrativi della Giunta. Viene eletto a suffragio universale diretto dai cittadini ed è composto da un minimo di venti a un massimo di ottanta consiglieri, a seconda della grandezza della Regione. Come i deputati e i senatori, i consiglieri regionali hanno il titolo di "onorevoli", godono dell'*immunità parlamentare* per le opinioni e i voti espressi nelle svolgimento delle loro funzioni e ricevono un'*indennità parlamentare*.

Il Consiglio elegge al proprio interno un *Presidente*, che presiede l'assemblea e rappresenta il Consiglio nelle cerimonie pubbliche.

La *Giunta regionale* esercita il potere esecutivo. I membri della Giunta sono scelti dal governatore, che li può anche revocare. La Giunta può proporre un disegno di legge al Consiglio, ma non può emettere decreti-legge immediatamente operativi, come il governo nazionale.

Il *Presidente della Regione* o *governatore* è eletto direttamente dai cittadini a suffragio universale. Dirige la Giunta, firma tutti gli atti regionali, promulga le leggi e i regolamenti, stipula contratti con altri enti o privati. Insomma è il Presidente che governa davvero la Regione, per questo viene ormai designato con il termine di "governatore".

Il *Consiglio delle autonomie* ha il compito di coordinare gli interventi della Regione con gli altri enti locali (Comuni, Province e Città metropolitane). Siccome Regioni, Province, Città metropolitane e Comuni si occupano spesso delle stesse materie, il Consiglio delle autonomie dovrebbe evitare che due enti locali intervengano sullo stesso problema o che non intervenga nessuno.

In Italia ci sono cinque *Regioni a Statuto speciale* (colorate in azzurro), le uniche a essere state istituite subito. Per la loro insularità o per la loro posizione di confine (bilinguismo), questi territori presentavano problematiche particolari. Con la modifica del Titolo V, le Regioni hanno tutti gli stessi poteri e, quindi, la distinzione tra *Regioni speciali* e *Regioni ordinarie* non ha più molto senso.

Legislazione regionale

I Consigli regionali non possono legiferare su tutto come il Parlamento nazionale, perché lo Stato ha riservato a sé la facoltà di legiferare su alcune materie (*legislazione esclusiva dello Stato*): politica estera e rapporti con l'Unione Europea, immigrazione e diritto d'asilo, libertà religiosa, difesa e Forze armate, pubblica sicurezza, moneta, leggi elettorali e referendum statali, amministrazione statale, cittadinanza, giustizia, livelli essenziali dei servizi, norme generali sull'istruzione, previdenza sociale, dogane e confini, tutela dell'ambiente e dei beni culturali.

Su una parte di queste materie le Regioni possono legiferare su aspetti di propria competenza. Per esempio, possono fare una legge che dispone di aprire un proprio ufficio di rappresentanza presso l'Unione Europea o di intrattenere rapporti commerciali con un certo numero di Stati. In questo caso, si parla di *legislazione concorrente*. Se ritiene che una Regione sia andata al di là delle proprie competenze o che una legge regionale non rispetti la Costituzione, lo Stato può sottoporre il caso alla Corte costituzionale.

Nelle materie non riservate "espressamente" allo Stato, il potere di legiferare spetta in modo esclusivo alle Regioni (*legislazione regionale esclusiva*).

In caso lo Stato legiferi su materia riservata alla Regioni, una o più Regioni si possono rivolgere alla Corte costituzionale.

Come avrete capito, questa distinzione tra *legislazione esclusiva* e *legislazione concorrente* provoca molti conflitti tra Regioni e Stato centrale e dà un gran da fare alla Corte costituzionale, chiamata spessissimo a pronunciarsi su *conflitti di attribuzione* (a chi tocca esercitare quel potere o legiferare su quella materia?).

Le finanze regionali

Alle Regioni la Costituzione riconosce autonomia finanziaria, dispongono cioè di un proprio bilancio, che deve rispettare solo i vincoli di equilibrio di bilancio previsti anche per il bilancio dello Stato (art. 81) e per gli altri enti locali.

Le entrate regionali provengono:

a) da *tributi regionali*, che si aggiungono a quelli dello Stato (*addizionale regionale*);
b) da un *fondo perequativo* statale, cioè da un fondo istituito apposta per equilibrare i bilanci delle varie Regioni. Il fondo perequativo è alimentato dal residuo fiscale, tra quello che una Regione ricava dalle tasse e quello che effettivamente spende. Questo residuo è alto per le Regioni ricche del nord e basso per le Regioni povere del sud e delle isole. C'è quindi un travaso di fondi dalle Regioni ricche a quelle povere, in base al principio di solidarietà stabilito dall'art. 2 della Costituzione.
c) da *finanziamenti aggiuntivi* dello Stato finalizzati a raggiungere un obiettivo particolare (rafforzare un servizio, costruire un'infrastruttura, stimolare un settore produttivo ecc.).

I Comuni, le Province, le Città metropolitane e le Regioni hanno autonomia finanziaria di entrata e di spesa, nel rispetto dell'equilibrio dei relativi bilanci, e concorrono ad assicurare l'osservanza dei vincoli economici e finanziari derivanti dall'ordinamento dell'Unione europea.

Regioni ricche				Regioni povere
Residuo fiscale alto	→	Fondo perequativo	→	Residuo fiscale basso

Autonomia differenziata

L'autonomia "differenziata" o "rafforzata" è prevista dall'art. 116 della Costituzione: una Regione può contrattare con lo Stato «ulteriori forme e condizioni particolari di autonomia» anche su materie riservate in modo esclusivo allo Stato.

Ne hanno fatto richiesta numerose Regioni e la pratica è in dirittura d'arrivo per Lombardia, Veneto ed Emilia-Romagna. La Costituzione prevede che ci sia una trattativa tra Regione e Stato. I contenuti della trattativa vengono poi trasformati in articoli di legge e sottoposti al Parlamento, che deve approvare la legge con la maggioranza assoluta dei propri componenti.

Le materie esclusive che possono essere trasferite alle Regioni sono tre: giustizia di pace, istruzione e tutela dell'ambiente. Potremmo, quindi, avere servizi scolastici diversi da regione a regio-

COSTITUZIONE ITALIANA
art. 116 c. 3

Ulteriori forme e condizioni particolari di autonomia [...] possono essere attribuite ad altre Regioni, con legge dello Stato, su iniziativa della Regione interessata, sentiti gli enti locali, nel rispetto dei principi di cui all'articolo 119 (equilibrio del bilancio statale). La legge è approvata dalle Camere a maggioranza assoluta dei componenti, sulla base di intesa fra lo Stato e la Regione interessata.

ne proprio come succede per il servizio sanitario regionale, in cui le regioni ricche dispongono di servizi sanitari di gran lunga migliori di quelli delle regioni povere.

L'autonomia differenziata prevede pure il passaggio esclusivo alle Regioni che fanno richiesta di materie di legislazione concorrente, come la sicurezza del lavoro, la ricerca scientifica, l'alimentazione, l'energia ecc.

Dovendo far fronte direttamente a questi nuovi servizi, le Regioni con autonomia differenziata potrebbero disporre di quasi tutto il residuo fiscale e quindi non contribuire o contribuire in minima parte al fondo perequativo.

Il timore è che si accentuino ancora di più le differenze tra le ricche Regioni del nord e quelle povere del sud, con più servizi e servizi migliori in quelle del nord e meno servizi e sempre più scadenti in quelle del sud. Siamo di fronte a un'esperienza nuova, prevista dalla Costituzione ma mai realizzata. Se le leggi che ratificano gli accordi non saranno scritte con equilibrio, si rischia di mettere in discussione due principi fondamentali della nostra Costituzione, quello dell'uguaglianza dei cittadini e quello di solidarietà.

Province e Città metropolitane

Le Regioni non sono l'unico ente locale riconosciuto dalla Costituzione. Ci sono anche i Comuni, le Province e le Città metropolitane.

Le *Province* stanno vivendo un periodo di grande confusione, perché una legge del 2014 le ha declassate a enti di secondo livello, cioè non è più prevista l'elezione diretta dei consiglieri provinciali e del Presidente della provincia da parte dei cittadini.

Consiglieri e Presidenti della Provincia vengono eletti dai sindaci dei Comuni che ne fanno parte. Il numero dei consiglieri oscilla tra 10 e 16, a seconda della grandezza della Provincia. Il Presidente resta in carica due anni. Il Presidente e i consiglieri decadono se perdono il loro ruolo di sindaco o di consigliere comunale. Per i consiglieri e per il presidente non è prevista alcuna indennità.

Il numero delle Province è passato da 107 a 97 perché dieci sono state trasformate in *Città metropolitane*: Bari, Bologna, Firenze, Genova, Milano, Napoli, Reggio Calabria, Roma, Torino, Venezia. Invece di avere un Consiglio provinciale, hanno un Consiglio metropolitano, eletto con le stesse modalità ricordate sopra per le province.

Le città metropolitane dovrebbero servire a coordinare meglio gli interventi nel territorio delle grandi città italiane, ma in realtà hanno gli stessi compiti delle province: manutenzione degli edifici scolastici delle scuole superiori, manutenzione delle strade provinciali, tutela ambientale, trasporti provinciali.

Insomma si tratta sempre delle vecchie province, meno auto-

COSTITUZIONE ITALIANA
art. 114

La Repubblica è costituita dai Comuni, dalle Province, dalle Città metropolitane, dalle Regioni e dallo Stato.
I Comuni, le Province, le Città metropolitane e le Regioni sono enti autonomi con propri statuti, poteri e funzioni secondo i princìpi fissati dalla Costituzione.
Roma è la capitale della Repubblica. La legge dello Stato disciplina il suo ordinamento.

revoli perché i consiglieri non sono eletti più dal popolo e meno costose perché i consiglieri non sono pagati. Anche meno efficienti, perché negli ultimi anni non hanno più ricevuto i fondi necessari per svolgere i loro compiti. Capirete perché le strade provinciali e gli edifici scolastici versano in condizioni spesso preoccupanti.

I Comuni

Il Comune è l'istituzione più vicina ai cittadini, quella che assicura i servizi sul territorio e a cui i cittadini si rivolgono in caso di necessità o di disservizi.

Il Comune è un organo amministrativo e, quindi, non può legiferare.

A capo del Comune c'è il *sindaco* eletto direttamente dai cittadini. Nei Comuni con meno di 15.000 abitanti è sufficiente ottenere la maggioranza semplice: diventa sindaco chi ottiene più voti. Nei Comuni più grandi, se nessun candidato raggiunge il cinquanta per cento dei voti, si procede al *ballottaggio* dopo quindici giorni. I due candidati che hanno ottenuto più voti si sottopongono a una nuova votazione e vince chi riceve più voti, qualunque sia il numero dei votanti.

Alla lista che ha sostenuto il sindaco viene assegnato il sessanta per cento dei seggi, in modo che il sindaco possa godere di una maggioranza stabile.

Il Sindaco presiede il *Consiglio comunale* e la *Giunta*. Dirige e coordina i lavori dei due organismi e rappresenta il Comune nelle manifestazioni ufficiali. Ha funzioni di vigilanza sull'ordine pubblico e può emanare ordinanze relative all'igiene, all'edilizia pubblica e privata, alla polizia locale.

Il Consiglio comunale dura in carica cinque anni e delibera (decide) su tutte le materie assegnate per legge ai Comuni.

La giunta ha il compito di eseguire le delibere del Consiglio. È formata da *assessori* ai quali il sindaco delega la direzione di un settore specifico dell'amministrazione (sanità, scuola, traffico ecc.).

A fianco un elenco dei principali *servizi comunali*.

SERVIZI COMUNALI

Servizi demografici: registrazione di nascite, morti, matrimoni, famiglie, residenti ecc.
Servizi di polizia: urbana, rurale, edilizia.
Servizi igienico-sanitari: controllo sulle acque potabili, sugli alimenti, sui centri di vendita, sul suolo e sulle abitazioni, smaltimento dei rifiuti solidi e delle acque luride.
Servizi tecnici: costruzione e manutenzione delle strade, illuminazione pubblica, predisposizione del piano regolatore (progetto che stabilisce l'aspetto e l'uso del territorio comunale, indicando gli spazi pubblici, le aree edificabili, le aree destinate a servizi ecc.).
Servizi di assistenza e beneficenza: iniziative a favore degli anziani, degli handicappati, dei senza tetto, delle persone sole e prive di assistenza.
Traporti: autobus, tram, metropolitane, licenza taxi.
Commercio: concessioni licenze, controllo igienico-sanitari, controllo e gestione delle aree di mercato e fieristiche.
Cultura e spettacolo: promozione culturale e turistica, patrocinio di attività culturali e folkloristiche ecc.

Le circoscrizioni

Sono state istituite nel 1976. Sono suddivisioni del territorio comunale che comprendono uno o più quartieri.

In ogni circoscrizione viene eletto un Consiglio, che ha il compito di evidenziare alle autorità comunali le esigenze del territorio di propria competenza. Si tratta di un istituto che favorisce la partecipazione diretta dei cittadini alla vita e all'organizzazione del Comune.

Le circoscrizioni sono obbligatorie per i Comuni con una popolazione superiore ai centomila abitanti, facoltative nei Comuni più piccoli.

Laboratorio pag. 170
ESERCIZI INTERATTIVI
www.medusaeditrice.it

L'amministrazione della giustizia

COSTITUZIONE ITALIANA
art. 104 c. 1

La magistratura costituisce un ordine autonomo e indipendente da ogni altro potere.

art. 105

Spettano al Consiglio superiore della magistratura, secondo le norme dell'ordinamento giudiziario, le assunzioni, le assegnazioni ed i trasferimenti, le promozioni e i provvedimenti disciplinari nei riguardi dei magistrati.

Amministrare la giustizia è compito della Magistratura, che è un «ordine autonomo e indipendente da ogni altro potere». "Ordine" qui è usato nel senso di insieme di persone che svolgono una stessa funzione, cioè nello stesso senso in cui si parla di ordine degli avvocati o dei giornalisti. "Autonomo" vuol dire che si autogoverna e, quindi, non dipende da nessuno. La precisazione "da *ogni* altro potere" sottolinea che è indipendente anche dagli altri poteri dello Stato – il potere legislativo e quello esecutivo – ma anche dal potere politico.

Il Consiglio Superiore della Magistratura

Proprio perché è un ordine autonomo è indipendente, la magistratura ha un proprio organo di autogoverno: il *Consiglio Superiore della Magistratura* (CSM).

Il Consiglio Superiore della Magistratura regola tutti gli aspetti della vita professionale dei magistrati: l'assunzione, l'assegnazione della sede, i trasferimenti, le promozioni e le punizioni.

Essendo un organo di autogoverno, il CSM è formato soprattutto da giudici, ma non solo da giudici: è presieduto dal Presidente della Repubblica ed è composto per un terzo da componenti nominati dal Parlamento (membri laici). Questo per evitare che la magistratura sembri una casta chiusa, impermeabile alle altre istituzioni.

CONSIGLIO SUPERIORE DELLA MAGISTRATURA	
Presidente	Presidente della Repubblica
Vice Presidente	Eletto tra i membri laici
Componenti eletti	16 eletti da tutti i magistrati (membri togati)
	8 eletti dal Parlamento (membri laici)
Membri di diritto	Primo presidente della Corte di Cassazione
	Procuratore generale della Corte di Cassazione

Il sito del *Consiglio Superiore della Magistratura.*

Il Ministro di grazia e giustizia

Come si concilia l'indipendenza della magistratura con l'esistenza del Ministero di grazia e giustizia? Non c'è un controllo del Governo esercitato attraverso il Ministro "guardasigilli"?

No, perché il ministro non ha alcuna autorità sui giudici. Il suo compito è quello di provvedere a tutto ciò che serve per «l'organizzazione e il funzionamento» dei servizi necessari per far funzionare la complessa macchina dell'amministrazione della giustizia. Deve provvedere quindi alle infrastrutture (palazzi di giustizia, tribunali...), alla dotazione degli uffici giudiziari, al personale amministrativo, alle carceri, alla polizia penitenziaria...

Niente che riguardi direttamente i giudici. Può però promuovere l'azione disciplinare nei confronti di un giudice, costringendo così il Consiglio superiore della magistratura a pronunciarsi.

Il Ministro della giustizia ha facoltà di promuovere l'azione disciplinare

art. 110

Ferme le competenze del Consiglio superiore della magistratura, spettano al Ministro della giustizia l'organizzazione e il funzionamento dei servizi relativi alla giustizia.

Giustizia civile e penale

I magistrati sono chiamati a giudicare delle controversie e a pronunciarsi con una sentenza per ristabilire il diritto in base alla legge, cioè stabilendo chi ha ragione e chi ha torto.

Il caso più frequente è quello di un cittadino che ritiene che abbia subito un torto da qualcuno e si rivolge al giudice per avere giustizia. Si tratta di una controversia tra cittadini – una controversia tra privati – e perciò siamo nell'ambito della *giustizia civile*. C'è quindi l'iniziativa di un cittadino che agisce per ottenere giustizia e per questo viene chiamato "attore". C'è un magistrato chiamato a giudicare e per questo convoca il presunto autore del torto, definito "convenuto".

Il giudice studia le carte, ascolta attore e convenuto, ascolta eventuali testimoni, ascolta gli avvocati di parte ed emette una

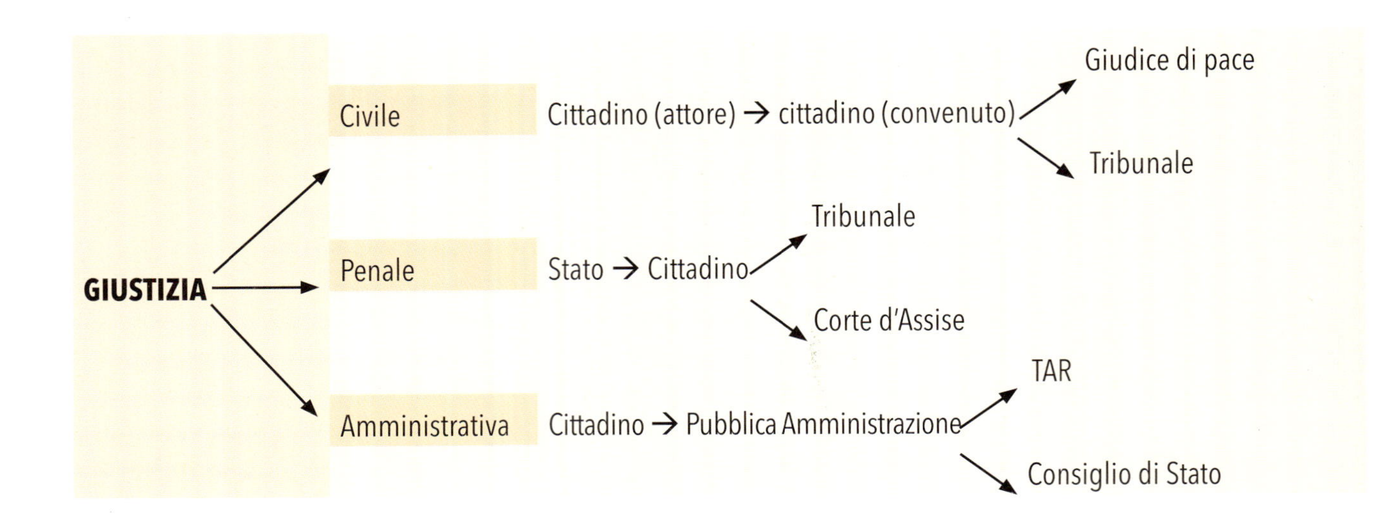

sentenza. Può assolvere il convenuto oppure condannarlo a pagare un risarcimento o a rendere disponibile un bene (per esempio, liberare una casa occupata).

Diverso è invece il caso della *giustizia penale*. In questo caso è lo Stato che accusa un cittadino di aver commesso un reato e intende per questo sottoporlo a processo, perché, se giudicato colpevole, venga punito. Si tratta, quindi, di una controversia tra lo Stato e un cittadino, una controversia "pubblica", perché riguarda tutti.

Ancora diversa è la *giustizia amministrativa*. In questo caso la controversia è tra un cittadino e la pubblica amministrazione, accusata di non avere applicato correttamente una legge. Il procedimento in genere si conclude con la conferma della disposizione se il cittadino ha torto, con l'ordinanza a ristabilire la corretta interpretazione della norma se il cittadino ha ragione.

I giudici

In pochi articoli la Costituzione definisce le condizioni che permettono ai magistrati di esercitare la loro funzione in modo indipendente e senza condizionamenti esterni.

L'indipendenza dei magistrati è garantita dalla modalità dell'assunzione: per *concorso*. Un concorso molto selettivo, che si può affrontare solo per tre volte. In caso di esito negativo, dopo tre tentativi, bisogna rinunciare per sempre. Il *titolo di legittimità* per svolgere il ruolo di magistrato è aver superato il concorso.

Viene quindi ricordato che la giustizia viene amministrata in nome del popolo italiano, a cui appartiene la sovranità. Non quindi in nome del governo in carica e neppure del parlamento.

Viene poi definita la posizione dei magistrati, che non esercitano un potere, ma svolgono una funzione in modo libero e indipendente, perché sono sottomessi solo alla legge. Siccome sono tutti sottomessi alla legge e solo alla legge, non c'è un ma-

La giustizia è amministrata in nome del popolo.
I giudici sono soggetti solo alla legge.

art. 106

Le nomine dei magistrati hanno luogo per concorso.

art. 107 c. 1 e 3

I magistrati sono inamovibili.
I magistrati si distinguono fra loro soltanto per diversità di funzioni.

gistrato superiore a un altro magistrato. I magistrati, ci spiega la Costituzione, sono tutti uguali e si distinguono fra di loro solo «per diversità di funzioni», cioè solo in base al ruolo diverso che svolgono nel compito comune di amministrare la giustizia.

La prima grande differenza è tra magistrati inquirenti e magistrati giudicanti.

La magistratura inquirente

Della magistratura inquirente fanno parte i *pubblici ministeri*, che hanno un doppio compito: quello di *indagare* nel caso sospettino o vengano a conoscenza che qualcuno ha commesso un reato e quello di sostenere la *pubblica accusa* nel caso riescano a raccogliere prove sufficienti che un reato sia stato veramente commesso.

Il pubblico ministero ha l'obbligo di esercitare l'azione penale.

"Pubblica" accusa e "pubblico" ministero: l'aggettivo "pubblico" viene usato perché il magistrato inquirente rappresenta lo Stato, che persegue i reati e punisce i delitti per garantire la sicurezza dei cittadini.

L'ufficio giudiziario che sostiene l'accusa è la *Procura*, per cui i pubblici ministeri vengono chiamati anche *procuratori* o *sostituti procuratori*.

Nel caso venga a conoscenza che è stato commesso un reato o che è altamente probabile che sia stato commesso un reato, il pubblico ministero non ha scelta: deve intervenire perché l'*azione penale* è obbligatoria. È obbligato dalla Costituzione a indagare per raccogliere le prove.

Della magistratura inquirente fanno parte la *Procura Generale antimafia* e le varie *Procure distrettuali antimafia*. Per le loro investigazioni i Procuratori antimafia utilizzano la DIA (*Direzione investigativa antimafia*), di cui fanno parte esponenti delle forse dell'ordine specializzate nella lotta alla mafia.

La polizia giudiziaria

In questa azione investigativa, il pubblico ministero si avvale della "*polizia giudiziaria*", cioè di esponenti delle forze dell'ordine – carabinieri, poliziotti o guardie di finanza – che, durante le indagini, dipendono direttamente dal magistrato inquirente.

In questa fase, il pubblico ministero ha l'obbligo di avvisare l'inquisito che si stanno svolgendo indagini sul suo conto (*avviso di garanzia*), in modo che possa difendersi nominando magari un avvocato. Notate: ricevere un avviso di garanzia non vuol dire essere colpevole, ma solo essere indagato.

In questa fase, il pubblico ministero – ne abbiamo già parlato – potrebbe disporre dei provvedimenti restrittivi (il carcere o gli arresti domiciliari), se ritiene che l'inquisito possa inquinare le prove, ripetere lo stesso reato o tentare la fuga.

A questo punto entra in gioco la magistratura giudicante.

Rappresentazione simbolica della Giustizia. In una mano ha la bilancia, nell'altra la spada.

La magistratura giudicante

La magistratura giudicante ha il compito di valutare se le prove raccolte dal pubblico ministero con l'aiuto della polizia giudiziaria siano sufficienti, senza ombra di dubbio, a condannare l'indagato.

Il primo a entrare in campo è il *Giudice delle indagini preliminari* (GIP), che ha il compito di controllare ciò che ha fatto il pubblico ministero e di fare una prima valutazione delle prove. Anche questo è un intervento a garanzia dell'indagato, perché il GIP potrebbe contestare il modo come sono state raccolte alcune prove o la loro validità, indebolendo le ragioni dell'accusa.

Se l'accusa regge, gli atti passano al *Giudice dell'udienza preliminare* (GUP), che riesamina tutto e decide se rinviare a giudizio l'indagato oppure bloccare l'azione penale, perché non ci sono prove sufficienti per sostenere un giudizio. In questo caso, si dice che "*non c'è luogo a procedere*", cioè non ci sono le condizioni per istruire un processo.

Se il GUP decide il *rinvio a giudizio*, comincia il processo.

Processo di primo e secondo grado

Il processo si svolgerà presso il *Tribunale ordinario* per i casi meno gravi o presso la *Corte d'Assise* per i reati più gravi. Il sospettato sarà assistito da uno o più avvocati, la pubblica accusa sarà sostenuta da uno o più pubblici ministeri.

È questo il primo grado di giudizio, che può concludersi con un'assoluzione o una condanna. La sentenza emessa dal giudice del Tribunale o dai giudici della Corte d'Assise deve essere motivata. Quando le motivazioni diventano pubbliche, la sentenza può essere *impugnata,* cioè rimessa in discussione. In caso di assoluzione è impugnata dalla pubblica accusa, in caso di condanna dagli avvocati dell'imputato. In ambedue i casi, il processo continua. L'imputato è ancora da considerarsi innocente perché si tratta ancora di un sentenza provvisoria

Il processo di secondo grado si svolgerà presso la Corte d'Appello se il primo grado si era svolto presso il Tribunale ordinario, presso la Corte d'Assise d'Appello se il primo grado si era svolto presso la Corte d'Assise.

Diversi sono i giudici, diversi i pubblici ministeri, diversi anche gli avvocati, se l'imputato ha deciso di cambiarli. Si confronteranno ancora la pubblica accusa e la difesa dell'imputato e alla fine i giudici emetteranno una nuova sentenza, che può confermare o capovolgere – succede spesso – la sentenza di primo grado. Naturalmente, anche la nuova sentenza sarà motivata.

A questo punto il processo è finito. Non ci può essere un nuovo processo per accertare i fatti. Sia la difesa che la pubblica accusa possono però ricorrere in *Cassazione*, se ritengono che il processo non sia stato condotto in modo del tutto regolare, che i giudici abbiano trascurato qualche prova o abbiano sbagliato a valutarla.

MAGISTRATURA			
Inquirente - Pubblica accusa ↓		Giudicante ↓	
Avvio azione penale			
Pubblico ministero Indagini	GIP Giudice indagini preliminari Controlla gli atti del PM		GUP Giudice udienza preliminare Decide il rinvio a giudizio
Processo di primo grado			
Procura della Repubblica Pubblica accusa	Corte d'Assise Otto giudici Reati gravi	Tribunale ordinario Giudico unico Civile e penale	Giudice di pace Giudice unico - civile
Processo di secondo grado			
Procuratore generale Pubblica accusa	Corte d'assise d'appello Tre giudici - Riesamina le sentenze della Corte d'Assise		Corte d'appello Tre giudici Riesamina le sentenze del Tribunale ordinario
Processo di terzo grado			
Procuratore generale presso la Cassazione Pubblica accusa		Corte di Cassazione Decide sui ricorsi e verifica che la legge sia stata applicata correttamente	

La Cassazione

La Corte di Cassazione è unica ed ha sede a Roma.

Il giudice di cassazione esamina il ricorso e decide se ci sono le condizioni per accettarlo o per rigettarlo. Se lo accetta, riesaminerà tutti gli atti del processo per verificare che la legge sia stata correttamente applicata in tutte le fasi del processo.

La Cassazione non giudica se l'imputato è colpevole o innocente, ma solo se ha avuto un processo regolare oppure no e se l'applicazione della legge da parte dei giudici sia fondata. Nel caso qualche regola processuale non sia stata rispettata, il giudice di Cassazione può addirittura annullare il processo e disporne uno nuovo.

A questo punto, dopo aver subito i tre gradi di giudizio previsti dalla Costituzione, l'imputato può essere considerato colpevole se condannato o innocente se assolto.

Giudici della Corte di Cassazione durante la cerimonia di inaugurazione dell'anno giudiziario,

Il giusto processo

Le norme sul giusto processo sono contenute nell'art. 111 della Costituzione, modificato dalla legge costituzionale n. 2/1999.

Secondo la Costituzione, il processo è giusto a)

quando accusa e difesa si confrontano ad armi pari, b) quando il giudice è terzo e imparziale, c) quando il processo non dura molto a lungo.

Accusa e difesa giocano ad armi pari, quando l'inquisito riceve presto l'*avviso di garanzia*, in modo che l'avvocato difensore possa conoscere subito quali sono le prove in mano al giudice. È poi importante che la difesa abbia le stesse possibilità dell'accusa: portare prove a favore dell'imputato (prove a discarico), poter interrogare i testimoni dell'accusa (testimoni a carico), poter presentare testimoni a favore dell'imputato (testimoni a discarico).

L'articolo sul giusto processo introduce nel sistema giudiziario italiano il *principio del contraddittorio*, cioè del confronto in aula tra accusa e difesa: possono essere prese in considerazione solo dichiarazioni rese durante il processo e non quelle raccolte durante le indagini dalla polizia giudiziaria e dal pubblico ministero.

L'esigenza che il giudice sia imparziale, che non parteggi né per la difesa né per l'accusa, sembra una cosa ovvia. In caso contrario, infatti, verrebbe meno il principio che la legge è uguale per tutti. Secondo alcuni, questa condizione non sarebbe rispettata in Italia perché giudici e pubblici ministeri fanno parte dello stesso ordine e, quindi, i giudici sarebbero portati a parteggiare per i colleghi. La soluzione sarebbe quella di dividere la carriera dei giudici da quella dei pubblici ministeri. Secondo altri, il problema non esiste, perché, anche se i magistrati durante la loro carriera possono ricoprire le due funzioni, questo non accade durante il processo.

La durata del processo è l'elemento più controverso: qual è la durata ragionevole del processo? Naturalmente, può essere diversa da processo a processo, perché alcuni sono più complessi di altri. Oggettivamente, però, i processi in Italia durano troppo a lungo e l'Italia è stata richiamata più volte dalla Corte europea dei diritti dell'uomo per la durata eccessiva dei processi.

La Giustizia amministrativa

La Giustizia amministrativa è esercitata dal TAR, *Tribunale amministrativo regionale*, presente in tutti i capoluoghi di regione.

Al TAR i cittadini possono rivolgersi per controversie con la pubblica amministrazione. Un ragazzo bocciato a scuola, un cittadino escluso da un concorso, un impiegato escluso da una graduatoria di merito un'impresa esclusa da una gara d'appalto: questi sono alcuni casi in cui il cittadino si rivolge al TAR.

Le decisioni del TAR sono appellabili davanti al *Consiglio di Stato*.

Il Consiglio di Stato ha il compito di riesaminare in secondo grado le sentenze emesse dal TAR e di stabilire qual è la corretta interpretazione della norma.

Il Consiglio di Stato fornisce anche pareri alla Pubblica Amministrazione e al Governo.

La Giustizia contabile

Laboratorio pag. 171
ESERCIZI INTERATTIVI
www.medusaeditrice.it

L'organo di giustizia contabile è la *Corte dei conti*, che controlla i conti dell'amministrazione statale a tutti i livelli.

Esercita un controllo preventivo sugli atti del Governo e un controllo successivo sulla gestione del bilancio dello Stato.

Anche i contratti di lavoro dei pubblici dipendenti (ministeriali, personale della scuola, degli enti locali ecc.) sono soggetti all'approvazione della Corte dei Conti, che verifica l'esistenza o meno della necessaria copertura finanziaria.

Tutti gli enti che ricevono contributi dello Stato sono soggetti al controllo della Corte.

Il palazzo di giustizia a Roma

LABORATORIO

1. Il Parlamento

01. Indica se le affermazioni sono vere o false.

a. La prima carica dello Stato è il Presidente della Repubblica.	V	F
b. La terza carica dello Stato è il Presidente del Senato.	V	F
c. Gli eletti dal popolo vengono chiamati "onorevoli".	V	F
d. La retribuzione da corrispondere ai membri del Parlamento si chiama *indennità parlamentare*.	V	F
e. Gli ex presidenti della Repubblica siedono alla Camera dei deputati.	V	F
f. Il Parlamento esercita una funzione di controllo e di indirizzo sul Governo.	V	F
g. Il nostro sistema parlamentare viene definito *bicameralismo imperfetto.*	V	F
h. Possono presentare proposte di legge anche i Consigli regionali.	V	F
i. La maggior parte del lavoro parlamentare si svolge in aula.	V	F
l. Viene approvata a maggioranza relativa la proposta che ottiene il maggior numero di voti.	V	F

02. Completa le frasi che seguono.

La retribuzione prevista per i parlamentari si chiama .... parlamentare e deve essere abbastanza alta per assicurare al parlamentare un .... di vita adeguato, perché non deve essere facilmente ....
L'indennità parlamentare è stata introdotta per permettere a tutti, e non solo ai ...., di ricoprire le cariche ....
Un decreto legge emanato dal Governo ha effetto .... ma .... se entro .... giorni non viene approvato dal Parlamento.
Il Parlamento è l'................................principale dello Stato italiano perché è l'unico a essere .... direttamente dal ....
Ogni commissione parlamentare è formata da un certo numero di .... che rappresentano in modo .... i diversi gruppi presenti in Parlamento.

03. Rispondi alle domande sul quaderno.

a. I parlamentari italiani devono esercitare le proprie funzioni "*senza vincolo di mandato*": cosa significa?
b. In quali casi un parlamentare può essere arrestato senza l'autorizzazione del Parlamento?
c. Dove hanno sede la Camera dei deputati, il Senato della Repubblica e il Governo?
d. Il nostro sistema parlamentare è un bicameralismo perfetto: cosa significa questa espressione?
e. Da quanti membri sono composti Camera e Senato?
f. Quale percorso deve seguire una legge per essere approvata definitivamente?
g. Quali sono gli effetti del bicameralismo perfetto?
h. Cosa s'intende per legge di iniziativa popolare?
i. Quali sono le funzioni delle commissioni parlamentari?
l. Cosa prescrive la Costituzione per l'approvazione di una legge che prevede nuove spese?

04. Spiegare una disposizione di legge.

Sulla *Gazzetta ufficiale* vengono pubblicate tutte le nuove leggi approvate dal Parlamento. Perché è di fondamentale importanza che le leggi vengano pubblicizzate sulla *Gazzetta ufficiale*?

05. Dibattito.

Da molti anni si polemizza molto sull'indennità corrisposta ai parlamentari. Secondo voi, la democrazia farebbe un passo avanti o un passo indietro se l'indennità venisse abolita? Motivate le vostre prese di posizione.

2. Il Presidente della Repubblica

01. Indica se le affermazioni sono vere o false.

a. Il mandato del Presidente della Repubblica scade dopo otto anni.	V	F
b. Durante le consultazioni per la formazione di un nuovo governo il Presidente della Repubblica può contare solo sulla forza di persuasione.	V	F
c. Durante le consultazioni il Presidente della Repubblica deve garantire il rispetto della Costituzione e della volontà popolare.	V	F
d. Il Presidente della Repubblica svolge un'azione di governo.	V	F

e. Il Presidente della Repubblica occupa il vertice delle istituzioni repubblicane.	V	F
f. Per eleggere il Presidente della Repubblica il voto non è segreto.	V	F
g. Il Presidente della Repubblica rappresenta la Nazione nei rapporti internazionali.	V	F
h. Il Presidente della Repubblica non può nominare più di tre senatori a vita.	V	F
i. Con l'espressione *semestre bianco* si indicano gli ultimi dieci mesi del mandato del presidente della Repubblica.	V	F
l. Il capo del governo presiede il Consiglio superiore della magistratura.	V	F

02. Lessico: spiega il significato dei seguenti termini o espressioni.

Insediarsi, defilato, ammonire, mischia, onorificenza, istruzione di una pratica, promulgare, cospirare, decreto legge, procedura.

03. Completa il testo usando le parole che seguono.

Messaggi, promulga, grazia, Presidente, cinque, onorificenze, internazionali, detenzione, elezioni, ministri, armate, Magistratura, sciogliere.

Il Presidente della repubblica può inviare .... alle Camere; rappresenta la Nazione nei rapporti ....; può nominare .... senatori a vita; conferisce le .... della Repubblica; può concedere la .... o abbreviare il periodo di .... a un condannato; ha il comando delle forze .... , presiede il Consiglio Superiore della .... (CSM); indice .... e referendum; può .... le Camere; nomina il .... del Consiglio e i ministri; firma le leggi con i .... o con il Presidente del Consiglio, ... le leggi e i decreti legislativi.

04. Rispondi alle seguenti domande.

a. Chi può diventare Presidente della repubblica?
b. Con chi il Presidente della Repubblica si consulta per la formazione di un nuovo governo?
c. Che differenza c'è tra le funzioni esercitate dal re prima della nascita della Repubblica e quelle esercitate dal Presidente della Repubblica?
d. Che maggioranza è prevista per l'elezione del Presidente della Repubblica?
e. Cosa non può fare il Presidente della Repubblica nel cosiddetto *semestre bianco*?
f. Cosa succede se la Corte costituzionale boccia una legge?
g. Con chi controfirma una legge il capo dello Stato?
h. In quali casi il presidente della Repubblica può essere messo in stato di accusa?

05. Ricerche.

- Fai una breve ricerca ed elenca i nomi dei Presidenti della Repubblica, specificando le date di inizio e di fine mandato.
- Cerca notizie su Enrico De Nicola, il primo Presidente della nostra Repubblica, e riassumile in una breve relazione.

03. Il Governo

01. Indica se le affermazioni sono vere o false.

a. Quando si vota con il proporzionale le alleanze politiche si fanno dopo il voto.	V	F
b. Il Presidente della Repubblica affida un incarico esplorativo a una persona di sua fiducia.	V	F
c. Il presidente incaricato di formare il nuovo governo deve essere per forza un parlamentare.	V	F
d. Il Presidente del Consiglio e i ministri prestano giuramento nelle mani del Presidente del Senato.	V	F
e. Per accordare o revocare la fiducia al Governo si vota per appello nominale e con voto manifesto.	V	F
f. In teoria un Governo può governare fino alla fine della legislatura.	V	F
g. Il Parlamento non può chiedere al Presidente del Consiglio o ai ministri di riferire in aula sulle attività del Governo.	V	F
h. Le interpellanze sono quesiti posti da singoli deputati su questioni specifiche.	V	F
i. *Il question time* è uno spazio specifico dedicato alle interpellanze.	V	F
l. Il *question time* non viene mai trasmesso dalla Rai.	V	F

02. Completa il testo usando le parole che seguono.

Fiducia, volta, estate, Camere, applicare, maggioranza, Senato, programma, legislativa, pubblicamente, governare, sfiducia, funzioni, esecutivo.

Entro dieci giorni il Presidente del Consiglio si presenta alle .... per illustrare il

.... di governo e per ottenere la .... I parlamentari vengono interpellati uno alla .... e devono esprimere il proprio voto .... Se il Governo ottiene la fiducia da Camera e .... può iniziare a .... I cosiddetti governi balneari duravano lo spazio di un'................. La fiducia costruttiva comporta che non si può votare la .... a un governo se non c'è già una .... disposta a sostenere il nuovo governo. Insieme a quella ...., quella di controllare il Governo è una delle .... principali del Parlamento. Il Governo ha il compito di .... le leggi approvate dal Parlamento, esercita cioè il potere ....

03. Lessico: spiega il significato delle seguenti parole o espressioni.

Coalizione, palese, stesura, conferire, reticente, collegiale, compagine, sopperire, espletamento, farraginosità.

04. Rispondi sul quaderno alle seguenti domande.

a. Cos'è un mandato esplorativo?
b. Elenca almeno cinque delle competenze del Governo.
c. Quali sono i compiti del Presidente del Consiglio?
d. In caso di assenza o di impedimento del Presidente del Consiglio da chi vengono svolte le sue funzioni?
e. Chi sono i prefetti e quale ruolo svolgono?
f. Come si accede agli impieghi nelle pubbliche amministrazioni?
g. Quali sono le categorie di funzionari pubblici che non possono iscriversi ai partiti politici?
h. Come mai tra deputati e senatori sono presenti anche dei giudici?
i. Che cos'è il criterio del silenzio-assenso?

05. Dibattito.

Per alcune categorie (magistrati, militari e agenti di polizia) la legge può proibire l'iscrizione ai partiti politici. Condividete questa disposizione costituzionale? Discutetene in classe, cercando di eslicitare quali potrebbero essere i motivi che hanno ispirato questa disposizione costituzionale.

04. Le autonomie locali

01. Indica se le affermazioni sono vere o false.

a. Autonomia locale significa diritto di autogovernarsi.	V	F
b. La Costituzione riconosce e promuove le autonomie locali.	V	F
c. Per le regionali si è votato la prima volta nel 1990.	V	F
d. La suddivisione in province risale a Napoleone.	V	F
e. Le Regioni non hanno un'autonomia molto vasta.	V	F
f. I consiglieri regionali non godono dell'immunità parlamentare.	V	F
g. La Giunta regionale esercita il potere esecutivo.	V	F
h Il presidente della Regione è eletto direttamente dai cittadini. .	V	F
i. I consiglieri regionali non vengono retribuiti.	V	F
l. I consiglieri provinciali vengono retribuiti.	V	F

02. Completa il testo con i termini che seguono.

Leggi, presidente, revocare, universale, promulga, Governatore, pubbliche, contratti, legislativo, componenti, venti, ottanta, Giunta.

Il Consiglio regionale fa le ...., esercita perciò il potere .... Viene eletto con suffragio .... ed è composto da un minimo di .... consiglieri e un massimo di .... Il Consiglio elegge al suo interno un .... che presiede l'assemblea e rappresenta il Consiglio nelle cerimonie .... Il Presidente della Regione si chiama anche .... e viene eletto direttamente dai cittadini. I .... della Giunta regionale sono scelti dal Governatore che li può anche ....
Il Presidente della Regione dirige la ...., firma tutti gli atti regionali, ... le leggi e i regolamenti, stipula .... con altri enti o privati.

03. Lessico: spiega il significato delle seguenti parole o espressioni.

Decentramento, federalismo, stipulare, addizionale, perequazione, ratificare, ballottaggio, ordinanza, aree edificabili, manutenzione, secessione, federalismo.

04. Rispondi sul quaderno alle seguenti domande.

a. Il nostro si può considerare un vero e proprio stato federale?
b. Che tipo di organo è il Comune?
c. Come viene eletto e com'è composto un consiglio regionale?
d. Quali sono le funzioni del Presidente della Regione?
e. Da chi è eletto e quali sono le funzioni del Governatore della Regione?
f. Cosa s'intende per legislazione esclusiva dello Stato?
g. Cosa s''intende per legislazione concorrente?
h. Cos'è il fondo perequativo?
i. Cos'è l'autonomia differenziata?
l. Da chi sono eletti i consiglieri e il presidente delle Province e delle Città metropolitane?

05. Inventare uno slogan.

Immaginate di essere tutti candidati alla carica di sindaco del vostro paese o città. Con quali slogan vi presentereste alle elezioni? Inventate i vostri slogan, confrontateli e discutetene in classe. Quali sono quelli che colpiscono di più? Quali sono quelli che rispecchiano di più la situazione della città o del paese? Quelli più vicini alla realtà sono anche i più efficaci?

05. L'amministrazione della giustizia

01. Indica se le affermazioni sono vere o false.

a. Il CSM è l'organo di autogoverno della Magistratura.	V F
b. Il CSM è presieduto dal Presidente della Repubblica.	V F
c. I membri togati del CSM sono i componenti eletti dal Parlamento.	V F
d. Il Ministro di Grazia e Giustizia non può promuovere l'azione disciplinare nei confronti di un giudice.	V F
e. La giustizia civile riguarda le controversie tra privati cittadini.	V F
f. Chi presenta una denuncia al giudice civile viene chiamato "attore".	V F
g. Nel processo penale è lo Stato ad accusare un cittadino di aver commesso un reato.	V F
h. La giustizia amministrativa si interessa delle controversie tra cittadini e pubblica amministrazione.	V F
i. Non si accede al ruolo di giudice per concorso.	V F
l. I giudici non sono soggetti alla legge.	V F

02. Completa il testo usando le parole che seguono.

Appello, Stato, autore, tutti, innocente, Assise, corretta, assolto, inquirenti, risarcimento, regolare, civile, attore, reato, colpevole, Cassazione, ministero convenuto, bene, controversia, ricorrere, giudizio, Roma, tre.

Nel caso della giustizia penale, è lo .... che accusa un cittadino di aver commesso un .... È in questo caso una .... pubblica perché riguarda .... I giudici si dividono in magistrati .... e magistrati giudicanti. Della magistratura inquirente fanno parte il pubblico ...., la pubblica accusa, il procuratore generale, il procuratore generale presso la .... Il primo grado di .... si svolge presso il Tribunale ordinario o presso la Corte d'................................ Il secondo grado di giudizio si svolge presso la Corte d'................................ Sia la difesa che la pubblica accusa possono .... in Cassazione, che è un tribunale unico ed ha sede a .... La Cassazione non giudica se l'imputato è colpevole o ...., ma solo se ha avuto un processo .... o no e se l'applicazione della legge da parte dei giudici sia stata .... Dopo aver subito i .... gradi di giudizio, l'imputato può essere considerato .... se condannato o innocente se ....

03. Rispondi sul quaderno alle seguenti domande.

a. Che ruolo svolge il CSM?
b. Com'è composto il CSM?
c. Che autorità ha il Ministro di Grazia e Giustizia sulla Magistratura?
d. I magistrati sono tutti uguali?
e. Che differenza c'è tra giustizia civile e quella penale?
f. Cosa s'intende per polizia giudiziaria?
g. Quanti sono i gradi di giudizio in Italia?
h. Quale funzione svolge la Cassazione?
i. Cosa s'intende per giusto processo?
l. Cos'è *il principio del contraddittorio*?

Lo Stato sociale

1.

Assistenza e previdenza

Stato sociale o *Stato assistenziale* sono due espressioni per indicare uno Stato che si preoccupa di assicurare a tutti i suoi cittadini una condizione di benessere. Spesso sulla stampa viene usata anche l'espressione inglese "*welfare State*".

Lo Stato sociale è un tipico prodotto delle costituzioni scritte nel Novecento, che riconoscono ai cittadini un'uguaglianza non solo formale – l'uguaglianza giuridica davanti alla legge – ma sostanziale.

È il caso della Costituzione italiana, che all'art. 3, oltre a riconoscere l'uguaglianza formale davanti alla legge, promette anche un'uguaglianza sostanziale, affermando che «è compito della Repubblica rimuovere gli ostacoli di ordine economico e sociale» che limitano di fatto la libertà dei cittadini e ostacolano la loro piena realizzazione come persona.

Quelle del Novecento sono della Costituzioni lunghe, che, oltre ai diritti civili e politici, riconoscono e tutelano anche i *diritti sociali*, come il diritto all'assistenza, il diritto all'istruzione gratuita, il diritto alla salute e alle cure mediche.

La nostra Costituzione lo fa in due modi: prevedendo interventi di assistenza in caso di difficoltà (malattia, infortunio, disoccupazione involontaria...) e predisponendo degli enti pubblici che si interessano specificamente di assistenza e di previdenza.

COSTITUZIONE ITALIANA
art. 3

Tutti i cittadini hanno pari dignità sociale e sono eguali davanti alla legge, senza distinzione di sesso, di razza, di lingua, di religione, di opinioni politiche, di condizioni personali e sociali.
È compito della Repubblica rimuovere gli ostacoli di ordine economico e sociale, che, limitando di fatto la libertà e l'eguaglianza dei cittadini, impediscono il pieno sviluppo della persona umana e l'effettiva partecipazione di tutti i lavoratori all'organizzazione politica, economica e sociale del Paese.

L'assistenza

Tutti i cittadini che non sono in grado di lavorare e che non hanno i mezzi necessari per vivere hanno diritto a essere mantenuti dallo Stato e ad essere assistiti dai servizi sociali. Questo afferma il primo comma di questo articolo della Costituzione, dibattuto a lungo in aula durante i lavori della Costituente.

La critica più ricorrente era che in questo modo si inseriva nella Costituzione un diritto strano, il diritto di essere mantenuti dallo Stato. Il rappresentante della Commissione, che aveva preparato il testo costituzionale, replicò che si trattava di assicurare almeno «il puro necessario», ma bisognava assicurarlo, perché «si tratta del diritto alla vita, del diritto fondamentale» in mancanza del quale vengono meno tutti i diritti.

COSTITUZIONE ITALIANA
art. 36 c. 1

Ogni cittadino inabile al lavoro e sprovvisto dei mezzi necessari per vivere ha diritto al mantenimento e all'assistenza sociale.

L'assistenza viene assicurata dai servizi sociali dei Comuni, che sono gli organi istituzionali più vicini alla vita quotidiana dei cittadini. I Comuni operano attraverso la rete degli assistenti sociali, che assistono e supportano individui e famiglie in difficoltà, anche con interventi domiciliari.

La solidarietà personale non risolve il problema del gran numero di poveri che conta la nostra società. L'articolo 36 della Costituzione obbliga lo Stato a non restare indifferente.

L'handicap nella Costituzione

Con il tipico linguaggio dell'epoca – oggi si preferisce parlare di "diversamente abili" o di "portatori di handicap" – la Costituzione riconosce ai portatori di handicap due diritti fondamentali, quello all'istruzione e quello all'avviamento professionale. Il diritto, quindi, di frequentare la scuola e quello di imparare un lavoro.

Riconoscendo il diritto di imparare un lavoro, è implicito che, come tutti i cittadini, i disabili hanno diritto al lavoro.

Per garantire questo diritto costituzionale, il Parlamento ha approvato la legge quadro n.104/1992, che detta le norme per il riconoscimento dell'handicap e stabilisce una serie di provvidenze, per ridurre o eliminare lo svantaggio sociale e per evitare il rischio di emarginazione.

Gli inabili ed i minorati hanno diritto all'educazione e all'avviamento professionale.

Il primo passo è quello di ottenere il riconoscimento dell'handicap da una commissione medica, che opera presso l'Azienda sanitaria locale (ASL) di appartenenza. La commissione, nel momento in cui riconosce l'handicap, stabilisce anche una percentuale di invalidità.

Nelle percentuali più basse, la legge riconosce il diritto a prestazioni sanitarie e di riabilitazione gratuite; nelle percentuali più alte – oltre il 70% – può essere riconosciuta anche il diritto a percepire una *pensione*. Nel caso di mancata autosufficienza, viene riconosciuto anche il diritto all'*accompagnamento*.

Agli invalidi civili, se in possesso dei requisiti necessari, viene riservata anche una percentuale degli impieghi pubblici; sono inoltre previste delle agevolazioni fiscali alle aziende che assumono persone con invalidità.

I bambini con handicap, prima della legge 104, frequentavano scuole speciali. Ora sono inseriti nelle classi normali, a cui viene assegnato un *insegnante di sostegno* (un insegnante di sostegno ogni quattro portatori di handicap). In questo modo, oltre a garantire il diritto all'istruzione, la legge garantisce un'adeguata socializzazione.

La legislazione italiana sull'handicap è una delle più avanzate al mondo.

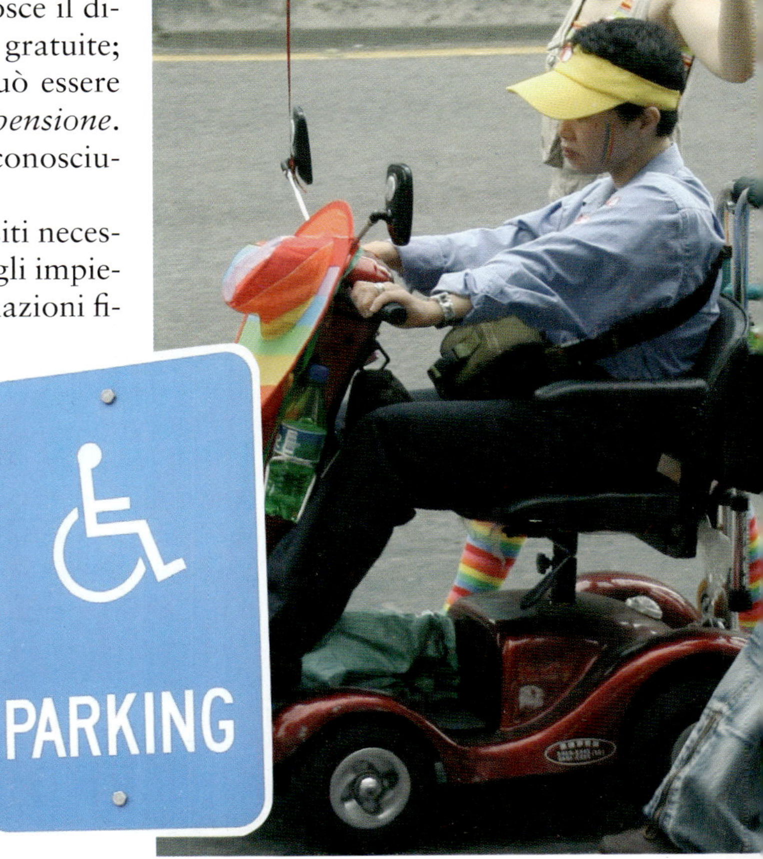

I lavoratori hanno diritto che siano preveduti ed assicurati mezzi adeguati alle loro esigenze di vita in caso di infortunio, malattia, invalidità e vecchiaia, disoccupazione involontaria.
Ai compiti previsti in questo articolo provvedono organi ed istituti predisposti o integrati dallo Stato.
L'assistenza privata è libera.

La previdenza

La previdenza è cosa molto diversa dall'assistenza. Significa predisporre degli strumenti per affrontare una situazione imprevedibile (una malattia, un incidente, la perdita del lavoro...) oppure una situazione che si presenterà sicuramente nel futuro (la vecchiaia), ma che al momento è o sembra ancora lontana.

La Costituzione afferma che i lavoratori hanno diritto a disporre di strumenti che li aiutino in queste avversità della vita e che lo Stato ha il dovere di predisporre questi strumenti, organizzandoli direttamente oppure sostenendo i privati che organizzino questi servizi.

Gli enti predisposti dallo Stato per la previdenza sociale sono l'INAIL e l'INPS.

Assicurazione contro gli infortuni

Tutti i lavoratori italiani hanno l'obbligo di essere iscritti all'INAIL (*Istituto nazionale per l'assicurazione contro gli infortuni sul lavoro*) e di versare i contributi per l'assicurazione contro gli infortuni. Un'altra quota di contributi viene versata dal datore di lavoro.

Nel caso di incidente sul lavoro, il datore di lavoro è tenuto a informate tempestivamente l'INAIL, che effettuerà i relativi controlli e, in caso di danni alla salute, assisterà il lavoratore fino a quando riprenderà il lavoro oppure, in caso di inabilità permanente, gli riconoscerà una pensione di invalidità.

Il modello è quello della *mutualità*, cioè dell'aiuto reciproco: tutti i lavoratori versano i contributi, che serviranno ad aiutare i lavoratori in difficoltà per infortuni sul lavoro. Notate: tutti versano i contributi, ma vengono aiutati solo quelli in difficoltà. L'uguaglianza non è sempre fare parti uguali fra tutti, ma fare parti disuguali per riequilibrare una situazione di svantaggio, temporanea o prolungata nel tempo.

All'INAIL si può rivolgere anche il lavoratore che abbia contratto una *malattia professionale*, che abbia cioè subito un danno fisico o psicologico permanente, causato dalle condizioni in cui si è trovato a svolgere la sua attività (per esempio, è diventato sordo, perché ha lavorato per anni in un ambiente saturo di rumori oppure ha problemi alla vista perché ha lavorato per molte ore al giorno al computer).

L'INAIL svolge anche funzioni di controllo per accertare che sui luoghi di lavoro siano rispettate le leggi antinfortunistiche per prevenire incidenti.

La prevenzione antinfortunistica

È meglio prevenire che curare: è una regola che vale in medicina, ma vale anche nell'infortunistica. È meglio predisporre misure che prevengano gli incidenti, piuttosto che intervenire a curare e assistere gli infortunati. Anche perché si tratta della salute e, a volte, purtroppo, della vita stessa delle persone.

Anche se la situazione è migliorata col passare degli anni, in Italia gli incidenti sul lavoro sono ancora troppi – mediamente uno ogni tre giorni – nonostante che, in applicazione dell'art. 35 della Costituzione, siano state approvate leggi tra le più avanzate in Europa. Succede spesso, purtroppo, che l'Italia abbia una legislazione molto avanzata, che non incide o incide poco sulla situazione reale.

Perché non vengono rispettate le regole antinfortunistiche? Perché la sicurezza costa. Costa tenere in efficienza gli estintori, costa adeguare gli impianti, costa l'acquisto di strumenti sicuri, costa la fornitura dell'abbigliamento adeguato... A volte, le imprese rischiano la vita dei dipendenti, per non affrontare o per rimandare una spesa.

Lo Stato prevede per questo un aiuto alle imprese che investono in sicurezza: possono accedere a crediti agevolati e possono richiedere una riduzione dei contributi assicurativi INAIL in cambio di investimenti nella sicurezza.

Naturalmente, sono anche previste sanzioni per le imprese che non rispettano le norme sulla prevenzione. I controlli sono effettuati dalle Aziende sanitarie locali e dagli ispettori del lavoro.

Per garantire la sicurezza, la legge prevede che su ogni posto di lavoro – quindi anche a scuola – deve essere nominato un *rappresentante della sicurezza* scelto dai lavoratori. A lui possono rivolgersi i lavoratori per tutti i problemi che riguardano la sicurezza sul posto del lavoro. Il rappresentante della sicurezza ha inoltre il diritto di accedere in qualsiasi ambiente per controllare che i sistemi di sicurezza siano adeguati e può pretendere che il datore di lavoro intervenga quando necessario. In caso di mancato intervento, può rivolgersi alle autorità competenti.

La previdenza pensionistica

Tutti i lavoratori hanno anche l'obbligo di essere iscritti all'INPS e di versare mensilmente i relativi *contributi previdenziali*.

Per tutta la vita lavorativa, i lavoratori versano all'INPS una parte della loro retribuzione e, a conclusione dell'attività lavorativa, al lavoratore verrà corrisposta una pensione proporzionale alla quantità dei *contributi versati* (*sistema contributivo*).

Quindi più alti sono i contributi versati, più alta sarà la pen-

**SICUREZZA NEGLI AMBIENTI DI LAVORO
I DIRITTI DEI LAVORATORI**

1. I rischi devono essere ridotti alla fonte.
2. Il numero dei lavoratori che sono, o possono essere, esposti al rischio, deve essere ridotto al minimo.
3. Sulle questioni riguardanti la sicurezza e la salute sul luogo di lavoro, i lavoratori, ovvero i loro rappresentanti, hanno diritto all'informazione, alla formazione, alla consultazione e alla partecipazione.
4. I lavoratori devono ricevere adeguate istruzioni sull'uso delle macchine, impianti, utensili, dispositivi di protezione individuale.
5. Gli ambienti, le attrezzature di lavoro, le macchine e gli impianti, con particolare riguardo ai dispositivi di sicurezza, devono essere sottoposti a regolare manutenzione.
6. Tutti i lavoratori, in relazione al tipo di entità del rischio, devono essere forniti dei necessari e idonei dispositivi di protezione.
7. Ai lavoratori, salvo eccezioni debitamente motivate, non può essere richiesto di riprendere l'attività in una situazione di lavoro in cui persiste un pericolo grave e immediato.
8. I lavoratori esposti al rischio di un pericolo grave e immediato hanno il diritto di essere informati sul rischio e sulle disposizioni prese o da prendere in materia di protezione.
9. I lavoratori hanno il diritto di verificare, mediante il rappresentante per la sicurezza, l'applicazione delle misure di sicurezza e di protezione della salute.
10. Il datore di lavoro adotta le misure organizzative necessarie ovvero impiega i mezzi appropriati, in particolare attrezzature meccaniche, per evitare la necessità di una movimentazione manuale dei carichi da parte dei lavoratori.

Per informazioni si può consultare il sito www.minlavoro.it

sione. Questo vuol dire che chi ha lavorato per molti anni e ha percepito delle retribuzioni alte durante la sua vita lavorativa, percepirà una pensione alta, quando smetterà di lavorare. Critica, invece, sarà la situazione di chi ha cominciato a lavorare tardi oppure ha lavorato a lungo percependo però una retribuzione bassa: in ambedue i casi la pensione sarà bassa.

Il sistema pensionistico italiano è stato in passato molto generoso con i lavoratori, riconoscendo una pensione anche a lavoratori e lavoratrici con pochi anni di contribuzione. Questo ha dato vita al fenomeno delle *pensioni baby*, molto onerose per l'INPS, perché significava corrispondere la pensione a persone ancora molto giovani e, quindi, per molti anni.

Inoltre, era allora in vigore un sistema molto oneroso, perché prevedeva che la pensione venisse calcolata sull'ultimo stipendio (*sistema retributivo*).

Pensioni alte corrisposte per molte anni hanno messo in crisi i conti dell'INPS e sono stati fatti vari interventi di riforma, per alzare l'età pensionistica e per abbassare l'assegno pensionistico.

Praticamente si è sostituito gradualmente il sistema retributivo con quello contributivo e si è legata l'età della pensione all'aspettativa di vita.

Inoltre, più aumenta l'*aspettativa di vita*, più si ritarda l'età per andare in pensione. In questo modo, attualmente per andare in pensione bisogna avere almeno 67 anni; agevolazioni sono previste per i lavoratori impegnati in lavori pesanti.

Oltre alle pensioni, l'INPS eroga anche l'indennità di disoccupazione ai lavoratori rimasti temporaneamente senza lavoro

Il sito ufficiale dell'INPS.

e l'*assegno sociale* (ex *pensione sociale*) ai cittadini italiani e stranieri che versano in condizioni economiche disagiate e hanno un reddito inferiore a quello stabilito annualmente dalla legge.

Carriera lavorativa lunga Retribuzione alta	→ Pensione alta	Carriera breve o frammentaria Retribuzione bassa	→Pensione bassa

Il lavoro nero

Il prelievo dei contributi INAIL e INPS vengono fatte direttamente alla fonte, cioè direttamente sulla retribuzione, prima di essere corrisposta al lavoratore dipendente. In questo caso, il datore di lavoro svolge la funzione di *sostituto di imposta*, cioè paga le imposte e i contributi al posto del lavoratore. Praticamente, calcola la *retribuzione lorda* del lavoratore (la retribuzione comprensiva delle tasse e dei contributi previdenziali ed assistenziali), versa le imposte allo Stato, versa i contributi all'INAIL e all'INPS e consegna la retribuzione netta al lavoratore.

Tutto questo succede quando c'è un regolare contratto. In mancanza di un contratto di lavoro, si dice che il lavoratore è *in nero*, cioè lavora ma legalmente è come se non lavorasse. Potrebbe perfino riscuotere – e succede! – il sussidio di disoccupazione, perché ufficialmente è un disoccupato.

Laboratorio pag. 186
ESERCIZI INTERATTIVI
www.medusaeditrice.it

Non vengono quindi versati né i contributi previdenziali e assistenziali né le imposte allo Stato. È un caso di evasione fiscale, perché le cifre destinate allo Stato, all'INPS e all'INAIL restano nelle tasche del datore di lavoro.

Il lavoro nero, purtroppo, in Italia è molto diffuso. Fa parte di quella che sui giornali viene chiamata *economia sommersa*, cioè attività economiche praticate di nascosto per non pagare le tasse e i contributi.

Naturalmente il danno per lo Stato è molto grave, ma c'è un danno anche per il lavoratore che, non avendo contributi versati, non maturerà nessuna pensione.

Perché i lavoratori accettano di lavorare in nero, senza maturare la pensione e senza aver diritto all'assistenza in caso di infortunio sul lavoro? Per necessità: per non restare disoccupato il lavoratore accetta anche un'attività in nero pregiudicando il suo futuro da pensionato, ma spesso anche il suo presente, perché in caso di infortunio resterà senza lavoro e senza assistenza.

Il lavoro nero è molto diffuso nell'agricoltura. Persiste ancora il triste fenomeno del *caporalato*, che ora coinvolge anche gli immigrati.

Il diritto alla salute

La salute è un diritto umano fondamentale, perché è legato al diritto alla vita, il diritto più importante di tutti, perché col venir meno della vita cadono tutti gli altri diritti. Secondo l'OMS – l'*Organizzazione Mondiale della Sanità*, una delle agenzie dell'ONU – la salute è «uno stato di completo benessere fisico, mentale e sociale, e non la semplice assenza dello stato di malattia e infermità».

È chiaro che, se si accetta questa idea della salute come benessere integrale della persona, per garantirle la salute non basta assicurare cure mediche in caso di malattia, ma anche interventi di prevenzione per salvaguardare l'ambiente e per offrire a tutti condizioni di vita soddisfacenti dal punto di vista psicologico e sociale.

La salvaguardia dell'ambiente è un elemento essenziale per la prevenzione sanitaria e per il benessere della persona.

Garantire la salute è un compito complesso perché la salute di una persona dipende dal suo patrimonio genetico, da fattori ambientali e socio-culturali, dal suo stile di vita e dai servizi sanitari di cui può disporre. Presuppone quindi interventi di prevenzione sanitaria addirittura prima della nascita di una persona, controlli sulla qualità dell'aria e dell'acqua, controllo sugli alimenti in commercio, controlli sugli ambienti di lavoro e nelle scuole, pronto intervento in caso di infortuni e incidenti, servizi sanitari efficienti, assistenza ai disabili... Un compito immane.

Vediamo cosa prevede la Costituzione e come la Repubblica italiana cerca di rispondere alla richiesta di salute di quanti abitano sul territorio nazionale.

Diritto individuale e interesse collettivo

La Repubblica si impegna a tutelare la salute come un diritto fondamentale dell'individuo. Attenzione: non dice del "cittadino", ma "dell'individuo". Qui non si parla dei cittadini italiani, ma di tutti gli individui. Se una persona presente sul territorio nazionale ha bisogno di cure, la Repubblica italiana gliele garantisce, in quanto individuo della specie umana.

La Costituzione aggiunge che curare chi sta male e garantire benessere vanno a vantaggio di tutti. Perché?

COSTITUZIONE ITALIANA
art. 32. c. 1

La Repubblica tutela la salute come fondamentale diritto dell'individuo e interesse della collettività, e garantisce cure gratuite agli indigenti.

Prima di tutto – pensare al caso di una malattia infettiva – intervenire tempestivamente per curare un individuo infetto significa salvaguardare i sani, evitare che l'infezione si diffonda o addirittura dilaghi. Curare un individuo significa tutelare la collettività.

C'è poi un aspetto economico: se gli individui godono di buona salute e si impegnano per restare in buona salute, facendo prevenzione e curandosi, peseranno di meno sui servizi sanitari, rendendo gli interventi meno onerosi per tutta la comunità. La prevenzione e le cure tempestive fanno risparmiare.

Infine, servizi per controllare e garantire la salubrità dell'aria, la qualità dell'acqua potabile, la conservazione corretta degli alimenti, le condizioni igieniche dei locali e degli spazi pubblici, salvaguardano gli interessi di tutti, perché fanno prevenzione e creano le condizioni perché il benessere – lo star bene – sia garantito a tutta la popolazione. Insomma, controlli sanitari diffusi e rigorosi sono nell'interesse di tutti.

Se la sanità è per tutti, deve essere gratuita per chi non ha i mezzi per curarsi. Solo la gratuità per gli indigenti assicura, infatti, che saranno curati tutti.

Una stazione per monitorare la qualità dell'aria. Nelle grandi città spesso bisogna limitare il traffico veicolare e abbassare i riscaldamenti per migliorare la qualità dell'aria.

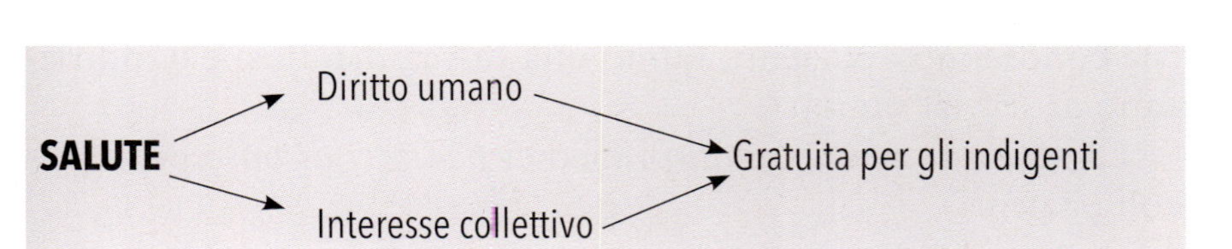

Il Servizio Sanitario Nazionale

Il *Servizio sanitario nazionale* (SSN) è stato introdotto dalla legge n. 883/1978, entrata in vigore nel 1980. È l'insieme delle strutture, delle funzioni, delle attività, dei servizi erogati dallo Stato italiano per garantire il diritto alla salute, come previsto dalla Costituzione repubblicana.

Il *Servizio sanitario nazionale* è finanziato con i soldi delle imposte e con i proventi dei ticket (un pagamento parziale dei servizi e dei medicinali) versati dagli utenti al momento della fruizione di un servizio sanitario e dell'acquisto dei medicinali.

I servizi ospedalieri sono gratuiti per tutti; le altre prestazioni

Nel sito del Ministero della Salute si sottolinea che il Servizio Sanitario Nazionale compie quarant'anni.

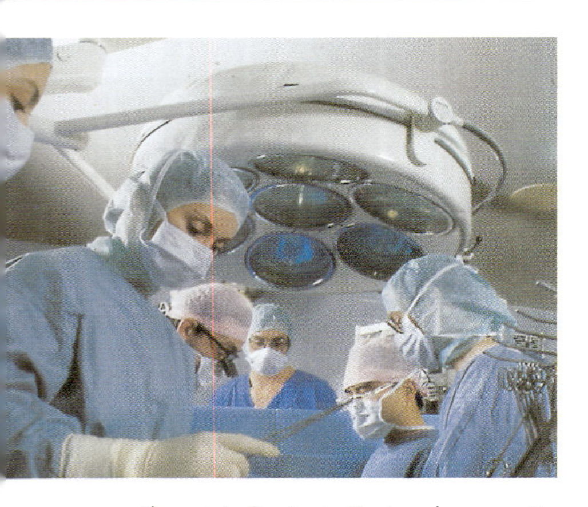

Il servizio Sanitario Nazionale permette a tutti di sottoporsi a interventi chirurgici anche molto costosi.

sanitarie e i medicinali sono gratuiti solo per gli indigenti e per i malati cronici.

Il Servizio sanitario nazionale dipende dal *Ministero della Salute*, che cura la programmazione generale e stabilisce i *livelli essenziali di assistenza* (LEA), che devono essere garantiti in tutto il territorio nazionale.

La legislazione, la programmazione e la gestione del servizio sono invece regionali. Ogni Consiglio regionale legifera sull'organizzazione sanitaria, garantendo che siano assicurati i livelli essenziali di assistenza definiti dal Ministero.

Questo comporta che i servizi e la loro efficienza non siano uniformi su tutto il territorio nazionale, perché alcune Regioni sono più efficienti e altre meno e alcune Regioni sono più ricche di altre. Anche i costi variano da una Regione all'altra.

L'organizzazione del servizio è invece uguale su tutto il territorio nazionale.

I territori regionali sono divisi in ASL, *Aziende sanitarie locali*, ciascuna delle quali coordina e gestisce tutti i servizi sanitari presenti sul territorio di competenza.

Il fulcro del sistema è rappresentato dalla rete dei *medici di base*, che hanno in carico un certo numero di utenti. Sono loro che conoscono i pazienti, fanno una prima diagnosi e li indirizzano ai servizi sanitari.

La stessa funzione hanno i medici *pediatri di base* per i piccoli pazienti.

La *guardia medica* sostituisce i medici di base nei fine settimana e nei giorni festivi.

Il filtro dei medici di base non c'è solo nei casi degli interventi di pronto soccorso, che vengono allertati chiamando il numero 118.

Anche il pronto soccorso rientra tra le prestazioni a carico del SSN. Per emergenze bisogna chiamare il 118.

ASL

- Servizio medici di base
- Servizio di pediatri di base
- Servizio di guardia medica
- Servizi di pronto soccorso
- Poliambulatori
- Ospedali
- Servizi per interventi sanitari particolari →
  - Per le dipendenze
  - Per la salute mentale
  - Per l'assistenza domiciliare
  - ...
- Consultori familiari
- Servizi di controllo dell'igiene pubblica
- Servizio veterinario per il controllo degli alimenti
- Servizi amministrativi →
  - Scelta del medico di base
  - Prenotazione visite ed esami
  - Certificazioni sanitarie
  - ...

Del *Servizio sanitario nazionale* fanno parte strutture e organizzazioni private (ospedali, cliniche, ambulatori, laboratori di analisi...) che operano in *regime di convenzione*. Questi enti privati si impegnano a offrire i loro servizi alle stesse condizioni delle strutture pubbliche e vengono pagati direttamente dalla Regione e dai ticket pagati dagli utenti.

Del servizio sanitario nazionale fanno parte anche i *policlinici universitari*, che godono dell'autonomia garantita costituzionalmente alle università. Formano i futuri medici e offrono i loro servizi in convenzione con il SSN.

Tessera sanitaria

L'Italia fa parte dell'Unione Europea e i cittadini italiani possono circolare liberamente e liberamente soggiornare negli altri Paesi dell'Unione.

La *Carta dei diritti fondamentali dell'Unione Europea* garantisce ai cittadini europei il diritto alla prevenzione sanitaria e alle cure mediche,

Presentando la TEAM (*Tessera europea di assicurazione malattia*), un cittadino italiano può essere curato presso una struttura sanitaria di un altro Paese comunitario alle stesse condizioni offerte in Italia dal SSN. La TEAM è contenuta nel retro della Tessera sanitaria individuale rilasciata dal Ministero della salute.

Ogni individuo ha diritto di accedere alla prevenzione sanitaria e di ottenere cure mediche alle condizioni stabilite dalle legislazioni e prassi nazionali. Nella definizione e nell'attuazione di tutte le politiche e le attività dell'Unione è garantito un livello elevato di protezione della salute umana.

La *Tessera europea di assicurazione malattia* garantisce prestazioni sanitarie in tutti i Paesi dell'Unione Europea alla stesse condizioni di quelle offerte dal SSN.

Nonostante le frequenti polemiche sui casi di "malasanità", il *Servizio sanitario nazionale* italiano è unanimemente riconosciuto come uno dei migliori d'Europa e addirittura del mondo. È uno dei pochi che offre davvero l'assistenza ospedaliera gratuita a tutti e servizi sanitari gratuiti per gli indigenti, proprio come prevede la Costituzione. Ha numerosi centri di eccellenza e di alta specializzazione, sia nel settore pubblico che in quello privato convenzionato.

I punti critici sono rappresentati dalla distribuzione dei servizi non sempre uniforme su tutto il territorio, dalla difficoltà di organizzare le risorse in modo funzionale e dalla nomine politiche dei dirigenti, che premiano spesso più l'appartenenza a un partito che le competenze a ricoprire ruoli di responsabilità.

COSTITUZIONE ITALIANA
art. 32 c. 2

Nessuno può essere obbligato a un determinato trattamento sanitario se non per disposizione di legge. La legge non può in nessun caso violare i limiti imposti dal rispetto della persona umana.

Il consenso informato

La Costituzione, pur garantendo a tutti i servizi sanitari per tutelare la salute, lascia al cittadino la facoltà di decidere come, quando e perfino se accettare un trattamento sanitario. Con una frase ad effetto, potremmo dire che ognuno è padrone del proprio corpo e, quindi, della propria persona.

È il singolo individuo che decide di rivolgersi al medico in caso di malesseri e disturbi e che resta libero di seguirne o no i consigli e le prescrizioni.

In caso di intervento chirurgico, la prassi prevede che il cittadino venga informato sulle modalità dell'intervento, sui rischi durante l'intervento e sulle eventuali conseguenze, positive e negative, che comporta.

In caso di minori, il consenso viene chiesto e sottoscritto dai genitori. In caso di discordanza tra il parere dei genitori e il parere del medico, ci si rivolge al giudice tutelare. In caso di impedimento del malato, il consenso viene chiesto ai parenti più prossimi.

La prassi del "*consenso informato*" serve anche a tutelari i medici che rispondono civilmente di eventuali errori anche colposi, cioè non intenzionali e non voluti.

In molte strutture sono presenti i cosiddetti *Tribunali dei di-*

ritti dei malati, associazioni di volontariato che offrono assistenza legale ai malati nel settore sanitario e dell'assistenza.

Il testamento biologico

Il consenso informato è stato regolato dalla legge n. 219/2017 conosciuta come legge sul *testamento biologico*.

La legge specifica che il consenso informato non deve essere solo un atto burocratico – far firmare un modulo di consenso al paziente – ma richiede una relazione fra medico e paziente e fa parte "dei tempi di cura". La legge specifica che il paziente può chiedere la presenza di un familiare, che condivida la decisione. Il trattamento sanitario previsto dal medico può essere rifiutato in tutto o in parte, prendendo in considerazione anche metodi e interventi alternativi. Il paziente non può però esigere trattamenti sanitari contrari alle norme di legge.

I progressi della medicina hanno reso necessario l'istituzione del cosiddetto "testamento biologico". Capita sempre più spesso che pazienti in coma siano tenuti in vita con l'ausilio di macchine e con la nutrizione artificiale, restando a lungo in una

Un messaggio della campagna a favore del testamento biologico dell'Associazione Luca Coscioni.

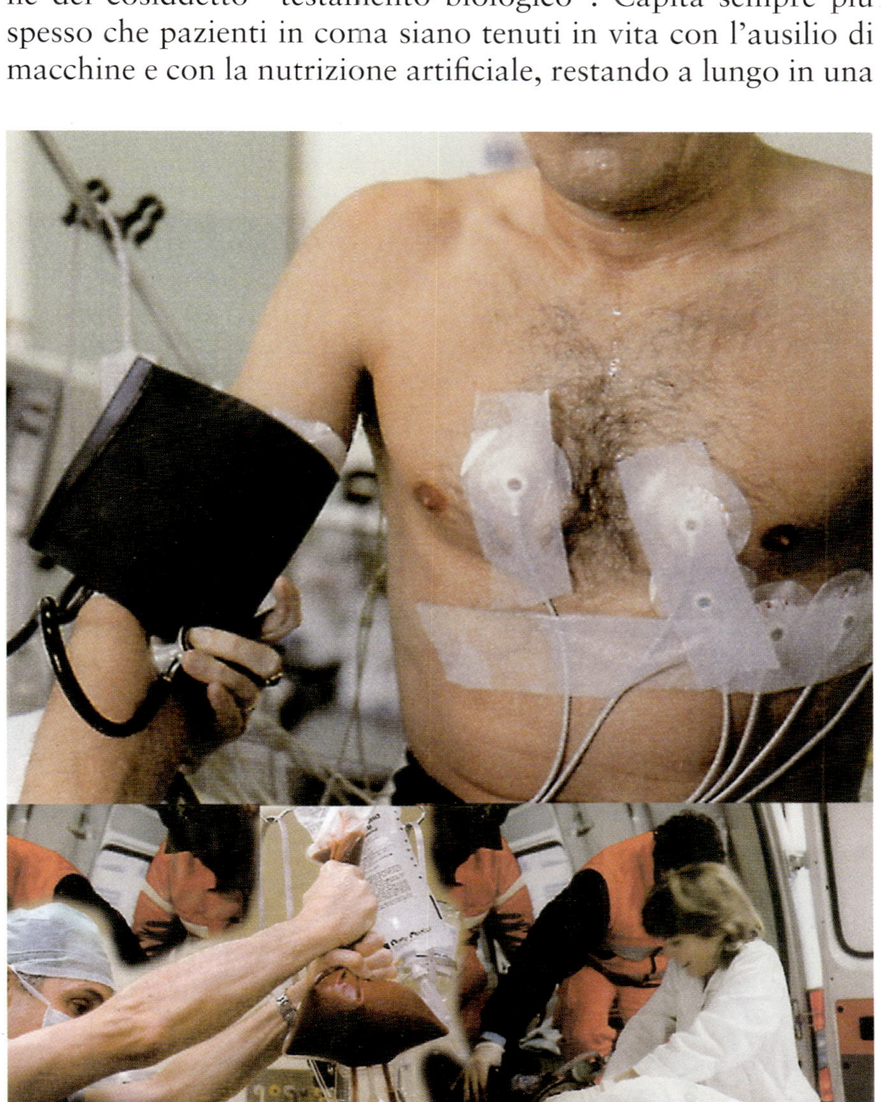

Un invito a vaccinarsi sul sito del *Ministero della Salute*

fase di sospensione tra la vita e la morte. La medicina dispone infatti dei mezzi per mantenere biologicamente in vita il paziente, ma non dei mezzi per restituirlo all'autonomia fisica e alla vita di relazione. In questi casi, il paziente non è in grado – è incosciente – di esprimere il proprio parere sulla cura e, quindi, viene lasciato a lungo in uno stato vegetativo, perché nessuno, né i medici né i familiari, può assumersi la responsabilità di porre fine alla vita, "staccando la spina" delle macchine che lo tengono vita.

In questi casi, la legge prevede che l'individuo possa redigere un documento davanti a un pubblico ufficiale o a un notaio in cui esprime le sue volontà – quali cure accettare e quali rifiutare – in caso di coma o di malattie che lo privino della facoltà di intendere e di volere.

È prevista la creazione di una banca dati nazionale dei testamenti biologici, a cui i medici potranno accedere per conoscere le volontà espresse dal malato quando ancora stava bene fisicamente e mentalmente. I dati dovrebbero essere inseriti anche nella tessera sanitaria. Il servizio doveva partire nel 2018, ma non è stato ancora implementato.

La legge non può in nessun caso violare i limiti imposti dal rispetto della persona umana.

Trattamenti sanitari obbligatori

La salute non è solo un bene individuale, ma anche un bene comune: «è interesse della collettività» recita la Costituzione al primo comma dell'art. 32. Per questo, dopo aver affermato che «nessuno può essere obbligato a un determinato trattamento sanitario», aggiunge «se non per disposizione di legge».

È il caso del cosiddetto "*trattamento sanitario obbligatorio*" previsto per legge quando un individuo – è il caso dei malati di mente in circostanze particolari – può essere pericoloso per sé e per gli altri. Il provvedimento è disposto dal Sindaco del posto dove risiede o si trova il malato, su proposta motivata di due medici, di cui uno dell'ASL. È attuato in una struttura ospedaliera e non può durare più di sette giorni, eventualmente rinnovabili. Si tratta, quindi, di un provvedimento veramente eccezionale, a cui ricorrere quando non è possibile fare altrimenti.

È anche il caso delle vaccinazioni obbligatorie, disposte per legge per evitare malattie facilmente trasmissibili, pericolose per l'individuo, ma anche per chi gli si trovi vicino.

Limiti alla legge

In quest'ultima parte del comma 2, la Costituzione fornisce un'indicazione e stabilisce un limite alla futura legislazione (questo vuol dire, quando nella Costituzione si parla di legge). Questo limite è costituito, anzi "imposto dal rispetto della persona umana".

Questa limitazione – questo confine posto alla legislazione ordinaria – è diventato molto importante negli ultimi decenni quando, in seguito ai progressi della medicina e della biotecnologia, sono diventati possibili interventi come la manipolazione genetica, la fecondazione artificiale, la clonazione di organismi viventi.

Si tratta di interventi estremi, di cui non si conoscono gli effetti nel tempo, perché ci troviamo in un campo inesplorato. Sono campi in cui anche gli scienziati sono molto cauti e si confrontano continuamente tra di loro. È nata anche una nuova disciplina scientifica, la *bioetica*, che cerca di capire gli effetti delle nuove scoperte sull'etica, cioè sul corretto comportamento umano condiviso dalle varie culture.

In questo ci può aiutare la *Carta dei diritti fondamentali* dell'Unione Europea, che individua specificamente quali sono questi limiti invalicabili.

Come si vede, viene confermato il diritto al "consenso informato", ma vengono anche posti dei limiti precisi: a) le pratiche di fecondazione artificiale non possono essere usate per selezionare le persone (migliorare la razza, questo vuol dire pratiche eugenetiche); 2) è proibito il commercio degli organi umani; 3) è proibita la clonazione degli esseri umani (riprodurre una copia di un essere umano).

Diritto all'integrità della persona

1. Ogni individuo ha diritto alla propria integrità fisica e psichica.
2. Nell'ambito della medicina e della biologia devono essere in particolare rispettati:

- il consenso libero e informato della persona interessata, secondo le modalità definite dalla legge,
- il divieto delle pratiche eugenetiche, in particolari di quelli aventi come scopo la selezione delle persone,
- il divieto di fare del corpo umano o delle sue parti in quanto tali fonte di lucro,
- il divieto della clonazione riproduttiva degli esseri umani.

Bloomberg Health Care Efficiency

Rank	Rank 1Y Ago	Chg	Economy	Efficiency Score	Life Expectancy	Relative Cost %	Absolute Cost $
1	1	-	Hong Kong	87.3	84.3	5.7	2,222
2	2	-	Singapore	85.6	82.7	4.3	2,280
3	3	-	Spain	69.3	82.8	9.2	2,354
4	6	2	Italy	67.6	82.5	9.0	2,700
5	4	-1	S. Korea	67.4	82.0	7.4	2,013
6	7	1	Israel	67.0	82.0	7.4	2,756
7	5	-2	Japan	64.3	83.8	10.9	3,733
8	10	2	Australia	62.0	82.4	9.4	4,934
9	12	3	Taiwan	60.8	79.7	6.2	1,401

Il *Servizio Sanitario Nazionale* occupa i primi posti in tutte le classifiche mondiali.

Laboratorio pag. 187
ESERCIZI INTERATTIVI
www.medusaeditrice.it

LABORATORIO

01. Assistenza e previdenza

01. Indica se le affermazioni sono vere o false.

a. *Welfare State* significa *Stato sociale* o *Stato assistenziale*.	V F
b. La nostra Costituzione non prevede un'uguaglianza sostanziale.	V F
c. I cittadini che non sono in grado di lavorare vengono assistiti dai servizi sociali.	V F
d. I cittadini che non hanno mezzi per vivere non sono mantenuti dallo Stato.	V F
e. I servizi sociali di un Comune predispongono anche visite domiciliari.	V F
f. Una commissione medica dell'Asl di appartenenza riconosce il grado di handicap di un soggetto.	V F
g. I bambini con handicap prima della legge 104 frequentavano scuole speciali.	V F
h. L'INAIL è l'unico ente predisposto dallo Stato per la previdenza sociale.	V F
i. In caso d'incidente sul lavoro il datore di lavoro è tenuto ad informare subito l'INPS.	V F
l. All'INAIL può rivolgersi anche un lavoratore che ha contratto una malattia professionale	V F
m. Le leggi antinfortunistiche non vengono spesso rispettate perché costano.	V F
n. I contributi previdenziali vengono versati all'INAIL.	V F
o. Il sistema retributivo prevedeva che la pensione venisse calcolata in base all'ultima retribuzione.	V F
p. Il sistema retributivo non era molto costoso	V F
q. Il lavoro nero viene anche chiamato *economia sommersa*.	V F

02. Completa le frasi che seguono.

Quelle del Novecento sono Costituzioni ....
Se un cittadino è .... al lavoro è lo Stato che deve provvedere al suo ....
La Costituzione riconosce ai portatori di .... il diritto di frequentare la scuola e quello di imparare un ....
Oltre il 70% di .... un portatore di handicap può aver diritto a percepire una ....
In caso di mancata .... viene riconosciuto il diritto all'accompagnamento.
Tutti i lavoratori versano all'INAIL .... che serviranno ad aiutare i lavoratori in difficoltà per .... sul lavoro.
Sono previste .... per le imprese che non rispettano le norme sulla ....
Il sistema .... è stato gradualmente sostituito con quello contributivo.
L'INPS corrisponde anche l'assegno di .... ai lavoratori rimasti temporaneamente senza ....

02. Rispondi sul quaderno alle seguenti domande.

a. La Costituzione italiana non solo riconosce l'uguaglianza formale davanti alla legge, ma promette anche un'uguaglianza sostanziale: cosa significa quest'ultima espressione?
b. Quali sono i cosiddetti diritti sociali?
c. Chi stabilisce il grado di handicap di una persona?
d. In ambito scolastico, quali provvedimenti, grazie alla legge 104/1992, sono previsti per gli alunni con handicap?
e. Che funzione svolge l'INAIL per ciò che riguarda gli ambienti di lavoro?
f. Qual è la figura che garantisce nei luoghi di lavoro la sicurezza?
g. Perché tutti i lavoratori versano i contributi all'INPS?
h. In cosa consiste il metodo retributivo?
i. Da chi viene fatto il prelievo dei contributi INAIL e INPS?
l. Cosa s'intende per *economia sommersa*?

03. Intervista

Anche la scuola è un ambiente di lavoro e, quindi, c'è sicuramente un "rappresentante della sicurezza". Informatevi su chi svolge questo incarico e invitatelo in classe, per ascoltarlo e per porgli alcune domande. Da quanto tempo svolge questo incarico? Ha frequentato qualche corso di formazione? Ha organizzato corsi di formazione per il resto del personale? Quali pericoli presenta la struttura scolastica? Sono state organizzate prove di evacuazione?
Naturalmente, potete aggiungere altre domande. Potete

pubblicare l'intervista sul giornalino della scuola o sul sito web, se previsto.

02. Il diritto alla salute

01. Indica se le affermazioni sono vere o false.

a. L'OMS è un'agenzia dell'ONU.	**V F**
b. Tutelare la salute significa solo garantire cure mediche.	**V F**
c. La Costituzione tutela la salute di tutti gli individui presenti sul territorio nazionale.	**V F**
d. Intervenire presto e bene in caso di malattia contagiosa non significa salvaguardare le persone sane.	**V F**
e. Il *Sistema sanitario nazionale* è finanziato con i soldi delle imposte e con i proventi dei ticket.	**V F**
f. I medici di base rappresentano il fondamento del SSN.	**V F**
g. La TEAM è una tessera europea di assicurazione malattia.	**V F**
h. Il *Servizio sanitario nazionale* non garantisce l'assistenza medica gratuita ai più poveri.	**V F**
i. In caso di intervento chirurgico, il malato dev'essere informato sulle modalità, sui rischi e sui benefici dell'intervento.	**V F**
l. Il trattamento sanitario può essere in tutto o in parte rifiutato dal malato.	**V F**
m. Il trattamento sanitario obbligatorio è previsto nei casi gravi dei malati di mente pericolosi per sé e per gli altri.	**V F**

02. Lessico: collega ogni definizione alla parola giusta parola. L'esercizio è avviato.

a. Errore colposo, **b.** prevenzione, **c.** diagnosi, **d.** indigente, **e.** malasanità, **f.** prescrizione medica, **g.** genetica.

1. Ricetta medica (...**f.**....), 2. azione dannosa involontaria (.......), 3. studio della trasmissione dei caratteri ereditari (.......), 4. disfunzioni del sistema sanitario (.......), 5. identificazione di una malattia in base ai sintomi (.......), 6. l'insieme di azioni finalizzate a impedire o ridurre il rischio (.......), 7. persona poverissima (.......).

03. Completa le frasi che seguono.

La prevenzione sanitaria può intervenire anche prima della .... di una persona.

Curare un individuo significa proteggere la ....

Il *Servizio sanitario nazionale* è stato introdotto nel ....

I LEA sono i livelli essenziali di .... programmati dal Ministero della ....

La guardia medica sostituisce i medici di base nei fine settimana e nei giorni ....

La *Carta dei diritti fondamentali dell'Unione Europea* garantisce ai cittadini europei il diritto alla .... sanitaria e alle .... mediche.

Nel testamento biologico un individuo esprime le sue volontà in caso di ....o di malattie che lo privino della facoltà d'................................. e di volere.

03. Rispondi sul quaderno alle seguenti domande.

a. Che cosa s'intende per diritto alla salute?_
b. Che cosa sono le ASL?
c. Che ruolo svolgono i medici di base?
d. Cosa sono le strutture convenzionate?
e. Cosa assicura la TEAM ai cittadini europei?
f. Cosa significa l'espressione "staccare la spina" riferita a un malato?
g. Perché, nonostante casi di malasanità, il nostro è riconosciuto come uno dei migliori sistemi sanitari del mondo?

04. Conoscere il territorio.

- Fate una ricognizione sulle strutture sanitarie della vostra ASL di appartenenza e rispondete insieme ad alcune domande. Quali sono le strutture ospedaliere presenti? C'è un'unità di rianimazione? Ci sono poliambulatori? C'è un consultorio familiare? Ci sono centri contro le dipendenze?
- Quali sono i compiti di un consultorio familiare? Quali figure professionali sono presenti? Quali sono le principali categorie di utenti?
- Quali sono i compiti di un servizio contro le dipendenze? Quali figure professionali sono presenti? Quali sono le principali categorie di utenti?

05. Racconta

Ti sarà sicuramente capitato di andare in ospedale, se non come utente, per andare a trovare una persona cara ricoverata. Ti ha colpito per pulizia ed efficienza o ti ha fatto una brutta impressione? Racconta, mettendo in evidenza le cose che ti hanno colpito di più.

L'Unione Europea

Durante la seconda guerra mondiale il conflitto ha coinvolto pesantamente le popolazioni civili. Questa tecnica di sterminio di massa fu applicata dall'aviazione tedesca e italiana già durante la guerra civile spagnola. Ecco come era ridotta Guernica, la città dei Baschi, nel 1937. Così furono ridotte molte città europee durante la seconda guerra mondiale.

Il Novecento è stato il secolo più sanguinario della storia: milioni e milioni di morti provocati da due guerre mondiali combattute a soli vent'anni di distanza l'una dall'altra. Molti giovani, che avevano combattuto nelle trincee durante la prima guerra mondiale, si ritrovarono a combattere da adulti sui campi di battaglia della seconda guerra mondiale.

Si parla di "guerre mondiali", ma in realtà si trattò di guerre europee, provocate dagli europei, scoppiate in Europa e combattute soprattutto in Europa.

Non solo: tra una guerra e l'altra in Europa si affermarono delle dittature totalitarie – il fascismo in Italia, il nazismo in Germania e il comunismo in Russia – che si macchiarono di gravi delitti, eliminando fisicamente i propri oppositori interni e macchiandosi di orribili crimini contro l'umanità, come il tentato genocidio degli ebrei.

Sembrava la fine di ogni umanità. Sembrava che si fosse interrotto per sempre quel difficile cammino che aveva portato i popoli europei alla conquista dei diritti e di forme di governo democratiche.

La fine della Seconda guerra mondiale fu segnata dalla bombe atomiche sganciate dagli statunitensi sulle cittadine giapponesi di Hiroshima e Nagasaki.

Un'immagine di un campo di concentramento nazista.

La seconda guerra mondiale si concluse con l'immane distruzione provocata dalla bombe atomiche sganciate dagli americani sulle città giapponesi di Hiroshima e Nagasaki. La guerra – non era più solo una frase retorica – poteva veramente distruggere ogni forma di civiltà e lasciare solo macerie. Albert Einstein commentò: «Non so con quali armi si combatterà la Terza guerra mondiale, ma la Quarta sì: con bastoni e pietre».

Altiero Spinelli è stato il più convinto sostenitore del progetto federalista. Nel pieno della guerra, nel 1943, ha fondato il *Movimento Federalista Europeo* e poi ha continuato a impegnarsi per la realizzazione del sogno europeo per tutta la vita.

Il sogno di un'Europa unita

Sembra incredibile che, proprio mentre in tutta l'Europa imperversava una guerra spietata che colpiva direttamente la popolazione civile bombardando le città, un gruppo di prigionieri politici confinati sull'isola di Ventotene potesse pensare a un progetto politico per unire in un unico Stato federale quegli Stati e quei popoli che stavano cercando di distruggersi.

Altiero Spinelli ed Ernesto Rossi scrivevano: «Occorre fin d'ora gettare le fondamenta di un movimento che sappia mobilitare tutte le forze per far sorgere il nuovo organismo, che sarà la creazione più grandiosa e più innovatrice sorta da secoli in Europa; per costituire un largo Stato federale, il quale disponga di una forza armata europea al posto degli eserciti nazionali, spezzi decisamente le autarchie economiche, spina dorsale dei regimi totalitari, abbia gli organi e i mezzi sufficienti per fare eseguire nei singoli Stati federali le sue deliberazioni, dirette a mantener un ordine comune, pur lasciando agli Stati stessi l'autonomia che consenta una plastica articolazione e lo sviluppo della vita politica secondo le peculiari caratteristiche dei vari popoli.»

Gli Stati Uniti d'Europa: questo sognavano i confinati di Ventotene. Uno Stato federale che abbattesse le frontiere economiche e politiche tra i vari Stati europei e li affratellasse in un unico progetto di sviluppo.

Robert Schuman è considerato uno dei padri fondatori dell'Unione Europea.

Robert Schuman: imparare a stare insieme

Il 9 maggio è la festa dell'Europa. Perché proprio il 9 maggio? Perché il 9 maggio 1950 il ministro degli Esteri francese Robert Schuman fece questa dichiarazione che rappresentò il primo passo del lungo cammino che porterà alla nascita e allo sviluppo dell'Unione Europea: «L'Europa non potrà farsi un una sola volta, né sarà costruita tutta insieme; essa sorgerà da realizzazioni concrete che creino anzitutto una solidarietà di fatto. L'unione delle nazioni esige l'eliminazione del contrasto secolare tra la Francia e la Germania: l'azione intrapresa deve concernere in prima linea la Francia e la Germania. A tal fine, il governo francese propone di concentrare immediatamente l'azione su un punto limitato ma decisivo. Il governo francese propone di mettere l'insieme della produzione franco-tedesca di carbone e di acciaio sotto una comune Alta Autorità, nel quadro di un'or-

Il Presidente del Consiglio Alcide De Gasperi segnò la politica estera dell'Italia, aderendo alla CECA.

ganizzazione alla quale possono aderire gli altri paesi europei.» Robert Schuman proponeva una politica di piccoli passi, ma concreti. È importante, sembra dire Schuman, che gli europei sperimentino la solidarietà: solo così impareranno a essere solidali.

Era una proposta politica realistica, consapevole che bisognava costringere a collaborare due Stati, la Francia e la Germania, separati da secoli di inimicizia e da due guerre sanguinose nel giro di vent'anni. Era una proposta di collaborazione aperta agli altri Stati europei, liberi di aderire o no al progetto, sottoscrivendo un trattato.

La proposta di *Robert Schuman* poté muovere i prima passi grazie all'azione di altri politici convintamente europeisti: *Jean Monnet* in Francia, *Konrad Adenauer* in Germania, *Alcide De Gasperi* in Italia, *Paul-Henri Spaak* in Belgio, *Joseph Bech* in Lussemburgo.

Le tappe più importanti

1951 CECA: nasce la *Comunità Europea del Carbone e dell'Acciaio*. Aderiscono Francia, Germania Ovest, Belgio, Lussemburgo, Italia e Olanda. L'obiettivo era di aumentare la produzione di carbone e acciaio, di mantenere bassi i prezzi, di aumentare le esportazioni e di migliorare le condizioni di lavoro degli operai del settore. Era infatti importante assicurare i due prodotti sul mercato, per aiutare la ripresa dell'industria pesante e favorire la ricostruzione postbellica.

1957 CEE: con il Trattato di Roma nasce la *Comunità Economica Europea*. Viene dato il via al *Mercato Economico Europeo* (MEC). I prodotti agricoli e industriali possono circolare liberamente, senza pagare dazi alle frontiere. Sono previste anche la libera circolazione delle persone e dei capitali, ma questa parte del Trattato viene applicata solo in parte. Il Trattato di Roma dà il via anche alla *Comunità Europea per l'Energia Atomica* (CEEA) o EURATOM. Si mettono insieme risorse finanziare e intellettuali per lo sviluppo dell'energia atomica a fini pacifici.

La CEE comprendeva solo sei Paesi, ma vedeva come alleati la Francia e la Germania, i più acerrimi nemici della prima e della seconda guerra mondiale.

Il 27 marzo 1957, i sei ministri dei Paesi fondatori hanno firmato a Roma il trattato che istituiva la *Comunità Economica Europea* (CEE).

1967 CE: CECA, CEE ed EURATOM si fondono e nasce la Comunità Europea.
1972 Europa dei nove: alla *Comunità Europea* aderiscono la *Danimarca*, l'*Irlanda* e il *Regno Unito*.
1979 SME: entra in vigore il *Sistema monetario europeo*, cui partecipano tutti i Paesi, con l'eccezione del Regno Unito. L'obiettivo è quello di coordinare la politica monetaria per fronteggiare la crisi petrolifera. È il primo tentativo di creare una moneta comune.
1981 Europa dei dieci: anche la *Grecia* aderisce alla CE.
1986 UE: la CE diventa *Unione Europea* (UE). L'obiettivo è di creare veramente un mercato unico per tutti i beni e i servizi. Alla UE aderiscono anche *Spagna* e *Portogallo*.
1991 Trattato di Maastricht: prevede nuove politiche economiche comuni, l'istituzione della cittadinanza europea, la creazione di una politica estera e di sicurezza comuni. È prevista anche la nascita dell'*Unione economica e monetaria* (UEM). I Paesi membri rinunciano a uno dei poteri tipici degli Stati, quello di battere moneta. Sembra che l'Europa si avvii a diventare veramente uno Stato federale.

1995 Europa dei quindici: *Svezia*, *Finlandia* e *Austria* entrano nell'UE.
2000 Trattato di Nizza: si decide di aprire l'Unione europea ad altri Stati e di adeguare le istituzioni comunitarie alla nuova situazione. A Nizza viene proclamata la *Carta dei diritti fondamentali dell'Unione Europea*.
2002 Euro: entra in circolazione l'euro in dodici Paesi europei, tra cui l'Italia. L'euro viene utilizzato anche in Stati che non fanno parte dell'UE: Andorra, Repubblica di San Marino, Città del Vaticano, Montenegro e Kosovo.
2004 Europa a venticinque: entrano nell'Unione la *Repubblica ceca*, l'*Ungheria*, la *Polonia*, l'*Estonia*, la *Lettonia*, la *Lituania*, la *Slovacchia*, la *Slovenia*, *Malta* e *Cipro*.
2004 Trattato costituzionale europeo: viene firmato a Roma. La Costituzione europea, per entrare in vigore, deve essere approvata da tutti gli Stati membri. Nel referendum confermativo, in Francia e in Olanda prevalgono i "no". Il processo si blocca: è la prima battuta d'arresto nel processo di integrazione europea.
2007 Europa a ventisette: entrano nell'Unione anche *Bulgaria* e *Romania*.
2007 Trattato di Lisbona: il Trattato di Lisbona modifica i trattati precedenti, per rendere l'UE più democratica e metterla in grado di affrontare problemi come i cambiamenti climatici, la sicurezza globale e lo sviluppo sostenibile.
2013 Europa a ventotto: nell'UE entra anche la *Croazia*.

L'Unione Europea ha ventotto Stati.
Con la Brexit diventeranno venrisette.

2016 Brexit: nel Regno Unito si svolge un referendum consultivo sulla permanenza in Europa. La risposta popolare è "no". Il Regno unito chiede di uscire dall'UE, chiedendo l'applicazione dell'art. 50 del Trattato sull'Unione. È la prima volta che uno Stato membro chiede di uscire dall'Unione.

2019 Elezioni europee: l'Unione Europea si avvia verso le elezioni del Parlamento europeo. Vi arriva dopo anni difficili.

Nel 2008 una crisi finanziaria partita dagli USA ha investito anche l'Europa. La crisi è diventa anche economica e l'Europa ha dovuto trovare il modo per aiutare gli Stati membri in difficoltà, in particolare la Grecia.

Nel 2011 è scoppiata la guerra civile in Siria, che ha provocato un'ondata di profughi senza precedenti. I Paesi più in difficoltà sono la Grecia e l'Italia. L'UE è riuscita in parte a stemperare il problema firmando accordi con la Turchia, ma non è riuscita a trovare una politica comune per affrontare il problema degli immigrati.

Questo mentre il terrorismo islamico seminava paura e morte soprattutto in Francia, Belgio, Germania e Regno Unito.

Riusciranno gli Stati europei a continuare il loro percorso di integrazione o ritorneranno l'egoismo e il nazionalismo, che nella prima metà del Novecento hanno portato gli Stati europei sull'orlo dell'autodistruzione?

Le istituzioni europee

Le leggi e le istituzioni dell'Unione Europea sono fondate sui trattati liberamente firmati dagli Stati e approvati dai rispettivi Parlamenti nazionali. Il testo di riferimento è attualmente il *Trattato sul funzionamento dell'Unione europea* (TFUE), modificato dal Trattato di Lisbona.

Il *Trattato di Lisbona* ha sostituito la Costituzione europea bocciata dal "no" nei referendum francese e olandese del 2005.

Le principali istituzioni politiche europee sono quattro: il *Parlamento europeo*, il *Consiglio* (detto anche Consiglio dell'Unione europea), il *Consiglio europeo*, la *Commissione europea*.

L'Unione Europea è una comunità di popoli e di Stati. L'espressione della volontà del popolo è il Parlamento, il luogo di confronto tra gli Stati è il Consiglio europeo.

La sede del *Consiglio europeo* a Strasburgo

Consiglio europeo

È composto dai capi di Stato o di governo degli Stati membri e dal Presidente della Commissione europea. È presieduto a turno da ciascun Stato membro per sei mesi. Si riunisce più volte all'anno, per definire le linee di politica generale dell'Unione.

È nel Consiglio che si prendono le decisioni politiche più importanti sul futuro dell'Unione.

Consiglio

Il ruolo del Consiglio è quello di rappresentare gli Stati membri. Nel Consiglio si riuniscono i ministri dei governi degli Stati membri per discutere, modificare e adottare la legislazione comune e coordinare le politiche degli Stati membri. La presidenza è assunta a turno ogni sei mesi.

La sala dove si riuniscono i ministri degli Stati membri.

Alle riunioni del Consiglio partecipano di volta in volta i ministri competenti per la materia in discussione. I compiti più importanti del Consiglio sono:

- approvare le leggi insieme al Parlamento europeo;
- coordinare le politiche degli Stati dell'UE;
- elaborare la politica estera e di sicurezza, in base alle indicazioni del Consiglio europeo;
- approvare il bilancio annuale insieme al Parlamento europeo.

È il principale organo di decisione dell'Unione Europea.

In genere le decisioni vengono prese a maggioranza qualificata, ossia il 55% degli Stati membri, che rappresentino almeno il 65% della popolazione totale dell'UE. Per bloccare una decisione, occorrono quattro Paesi che rappresentino almeno il 35% della popolazione UE.

Parlamento europeo

I membri del Parlamento europeo sono eletti a suffragio universale diretto dai popoli dell'Unione Europea. Il Parlamento rappresenta, quindi, i cittadini dell'Unione.

I compiti più importanti del Parlamento sono:

- approva le leggi insieme al Consiglio;
- approva il bilancio insieme al Consiglio;
- elegge il Presidente della Commissione su proposta degli Stati membri;

Una seduta del *Parlamento europeo.*

- esamina i commissari e ne approva o respinge la nomina;
- decide sugli accordi internazionali
- decide sull'ammissione di nuovi Stati all'UE.

La Commissione europea

È l'organo esecutivo delle politiche europee. La commissione:

- attua le politiche comuni;
- cura l'esecuzione del bilancio;
- gestisce i programmi comunitari;
- prepara le leggi da sottoporre all'approvazione del Consiglio e del Parlamento;
- controlla che le disposizioni dei trattati e le decisioni comunitarie siano applicate da tutti gli Stati membri.

La Commissione rappresenta l'Unione nei rapporti con gli altri Stati e negli organismi internazionali.

La Commissione risponde del proprio operato al Parlamento europeo.

Un'organizzazione originale

Apparentemente l'organizzazione delle istituzioni europee richiama quello di uno Stato democratico in cui i tre poteri – legislativo, esecutivo e giudiziario – sono divisi, ma non è così.

Il Parlamento europeo non esercita da solo il potere legislativo, ma lo condivide con il Consiglio, con cui condivide anche il potere di approvare o respingere il bilancio.

Il Consiglio esercita il potere legislativo insieme al Parlamento e il potere esecutivo insieme alla Commissione. Questo sarebbe inammissibile in uno Stato di diritto, in cui i poteri devono essere rigorosamente divisi.

Il Consiglio esercita, quindi, un ruolo preminente rispetto alle altre istituzioni dell'Unione. A decidere davvero non è quindi la Commissione europea, ma i rappresentanti dei governi degli Stati membri.

La sede della *Corte di giusitiza europea.*

Organi di controllo

La Corte di giustizia

La Corte di giustizia europea è composta da un giudice per ogni Stato membro. La Corte ha il compito di *garantire il rispetto* del diritto comunitario e quello di *interpretare il diritto* comunitario, per renderne uniforme l'applicazione su tutto il territorio dell'Unione. La Corte è competente sulle controversie tra gli Stati membri, fra l'Unione e gli Stati membri, fra le istituzioni europee, fra singoli cittadini e l'Unione. Dal 1989, a causa del sovraccarico di lavoro, la Corte è affiancata da un *Tribunale di primo grado.*

La Corte dei Conti

È un organo tecnico che ha il compito di controllare i conti della

UNIONE EUROPEA
È una comunitò di Stati e popoli
fondata sui Trattati

STATI		POPOLI EUROPEI
↓		↓
Consiglio Europeo Capi di Stato e di governo + Presidente della commissione Scelte politiche generali	Commissione europea Prepara le leggi Attua le politiche dell'Unione ⇄	Parlamento europeo Rappresentanti eletti dai popoli europei Approva le leggi Controlla la Commissione
Consiglio Ministri degli Stati membri Approva le leggi Coordina la politica degli Stati membri	BCE Indipendente – Politica monetaria	
	CORTE DI GIUSTIZIA Applica e interpreta diritto comunitario	

comunità, verificando la regolarità delle entrate e delle uscite e la correttezza della gestione finanziaria. È composta da ventisette membri, uno per ogni Stato dell'Unione. I revisori della Corte restano in carica sei anni, ma l'incarico può essere rinnovato.

Organi consultivi

Comitato economico e sociale europeo

Viene consultato dal Parlamento europeo, dal Consiglio e dalla Commissione quando vengono trattate materie che riguardano il lavoro e l'economia. I suoi membri rappresentano le componenti sociali ed economiche della società civile organizzata.

Comitato europeo delle regioni

È composto da rappresentanti degli enti regionali e locali. Il Comitato delle regioni deve essere consultato dal Parlamento, dal Consiglio e dalla Commissione per le questioni di pertinenza regionale.

I pareri formulati dai comitati consultivi non sono vincolanti per le istituzioni dell'UE.

Banche europee

Banca centrale europea

La Banca centrale europea ha sede a Francoforte, in Germania. Il presidente della banca è eletto ogni otto anni dal Consiglio europeo e coordina il lavoro della Banche nazionali dei singoli Stati, con cui forma il *Sistema europeo delle Banche centrali (Sebc)*.

La Banca centrale gode di una completa autonomia sia dalle altre istituzioni dell'Unione, sia dai governi degli Stati membri.

MEDIATORE EUROPEO

Il mediatore europeo è un difensore civico a cui possono rivolgersi tutte le persone fisiche (i cittadini) e tutte le persone giuridiche (istituzioni, imprese), che ritengono di essere vittime di un atto di "cattiva amministrazione" da parte delle istituzioni o organi comunitari (art. 43 della Carta dei diritti fondamentali dell'Unione europea).

La Banca centrale europea funziona anche da istituto di emissione, l'unico che può emettere le banconote dell'euro. Le monete invece vengono coniate dalle zecche nazionali e hanno una faccia in comune (quella con il valore e con la rappresentazione della carta geografica dell'Europa) e un'altra diversa nei diversi Stati.

Banca europea per gli investimenti

La BEI finanzia i progetti di investimento per contribuire allo sviluppo equilibrato dell'Unione.

Cosa l'Unione Europea non è

L'Europa non è uno Stato federale. Non esistono ancora, quindi, gli Stati Uniti d'Europa sognati da Altiero Spinelli. Per capirlo basta un semplice raffronto con gli Stati Uniti d'America.

Per diventare uno Stato federale, l'Unione Europea dovrebbe avere una difesa comune, una politica estera comune e una tassazione federale. Per fare questo, bisognerebbe rivedere anche le funzioni delle varie istituzioni europee. In particolare, bisognerebbe dare più potere Parlamento, che è eletto direttamente dai popoli europei.

Che cosa l'Unione Europea è

Nel 2012 l'Unione Europea ha ricevuto il premio *Nobel per la pace* per aver contribuito, per oltre sessant'anni, a mantenere la

USA	UE	Annotazioni
Costituzione		L'UE non ha una vera e propria costituzione e si fonda su una serie di trattati.
Presidente		Il Presidente degli USA è il capo dello Stato con poteri molto simili a quelli di un monarca.
Gabinetto di governo	Commissione	Il Gabinetto di governo è legato al Presidente (Administration). Nell'UE la Commissione condivide il potere esecutivo con il Consiglio, che è espressione degli Stati membri.
Dollaro	Euro	L'Euro è la moneta solo di alcuni Stati dell'Unione.
Federal reserve	Banca Centrale Europea	La BCE non ha gli stessi poteri della Federal reserve e, soprattutto, non ha alle spalle un governo.
Esercito		In Europa ogni Stato continua ad avere il proprio esercito.
Politica estera		In Europa ogni Stato continua ad avere il suo ministro degli Esteri e la sua politica estera, nonostante che esista un *Alto Commissario per la politica estera.*
Seggio all'ONU		Gli Stati dell'UE continuano ad avere il loro seggio all'ONU; l'UE non è rappresentata.
Camera dei rappresentanti	Parlamento europeo	La camera dei rappresentanti in USA e il Parlamento europeo rappresentano i cittadini.
Senato		I senatori negli USA rappresentano gli Stati (2 per ogni Stato)
Tasse federali		Il governo federale può imporre delle tasse, la Commissione europea no.

pace in Europa, a riconciliare Stati una volta nemici, a sviluppare la democrazia e ad assicurare il rispetto dei diritti umani.

È un riconoscimento importante perché dimostra che l'Europa ha raggiunto il principale obiettivo che si era posto, quello di portare la pace in Europa. Basterebbe questo per essere grati all'Europa e agli europeisti. Ma l'Europa non è solo questo.

L'Unione europea è una comunità di popoli e di Stati fondata sul libero consenso. Gli Stati che sono entrati a far parte dell'Unione lo hanno scelto liberamente e – lo dimostra il caso della Brexit – sono liberi di abbandonare l'Unione quando vogliono. È un caso forse unico nella storia in cui un numero rilevante di Stati ha rinunciato a una parte della propria sovranità per condividere un orizzonte comune, senza una pressione o una causa esterna.

L'Europa è diventata la più grande area di libero scambio nel mondo, in cui possono liberamente circolare persone, beni, servizi e capitali. Questo favorisce lo sviluppo economico, tanto è vero che ci sono Stati, come la Norvegia, che non fanno parte dell'Unione, ma contribuiscono al bilancio europeo per beneficiare dei vantaggi del mercato comune europeo.

Laboratorio pag. 204
ESERCIZI INTERATTIVI
www.medusaeditrice.it

È l'area economica in cui i diritti dei consumatori hanno una tutela molto alta. Possono esseri commercializzati solo prodotti che rispondano agli standard fissati dall'Unione, sono garantiti i tempi di garanzia dei prodotti, vengono combattuti i monopoli e gli oligopoli, che fanno aumentare i prezzi. Se oggi si può telefonare e volare con tariffe bassissime il merito è dell'Unione Europea.

È l'area del mondo con il reddito medio pro capite più alto, con livelli di istruzione molto elevati e con standard altrettanto elevati di prevenzione e cura delle malattie

L'Unione ha inserito direttamente nei trattati l'idea dello sviluppo sostenibile ed è in prima fila negli sforzi per ridurre il riscaldamento globale e contrastare i cambiamenti climatici.

Il bilancio dell'Unione è fondato sulla solidarietà e i fondi europei hanno contribuito alla sviluppo delle aree depresse, riducendo le distanze di reddito e di benessere tra gli Stati membri.

L'Unione Europea è inoltre l'area in cui i diritti umani, i diritti civili e quelli sociali sono meglio garantiti.

Per entrare nell'Unione sono richiesti il rispetto dei diritti, la separazione dei poteri, lo Stato di diritto, la democrazia. Per restare dentro l'Unione, bisogna garantire che queste condizioni non vengano meno.

È importante che la Commissione europea abbia deciso di procedere contro la Polonia perché non garantisce la separazione dei poteri e contro l'Ungheria per alcune leggi liberticide.

Vuol dire che, nonostante deficienze nella gestione dei diritti dei profughi, l'Europa intende restare fedele ai suoi valori.

L'Unione si fonda sui valori del rispetto della dignità umana, della libertà, della democrazia, dell'uguaglianza, dello Stato di diritto e del rispetto dei diritti umani, compresi i diritti delle persone appartenenti a minoranze. Questi valori sono comuni agli Stati membri in una società caratterizzata dal pluralismo, dalla non discriminazione, dalla tolleranza, dalla giustizia, dalla solidarietà e dalla parità tra donne e uomini.».

Le organizzazioni internazionali

Anche gli Stati, come le persone, si mettono insieme per risolvere problemi, che un singolo Stato non potrebbe risolvere o potrebbe risolvere con difficoltà.

Proprio come avviene tra cittadini, si identifica un obiettivo comune, si individuano delle soluzioni e si concordano delle regole. In genere, si firma un trattato o una convenzione o si stende uno statuto.

I motivi per cui ci si mette insieme possono essere vari: sviluppo economico, difesa militare, scambi culturali, sviluppo umano, sviluppo della democrazia...

Anche gli ambiti sono molto diversi.

Ci sono associazioni di Stati, che comprendono un intero continente, come l'*Organizzazione delle Nazioni americane*, l'*Unione africana*, il *Forum delle isole del Pacifico*, il *Dialogo per la cooperazione asiatica*.

Ci sono associazioni che uniscono gli Stati di un territorio, come l'*Unione Europea*, l'*Associazione delle Nazioni del Sud-est asiatico* o come la *Comunità degli Stati indipendenti*.

Ci sono trattati di libero scambio come il NAFTA (*North American Free Trade Agreement*), associazioni di interesse come l'OPEC (*Organization of the Petroleum Exporting Countries*), alleanze fondate su una comunanza etnico-religiosa come la *Lega Araba*.

La più importante è certamente l'ONU, a cui aderiscono quasi tutti gli Stati del mondo. Ha come obiettivo primario quello di mantenere la pace nel mondo, un obiettivo che riguarda tutta l'umanità.

La bandiera dell'ONU.

L'Organizzazione delle Nazioni Unite

L'*Organizzazione delle Nazioni Unite* – spesso chiamata semplicemente *Nazioni Unite* – ha cominciato ad operare subito dopo la fine della Seconda guerra mondiale, nel 1945.

All'inizio hanno aderito una cinquantina di Stati. Poi, man mano, le adesioni sono aumentate e l'ONU raccoglie ormai la quasi totalità degli Stati. Hanno aderito all'ONU anche uno Stato piccolissimo come la Repubblica di San Marino e uno

PREAMBOLO DELLA CARTA DELLE NAZIONI UNITE

Noi, popoli delle Nazioni Unite siamo determinati a:
- salvare le future generazioni dal flagello della guerra, che due volte nella nostra vita ha portato dolore indicibile all'umanità;
- riaffermare la fede nei fondamentali diritti umani, nella dignità e nel valore della persona umana, negli uguali diritti di uomini e donne e di Nazioni grandi e piccole;
- stabilire condizioni nelle quali giustizia e rispetto per le obbligazioni scaturiscano dai trattati e che le altre fonti di diritto internazionale siano mantenute;
- promuovere il progresso sociale e migliori standards di vita nella più ampia libertà.

La sede dell'ONU a New York.

Stato con una lunga tradizione di neutralità come la Svizzera. Il Vaticano ha un osservatore permanente.

L'ONU è l'unica organizzazione internazionale veramente democratica e paritaria, perché tutti gli Stati hanno cinque rappresentanti, ma dispongono di un solo voto. Uno Stato, un voto.

Tutti gli Stati delle Nazioni Unite hanno firmato la *Dichiarazione universale dei diritti umani*, approvata nel 1948, lo stesso anno in cui è entrata in vigore la nostra Costituzione. Tutti gli Stati si impegnano, quindi, a rispettare le libertà fondamentali e i diritti dell'uomo.

Gli organismi dell'ONU

Il principale è l'*Assemblea generale*, nella quale sono rappresentati tutti gli Stati e in cui si discutono le grandi questioni internazionali. È un organo consultivo, che esprime pareri e raccomandazioni. Le decisioni operative sono demandate invece al *Consiglio di sicurezza*.

L'Onu non dispone di un proprio esercito. Per gli interventi delle *Nazioni Unite* si utilizzano militari messi a disposizione dagli Stati membri. Indossano il basco o il casco blu, per distinguersi dagli eserciti in guerra.

Il *Consiglio di sicurezza* è composto da quindici membri, cinque permanenti (i vincitori della seconda guerra mondiale più la Cina) e dieci in carica per due anni, a rotazione. Compito del Consiglio è quello di mantenere la pace e garantire la sicurezza a livello internazionale. È organizzato in modo da potersi riunire e decidere in qualsiasi momento. Le *risoluzioni* del Consiglio sono immediatamente operative. Le decisioni si prendono con una *maggioranza qualificata* di nove voti su quindici, ma i nove voti favorevoli devono comprendere i cinque dei membri permanenti. Basta che uno solo dei membri permanenti voti contro, per bloccare la risoluzione. Praticamente, i cinque membri permanenti hanno un *diritto di veto* su qualsiasi decisione. Questo è un grave limite, perché il voto contrario di un solo membro può paralizzare l'azione dell'organizzazione.

L'Assemblea generale elegge un *segretario* su proposta del Consiglio di sicurezza. Il segretario resta in carica cinque anni, ma il mandato può essere rinnovato. Il segretario ha il compito di rappresentare le Nazioni Unite a livello internazionale, di coordinare l'azione dei funzionari presenti a New York e in giro per il mondo, di eseguire le disposizioni dell'Assemblea generale e del Consiglio di sicurezza.

Il segretario dell'ONU gode di un grande prestigio internazionale e svolge spesso funzioni di mediatore, per evitare o ricomporre conflitti tra gli Stati membri.

Dell'ONU fa parte anche il *Consiglio Economico e Sociale*, che ha il compito di promuovere lo sviluppo, per assicurare un tenore vita sempre più elevato ai cittadini degli Stati membri. Stimola la cooperazione tra gli Stati e si impegna a far rispettare i diritti umani e le libertà fondamentali.

L'ONU dispone anche di un organo giudiziario, la *Corte Internazionale di Giustizia* – conosciuto anche come *Tribunale dell'Aia* – che ha il compito di dirimere le controversie tra gli Stati membri e di esprimere pareri su questioni controverse di diritto internazionale. La Corte è considerata la più alta autorità in materia di diritto internazionale.

Le agenzie dell'ONU

Oltre alla guerra e alla sicurezza, ci sono altri problemi – lo sviluppo sostenibile, la salvaguardia dell'ambiente, il riscaldamento globale e i cambiamenti climatici – che richiedono un organismo capace di agire a livello globale e in grado di intervenire tempestivamente e incisivamente. Questo organismo potrebbe essere l'ONU, soprattutto se liberato dal diritto di veto che ne paralizza spesso la vita.

L'ONU svolge già un'importante funzione di stimolo, attraverso le sue molteplici agenzie, che operano a livello internazionale per la soluzione di problemi come la fame nel mondo, la protezione dell'infanzia, la salvaguardia e lo sviluppo della cultura, l'assistenza ai rifugiati, la salvaguardia dell'ambiente.

Ecco le principali:

UNESCO (*UN Educational Scientifi c and Cultural – Organizzazione delle Nazioni Unite per l'Educazione, la Scienza e la Cultura*): ha sede a Parigi e si propone di contribuire alla pace, promuovendo la collaborazione internazionale nei campi dell'educazione scientifica e culturale.

FAO (*Food ad Agriculture Organization of the UN – Organizzazione delle Nazioni Unite per l'Agricoltura e l'Alimentazione*): ha sede a Roma e si propone di incrementare il progresso dell'agricoltura per migliorare le condizioni alimentari e sconfiggere il problema della morte per fame.

UNICEF (*UN International Children's Emergency Fund – Fondo internazionale delle Nazioni Unite per l'Infanzia*): ha sede a New York e interviene a favore dell'infanzia, specialmente nei paesi sottosviluppati e in quelli colpiti da calamità naturali o coinvolti in conflitti.

WFP (*World Food Programme – Consiglio mondiale per l'alimentazione*): ha sede a Roma e ha lo scopo di lottare contro la fame nel mondo.

I campi di intervento dell'ONU non si esauriscono qui; un parziale elenco delle varie agenzie può dare un'idea dell'azione delle Nazioni Unite: **IAEA**; *Agenzia Internazionale per l'Energia Atomica*; **UNCTAD**: *Conferenza delle Nazioni Unite sul Commercio e lo Sviluppo*; **UNDCP**: *Programma delle Nazioni Unite per il Controllo Internazionale delle Droghe*; **UNEP**: *Programma delle Nazioni Unite per l'Ambiente*; **UNHCR**: *Alto Commissariato delle Nazioni Unite per i Rifugiati*; UNI-**FEM**: *Fondo delle Nazioni Unite di Sviluppo per le donne.*

Oltre alle varie agenzie ci sono varie Commissioni Regionali che seguono i problemi economici e sociali nelle diverse aree del mondo: **ECA** per l'Africa, **ECE** per l'Europa, **ECLAC** per l'America latina ecc.

Gli obiettivi globali dell'ONU

Nel 2015 l'Onu ha individuato diciassette obiettivi – *The Global Goals* – che il mondo dovrebbe raggiungere entro il 2030. Nel 2016 le varie commissioni di lavoro dell'ONU hanno dettagliato i piani e i tempi di intervento, stabilendo anche le modalità di verifica per monitorare la realizzazione dei diversi progetti.

Come si vede, l'intenzione è di aggredire i più importanti problemi di cui soffre l'umanità.

L'Italia nelle organizzazioni internazionali

La Costituzione all'art. 10 e 11, come abbiamo visto, ha disegnato un Paese aperto alla collaborazione internazionale con gli altri Stati. Questa indicazione della Costituzione ha trovato pratica applicazione nell'adesione all'ONU prima e all'Unione Europea poi.

Naturalmente, non sono queste le uniche organizzazioni intergovernative di cui l'Italia fa parte.

Ne ricordiamo alcune, per la loro importanza e perché ricorrono spesso nel dibattito pubblico.

Il Fondo Monetario Internazionale

Il *Fondo Monetario Internazionale* ha sede a Washington e ha cominciato ad operare all'indomani della Seconda guerra mondiale. Al FMI aderiscono 189 Paesi che contribuiscono al suo finanziamento. Il fondo si propone di promuovere la cooperazione monetaria internazionale e di favorire il commercio internazionale, aiutando gli Stati a superare eventuali squilibri. In genere interviene in occasione di crisi economiche e finanziarie, ma pubblica anche dati e stime sulla situazione internazionale e sulle condizioni economiche dei singoli Stati.

La Banca mondiale

La *Banca mondiale* ha anch'essa sede a Washington e ha iniziato a operare immediatamente dopo la Seconda guerra mondiale. Aveva il compito di sostenere finanziariamente i Paesi distrutti dai bombardamenti, per favorirne la ripresa economica.

Oggi la Banca mondiale ha soprattutto il compito di finanziare i Paesi in via di sviluppo o singoli imprenditori di Paesi poveri. I fondi di cui dispone la Banca mondiale provengono dai contributi dei Paesi membri.

L'Organizzazione Mondiale per il Commercio

L'Organizzazione Mondiale per il Commercio (WTO: *World Trade Organization*) è nata nel 1995 per liberalizzare il commercio mondiale. Ha avuto una lunga gestazione perché i colloqui sono durati dal 1986 al 1994 (Uruguay Round). Ha sede a Ginevra, in Svizzera, e conta 164 Paesi e 22 osservatori, praticamente rappresenta il 95 per cento del commercio mondiale. Il suo compito è quello di regolamentare il commercio mondiale e di supervisionare gli accordi commerciali tra i Paesi membri.

La Nato

L'Italia, come tutti gli altri Paesi dell'Unione Europea, fa parte della NATO (*North Atlantic Treaty Organization*), che è un'organizzazione internazionale per la difesa militare degli Stati membri. Oltre ai Paesi dell'Unione, la NATO comprende anche gli USA e altri Stati europei che non fanno parte dell'Unione, come la Turchia.

L'organizzazione è nata nel 1949, quando fu firmato il *Patto atlantico*. Aveva la funzione di proteggere gli USA e i Paesi europei da eventuali attacchi dell'URSS (*Unione delle Repubbliche Socialiste Sovietiche*), paese socialista impegnato in un duro scontro con gli USA.

Con la fine dell'URSS nel 1991, la NATO ha riformulato i suoi obiettivi e si propone come forza militare per garantire la pace. Nei Paesi europei – e anche in Italia – ci sono quindi caserme e basi missilistiche della NATO. Se l'Unione Europea in futuro vorrà dotarsi di un esercito proprio, gli Stati membri dovranno ridefinire i loro rapporti con la NATO.

Laboratorio pag. 205
ESERCIZI INTERATTIVI
www.medusaeditrice.it

L'OCSE

L'OCSE (*Organizzazione per la Cooperazione e lo Sviluppo Economico*) raggruppa 36 Paesi industrializzati, tra cui quasi tutti gli Stati europei, ma anche il Giappone, la Repubblica di Corea, l'Australia, la Nuova Zelanda, il Cile, il Messico, gli Stati Uniti e il Canada.

Si propone di realizzare i più alti livelli di crescita negli Stati membri; di favorire lo sviluppo dei Paesi poveri; di contribuire alla liberalizzazione del commercio mondiale. Per realizzare i suoi obiettivi, l'OCSE pubblica periodicamente studi e dati per aiutare la crescita, non solo economica.

Il logo dell'OCSE (*Organisation for Economic Co-operation and Development*).

Le ong

Sul palcoscenico mondiale non operano solo le organizzazioni governative e gli Stati con le loro aggregazioni e i loro accordi. Un'azione di rilievo svolgono anche le *organizzazioni non governative*, che spesso affrontano problemi che gli Stati trascurano o non vogliono affrontare.

Sono associazioni private, senza fine di lucro (no profit), indipendenti dagli Stati e dalle organizzazioni governative. Vivono di donazioni e di elargizioni private.

I campi privilegiati di intervento sono l'ecologia, la difesa dei diritti umani, la cooperazione alla sviluppo. Oltre agli interventi sul campo – pensate alle vite umane salvate da *Medici senza frontiere* o da *Emergency* nelle zone di guerra – le ong fanno spesso opera di controinformazione, rendendo pubblici dati che i governi tendono a nascondere. Spesso pubblicano rapporti annuali – famosi quelli di *Amnesty International* e di *Human Rights Watch* – che contribuiscono a mantenere viva l'attenzione dell'opinione pubblica su temi come la pena di morte, la tortura e il rispetto dei diritti umani.

La forza delle ong è costituita dalle migliaia di persone che svolgono lavoro volontario e gratuito per contribuire a risolvere problemi che riguardano tutti.

Un depliant di *Greenpeace* per trovare nuovi associati.

LABORATORIO

1. L'Unione Europea

01. Indica se le affermazioni sono vere o false.

a. Le due guerre mondiali sono state combattute a vent'anni di distanza.	**V F**
b. Tra una guerra e l'altra in Europa si affermarono regimi totalitari.	**V F**
c. Il fascismo in Italia non fu un regime totalitario e dittatoriale.	**V F**
d. L'unica bomba atomica lanciata in Giappone fu quella di Hiroshima.	**V F**
e CECA è l'acronimo di *Comunità Europea del carbone e dell'acciaio.*	**V F**
f. Il trattato di Maastricht ha istituito la cittadinanza europea.	**V F**
g. Nel 2002 entrò in circolazione l'euro in dodici Paesi europei.	**V F**
h. Il terrorismo islamico non ha colpito la Francia.	**V F**
i. Nel Consiglio vengono rappresentati i ministri di Francia, Italia, Germania e Spagna.	**V F**
l. Il Consiglio è il principale organo di decisione dell'Unione Europea.	**V F**

02. Completa le seguenti frasi.

Altiero Spinelli è stato il più convinto sostenitore del progetto ....
Il Consiglio europeo è presieduto a .... da ciascun Stato membro per .... mesi.
La Commissione Europea è l'organo .... delle politiche europee.
La *Corte di giustizia europea* ha il compito di far .... il diritto comunitario.
La *Corte dei Conti* ha il compito di controllare i .... dell'Unione Europea.
Per diventare uno .... federale, l'Unione Europea dovrebbe avere una difesa ...., una politica .... comune e una tassazione federale.
Nel 2012 l'Unione Europea ha ricevuto il .... per la pace.
Gli Stati che sono entrati a far parte dell'................................. europea lo hanno scelto .... e sono liberi di abbandonarla.

03. Scegli l'opzione corretta.

a. *Genocidio*
A. ☐ sterminio metodico di un intero popolo
B. ☐ sterminio metodico di un'intera mandria
C. ☐ sterminio metodico di un intero paese

b. *Consultivo*
A. ☐ che ha facoltà di deliberare
B. ☐ che ha facoltà di legiferare
C. ☐ che ha facoltà di esprimere pareri

c. *Terrorismo*
A. ☐ lotta politica basata sulla violenza verbale
B. ☐ lotta politica basata sul consenso di pochi
C. ☐ lotta politica basata su violenze indiscriminate

04. Rispondi sul quaderno alle seguenti domande.

a. Perché il Novecento è considerato il secolo più sanguinario della storia?
b. Dove si svolsero per lo più le due guerre mondiali?
c. Tra le due guerre ci fu inoltre la nascita di regimi totalitari come il fascismo, il nazismo e il comunismo. Come spiegheresti il termine totalitarismo?
d. Come si concluse la seconda guerra mondiale?
e. Chi era Altiero Spinelli?
f. Perché il 9 maggio è la festa dell'Europa?
g. Cosa proponeva Schuman?
h. Con quale trattato nasce la *Comunità Economica Europea*?
i. Quando entra in circolazione per la prima volta l'euro?
l. C'è una differenza tra lo Stato federale immaginato da Altiero Spinelli e l'attuale Unione Europea?

05. Ricerca.

- Nelle scuole italiane molti progetti sono finanziati dall'Unione Europea. Ce ne sono anche nella tua scuola? Scoprilo, intervistando il dirigente scolastico o il dirigente amministrativo. Di che si tratta? Quali obiettivi vogliono raggiungere?
- Avete sicuramente sentito parlare del progetto *Erasmus*. Che cosa ne pensate? La vostra scuola partecipa al progetto? Come?

06. Dibattito.

▪ Come avete visto, il metodo Schuman prevedeva un'Europa che si realizzava a piccoli passi. Passo dopo passo, trattato dopo trattato, si è arrivati all'Unione Europea, che è molto vicina agli Stati Uniti d'Europa immaginati da Altiero Spinelli. Secondo voi, è opportuno completare questo percorso e mettere in comune anche la difesa, la politica estera e la tassazione o ritornare ai piccoli Stati nazionali?

1. Le organizzazioni internazionali

01. Indica se le affermazioni sono vere o false.

a. L'ONU ha cominciato ad operare nel 1945.	**V F**
b.. Gli USA non fanno parte del Consiglio di sicurezza.	**V F**
c. Il Consiglio di sicurezza dell'ONU è composto da quindici membri.	**V F**
d. I membri permanenti del Consiglio di Sicurezza dell'ONU sono cinque.	**V F**
e Nel Consiglio di sicurezza dell'Onu non c'è la Cina.	**V F**
f. Le decisioni del Consiglio di sicurezza vengono prese a maggioranza semplice.	**V F**
g. Il segretario dell'ONU è eletto dall'Assemblea generale.	**V F**
h. Il *Fondo Monetario Internazionale* ha sede a New York	**V F**
i. La *Banca Mondiale* ha il compito di finanziare i Paesi in via di sviluppo.	**V F**
l. Le ong sono organizzazioni governative.	**V F**

02. Completa le seguenti frasi.

ONU è l'acronimo di Organizzazione delle Nazioni ....

Tutti gli stati membri dell'ONU hanno firmato la .... universale dei diritti ....

L'assemblea generale dell'ONU è un organo ....

I membri permanenti del Consiglio di sicurezza sono i .... degli Stati che hanno vinto la seconda guerra mondiale più la ....

I membri non .... del Consiglio di sicurezza restano in carica per due anni ....

I cinque membri permanenti hanno diritto di ....

03. Lessico: scegli la definizione corretta.

a. *Veto*
A. ☐ Divieto
B. ☐ Segreto
C. ☐ Decreto

b. *Sostenibile*
A. ☐ Impossibile
B. ☐ Sopportabile
C. ☐ Intollerabile

c. *Lucro*
A. ☐ Perdita
B. ☐ Deficit
C. ☐ Guadagno

04. Lessico: Scegli la definizione corretta.

a. Perché gli Stati, come le persone, si mettono insieme?
b. Quali possono essere i motivi per cui gli Stati si mettono insieme?
c. Qual è l'obiettivo più importante dell'ONU?
d. Quando si riunisce il Consiglio di sicurezza e che decisioni prende?
e. Come vengono prese le decisioni nel Consiglio di sicurezza?
f. Come viene eletto il segretario dell'Onu? Quali funzioni svolge?
g. Che cos'è il *Fondo monetario internazionale*?
h. Cosa sono le ong?

05. Dibattito.

▪ Come è stato sottolineato all'inizio di questo capitolo, gli Stati tendono ad allearsi e a operare insieme per raggiungere degli obiettivi comuni. Uno dei motivi principali è quello di creare grandi aree in cui far circolare liberamente le merci. Anche la Comunità economica europea era solo un'area di libero scambio prima di diventare Unione Europea. Riflettete insieme: quali vantaggi offre un'area in cui gli scambi commerciali sono liberi, cioè non ci sono più dazi e dogane?

▪ La politica mondiale è sempre più dominata da Stati grandi per dimensione e popolazione (USA, Cina, India, Russia, Brasile...). Gli Stati piccoli rischiano di essere schiacciati, anche economicamente da quelli grandi. Non sarebbe questo un motivo importante per costruire una grande Europa federale?